KB126016

박은식:
'양지'로 근대를 꿰뚫다

박정심 지음

| 일러두기 |

이 책은 다음의 연구논문을 바탕으로 이루어졌다.

- 「박은식의 자가정신과 근대 주체 인식」, 『양명학』, 2006, 한국양명학회
- 「박은식 격물치지설의 근대적 함의」, 『양명학』, 2008, 한국양명학회
- 「근대 위정척사사상의 문명사적 함의에 관한 연구」, 『한국사상사학』, 2009, 한국사상사학회
- 「개항기 격물치지학(science)에 관한 연구」, 『한국철학논집』, 2010, 한국철학사연구회
- 「자강기 신구학론의 '구학〔유학〕' 인식에 관한 연구」, 『동양철학연구』, 2011, 동양철학연구회
- 「자강기 신구학론의 신학(新學)과 격물치지학에 관한 연구」, 『동양철학연구』, 2011, 동양철학연구회
- 「신채호의'아(我)'에 관한 연구」, 『동양철학연구』, 2013, 동양철학연구회
- 「근대'격물치지학〔science〕'에 대한 유학적 성찰」, 『한국철학논집』, 2014, 한국철학사연구회
- 「이광수의 근대 주체의식에 대한 비판적 성찰」, 『한국철학논집』, 2015, 한국철학사연구회
- 「식민기 부정적 주체의식과 유학 인식에 대한 비판적 성찰」, 『동양철학연구』, 2015, 동양철학연구회
- 「황성신문의 유학 인식에 대한 연구」, 『한국철학논집』, 2019, 한국철학사연구회
- 「근대동아시아 유학 맥락에서 박은식의 대동사상 읽기」, 『유학연구』, 2020, 충남대학교 유학연구소
- 「박은식의 『王陽明先生實記』의 사상적 특징에 관한 연구」, 『한국철학논집』, 2021, 한국철학사연구회

이 저서는 2020년 부산대학교 인문학연구소의 지원을 받아 수행된 연구임

박은식:
'양지'로 근대를 꿰뚫다

박정심 지음

學古房

글쓴이의 말

나는 명석한 학생이 아니었다. 오랜 시간이 걸렸음에도 박사학위논문인 『백암 박은식의 철학사상에 관한 연구』는 그야말로 허허벌판에 있었다. 박은식의 글을 제대로 분석하고 이해했는지도 자신이 없었다. 그러다 '주체 민족 문명'을 한국 근대사상 전체를 체계적으로 이해할 수 있는 중심개념으로 잡게 되었고, 전근대와 근대란 이분법적 경계와 근대화지상주의적 관점을 벗어나서, 한국 근대사상에 대한 주체적 인식 및 근대 넘어서기가 절실하다는 데 생각이 이르렀다. 한국 근대사상에 대한 연구를 시작할 때와는 또 다른 두려움으로 다시 『박은식전서』을 정독하였다. 박사학위를 쓸 때 읽었던 것이 오독이라면, '제 학위논문은 잘못되었습니다.'로 첫 문장을 시작해야 했으므로 긴장감이 컸는데, 다행히 거칠게 읽었던 부분은 있었지만 크게 잘못 읽지는 않아 보였다. 하지만 이 단순한 안도감이 곧 책으로 연결되지는 않았다. 다시 나의 질문은, 그가 한국근대사상사에서 중요한 위치를 점유한다는 것 이상으로, '지금 그의 사상을 읽는다는 것은 무슨 의미가 있을까?'에 직면하였다. 기존 연구 성과를 기반으로 하여 그의 사상을 해명할 수는 있겠지만, 현재적 의미까지 깊이 읽기를 하지 않는다면 큰 의미가 없다는 것을 잘 알고 있었다. 그 과정을 지나오는 데 많은 고민과 시간이 소요되었다.

실제로 그와 나의 삶 사이에는 백 년의 시간이 있다. 철학적 앎은 언제나 '지금 여기 삶'을 문제 삼아야 하며, 무엇을 문제 삼아야 할 것인지가 곧 그 시대에 대한 철학적 통찰을 담고 있다고 생각한다. 박은식은 그의 삶의 맥락에서 성리학을 다시 읽었다. 그렇다면 지금 여기 우리 삶의 맥락에서 그의 사상을 음미한다는 것은 어떤 사상적 의미와 가치가 있는가? 나는 다시 그의 사상에 대한 이해에서 더 나아가 현재적 가치를 재발견하고, 또 유학의 시중적時中的 역할을 물어야 한다고 보았다. 박은식이 새로운 시대에 유학이 일정한 역할을 할 것이라고 예견했으나, 아직 우리는 현재적 맥락에서 유학적 혜안을 제시하지 못하고 있는 듯하다. 이것은 우리가 직면한 다양한 문제들을 유학적 관점에서 성찰하는 작업보다는 연구사 검토나 훈고학적 분석에 매몰되어 있기 때문인 성싶다.

지금도 선명하게 기억한다. "근대에 철학이 있어?" 박사학위 심사를 받을 때 한 심사위원이 나에게 던진 질문이었다. 그때는 제대로 답하지 못했다. 형이상학적 담론만이 철학이라고 생각했기 때문에 던진 질문으로 추측된다. 그렇다면 조선 성리학이 한국철학의 꽃이 될 것이다. 이는 다카하시 도루의 견해를 그대로 답습한 것이거나 무비판적으로 수용한 것이 아닌가! 정치적 경제적 탈식민화뿐만 아니라 문화적 정신적 탈식민화가 더 어려운 과정이다. 가시적인 것은 포착하기 쉽지만, 비가시적인 것, 그리고 의식 깊숙이 뿌리내린 사유를 재성찰하는 일은 결코 쉽지 않기 때문이다.

생각이 세상을 바꾼다. 새로운 생각은 새로운 세계를 상상하고 만들어가는 토대이자 핵심이다. 우리에게 계승되어온 유학에 대한 재음미를 통해 새로운 세계에 대한 상상을 시작할 수 있을 것이다. 박은식의 근대 양명학은 대내적으로 성리학과 왕조체제의 해체에 직면하여 유학을 근대적 문명의 맥락에서 자리매김하는 역할을 담당하였다. 박은식은 오랫동안 주자학을 존숭하였지만, 그의 유학사상은 성리학 내적인 계승보다는 서세동점이라는 외부 충격에 대한 대응에 중점이 있었다. 그것은 성리학적 세계관으로는 해명되지 않을뿐더러 문제를 해결할 수 있는 대응책을 제시하지 못한 현실에 대한 비판의식과 무관하지 않았다. 박은식은 문명사적 전환기에 양명학적 사유를 통해 근대 자체를 문제 삼았고, 치양지의 동심원적 확장을 통해 개인 국가 세계가 시의적절한 각득기소를 얻기를 추구하였다.

대외적으로는 서구적 근대와 어떤 관계맺음을 할 것인가를 물었다. 박은식은 근대적 주체에 관한 물음의 차원에서는 서구 근대 이성적 주체에 함몰되지 않고 치양지적 진아를 정립함으로써 이성의 동일화 전략에 매몰되지 않을 수 있었다. 어느 연구자가 '진아'라는 개념은 그의 저서에서 거의 등장하지 않고 말년에 잠깐 언급되는데, 이것을 그의 사상적 추뉴라고 해도 되는지 물었다. 하지만 그의 사상을 깊이 이해하면 치양지의 진아가 사상 전체를 관통하고 있음을 발견할 수 있다. 그렇다면 양지를 계몽이성과 마주한 개념으로 상정하고 박은식 사상을 이해하는 것이야말로 견강부회가 아닌가? 박은식이 양지와 계몽이성을 구체적으로 비교 언급한 적은 없다. 그러나 근대는 유학의 도덕문명과 서구 근대 이성문명이 충돌한 시기였다. 양지와 이성을 마주놓고 이해함으로써 나무 한 그루가 아니라 숲 전체를, 가지뿐만 아니라 뿌리까지 본 느낌이 들었다. 박은식의 양지학은 계몽이성에 매몰되지 않고 특수한 보편들의 마주서기를 했던 원류라고 평가할 수 있다. 근대는 이성적 주체를 세계적 보편으로 수용할 것을 강제했지만, 그는 양지를 동일화전략에 저항하는 담론을 제시하는 핵심개념으로 정립하였다. 양지가 우리의 역사적 경험과 삶을 해명하는 특수한 보편으로서 작동하였다면, 이성 역시 유럽적 역사와 경험이 낳은 특수한 보편으로 보아야 할 것이다. 다른 역사적 경험은 다른 인간 이해를 낳듯, 삶의 맥락이 저마다 다르면 서로 다른 철학적 이해를 가질 수 있다는 것을 인정해야 한다. 이성의 역사를 유일하고 절대적인 보편이 아니라 하나의 특수한 보편으로 받아들일 때, 비로소 이성과 양지는 지금 여기란 삶의 맥락들 속에서 마주할 수 있게 된다. 그러므로 자가정신과 학문적 자득이 무엇보다 중요하다. 주체의식과 자기 삶의 맥락을 놓치지 않음으로써 타자의 보편성에 강제당하지 않고 마주 설 수 있게 된다. 이성의 합리성에 매몰당하지 않음으로써 동일화전략에 대한 비판적 성찰이 가능하다. 박은식의 양지학은 '특수한 보편들의 조응'이란 차원에서 새롭게 평가할 수 있겠다.

망국의 경험은 치욕스럽고, 다시 겪지 말아야 할 역사임에 분명하다. 그런데 한편 생각해보면 침략의 역사를 유산으로 받지 않은 것이 얼마나 다행스러운 일인가! 만약 일본처럼 제국주의 침략에 대한 반성 없이 평화를 말한다면 아무도 그를 믿지 않을 것이다. 그러나 우리가 평화와 연대를 잘 말한다면 어떨까 생각해본다. 비폭력의 유산이야말로 무엇으로도 환산하기 어려운 가치가 있다. 평화와 연대를 말할 수 있는 사상과 그것을 실천할 수 있는 역량을 갖추는 것이 지금 우리가 해야 할 일이라고 생각한다. 남북문제를 비롯하여 기후변화 등 국제적 문제에 이르기까지 우리의 역사적 경험을 토대로 '말해야 할 것' 또는 '말할 수 있는 것'은 무엇인가? 박은식은 이런 질문에 하나의 혜안을 제시하고 있는 것은 아닐런지....

아둔하지만 지금까지 학문할 수 있게 한 모든 인연에 깊은 감사를 드린다.

금정산 자락에서 박정심 씀

Ⅳ. 과학기술시대의 본연지

서론

지금 여기의 특수한 보편성

1. 철학함의 현재성과 근대중심주의

철학은 '나는 누구인가'라는 인간 존재에 관한 물음이다. 그래서 철학함이란 '지금 여기' 존재하는 '나'를 스스로 발견하며 자신의 삶을 비판적으로 성찰하는 것이다. 더 나아가 자기 인식과 정체성을 근간으로 정립된 자기 이해는 관계맺음을 해야 하는 너와 '지금 여기'를 공유하며 새로운 삶을 함께 모색해 나가는 바탕이 된다. '나'는 '지금 여기'에 살고 있으니, 언제나 삶의 맥락 속에 놓여있다고 하겠다. 그러므로 '나는 누구인가'를 묻는 철학은 삶의 맥락과 불가분의 관계에 있으며, 지금 여기란 삶의 맥락이 다르다는 것은 곧 역사적 문화적 경험이 같지 않다는 것을 의미한다. 그러므로 삶의 맥락이 다르면 다른 철학이 생겨나는 것은 자연스럽다. 이것이 철학의 역사이다.

나의 삶의 토대인 '지금'은 역사적으로 이어져 온 삶의 온축이며, 너와 구별되는 역사적 특수성이 함축되어 있다. 또 삶의 장으로서의 '여기'에는 동시대를 살아가면서 같은 경험을 공유하는 시대적 보편성이 있다. 그러므로 나에 대한 철학적 이해는 역사적 특수성과 시대적 보편성을 씨줄 날줄 삼아 체계화된다고 할 수 있다. 즉 '나'는 시대적 보편성을 공유하면서 동시에 역사적 문화적 경험에 기인한 특수성을 가지고 있다. 나는 너와 다르기 때문에, 비로소 너와 만날 수 있다. 그러므로 주체적인 자기의식과 자율적인 삶은 너와 동등하고 자유롭게 만나기 위한 전제조건이다.

철학함은 지금 여기에 대한 비판적 성찰에서 시작되며, 시대가 안고 있는 문제에 대한 통찰을 통해 삶다운 삶을 모색하는 과정이라고 할 수 있다. 지금 우리의 삶에는 전근대와 근대 그리고 근대 너머라는 중층적 시공간이 공존하고 있다. 특히 근대는 전근대적 사유체계를 해체하고 문화 전반에 걸친 획기적인 변화와 문명사적 전환이 일어났다는 점에서 이전 시대와 확연히 구별된다. 그런데 근대적 삶의 양식에 밀려 낡고 쓸모없는 것으로 치부되었던 전근대적 사유는 근대적 폭력에 대한 비판과 근대 넘어서기를 위한 새로운 길로서 재성찰할 필요가 있다. 근대를 넘어선다는 것은 서구적 근대의 야만성에 대한 비판적 성찰이 필요하다는 것을 함축하고 있으며 동시에 전근대와의 단절에 대한 재성찰을 의미한다.

철학에서 인간의 자기 이해와 규정은 가장 핵심적인 문제이다. 근대는 개인의 인권과 존엄을 발견함으로써 주체 인식의 새로운 장을 열었다는 점에서 큰 의의가 있다. 하지만 개인의 발견이 곧 타자를 배제하고 차별하거나 자아의 무한 확장을 획책하는 길로 전락해서는 안 된다. 월러스틴의 지적처럼, 인권과 민주주의 등을 내세워 유럽 문명이 다른 문명보다 우월하다고 전제하는 유럽적 보편주의를 세계의 유일한 보편주의라고 여기는 것이야말로 이데올로기적 관점에 지나지 않는다. 서구적 근대 경험은 유럽적 맥락에서 비롯된 특수한 것이다. 그러나 유럽 열강은 전지구적 보편주의가 아니라 유럽적 보편주의, 즉 유럽적 맥락에서 비롯되어 전 지구적 보편가치가 되기를 열망하거나 그러한 가치로 제시된 일련의 원칙들과 윤리적 견해들을 통해 강자들의 물질적 착취를 정당화하였다.[1] 더 나아가 자신의 이데올로기를 보편적 가치로 받아들이도록 강제하였다. 따라서 근대의 타자중심주의에 대하여 비판하고 저항하는 것은 정당하다.

자신의 주체성과 자율성을 유지해야만 타자와 평등한 관계맺음을 할 수 있다. 그런 차원에서 근대 유럽의 역사적 경험에서 만들어진 보편화된 특수성만을 보편적 이념으로 간주하여 타자에게 강제하는 것은 비판의 대상이 될 수밖에 없다. 즉 유럽중심주의와 동양주의에 대한 비판적 성찰과 저항은 한국인의 정체성을 발견하는 전제조건이면서 동시에 인류의 평화와 연대를 위한 새로운 관계맺음을 시작하는 출발지점이라고 하겠다.

근대 한국은 유럽중심주의와 동양주의라는 타자중심주의 이데올로기에 직면했다. 과학기술과 자본주의를 근간으로 발전한 '문명'을 앞세워 비서구지역을 식민지화했던 유럽중심주의와, 그것을 그대로 재생산했던 일본의 동양주의는 그들의 역사적 특수성만이 유일한 보편이라고 강제하였다. 이러한 근대중심주의는 식민 지배를 합리화하는 이데올로기로 작동했을 뿐만 아니라 타자화된 주체의식을 생산하고 내면화하게 하였다. 더 나아가 서구 근대 학문만이 유일한 참이며, 전근대 유산은 모두 효율성이 떨어진 낡은 것이거나 비과학적인 거짓으로 치부하였다. 그들이 짜놓은 분과학문의 틀에 맞춰 새로운 지식담론을 생산하게 되었고 역사와 철학 역시 그러한 프레임으로부터 자유롭지 못했다.

---

1) 이매뉴얼 월러스틴 지음 김재오 옮김 『유럽적 보편주의』 창비 2008, 56쪽.

지금 우리가 보편화된 특수성의 강제성을 넘어서 온전한 자기 이해를 정립하기 위하여 가장 시급한 일은 식민사관에 의해 왜곡된 '조센징'이란 부정적이고 결핍된 타자로서의 자기의식을 넘어서는 것이다. 타자와 구별되는 자기 이해를 정립하는 것이 타자를 배제하고 차별하기 위한 배타적 자기 이해를 목적으로 하지는 않는다. 한국의 정체성에 대한 물음은 지금 여기에 사는 한국인의 정체성에 대한 철학적 물음을 통해 자기의식을 발견하고, 이를 토대로 평화의 세기를 열어갈 새로운 주체로 거듭나기 위함이다. 타자중심주의에 매몰되어 그들을 모방하거나 번역하는 비주체적 자기의식을 극복하지 못한다면 주체적 삶을 살 수 없다. 비주체적 정체성은 타자에 의해 규정된 주체 아닌 주체만 있을 뿐 스스로 자기를 발견하고 인식한 것이 아니다. 그렇기에 자신의 삶을 자신의 언어로 말하는 것도 어렵고, 삶의 방향을 주체적으로 찾아가는 것 역시 불가능하게 만든다.

2. 이성과 양지의 교차, 주체 되어 말 걸기

근대는 보편이념의 지위를 점유해왔던 성선의 역사와 서구적 근대성의 근간이 되었던 계몽적 이성이 만나는 문명사적 전환기였다. 조선 성리학은 성선을 구체적 삶의 맥락에서 어떻게 구현할 것인가에 집중한 성학聖學으로, 정치 사회적으로 천리天理를 실제화實際化하고자 했다. 따라서 순선純善한 도덕성을 담지한 천리와 오상을 체인하는 것에 중점을 두면서 인욕을 어떻게 제거할 것인지를 탐구하였다. 이러한 사유에 따르면 존천리적인 맥락과 전혀 다른 서양 근대 과학기술은 그야말로 오랑캐만도 못한 금수일 수밖에 없었다. 이념적으로 그들을 천리를 모르는 야만이라고 배척하고자 했지만, 현실적으로 그들 '문명'은 막강한 영향력을 미치기 시작하였다. 성리학자의 바램과는 달리 근대에는 유학적 도덕문명에서 서구 근대적 과학문명으로 문명사적 전환이 이루어졌다.

신분제와 과거제를 폐지했던 갑오개혁은 성리학의 해체를 가속화시켰다. 정학正學인 성리학적 세계관을 공고히 하여 사학邪學인 서학을 배척해야 한다는 위정척사론은 현실적으로 설득력을 갖기 어려워졌을 뿐만 아니라 성리학을 구현할 정치적 장도 사라졌다. 자강기(1894-1910)에 이르러 성리학은 시대적 격변을 담아내지 못하는 낡고 쓸모없는 '구학舊學'으로 치부된 반면, 신학新學은 자강을 위해 수용하지 않을 수 없는 새로운 전범으로 평가받았다. 신학 수용을 통한 문명화와 자강이 국권 회복의 지름길로 여겨졌으며, 대부분의 자강기 학술지는 신학 수용을 당연한 것으로 용인하였다.

그런데 문명화를 통한 자강 추구는 그들과 우리 사이의 동질성보다는 '차이'를 더욱 명확히 인식하게 하였다. 그 '차이'는 위정척사적 관점에서는 오상을 준거로 검속해야 할 형기形氣에 해당한 것이지만, 서구적 관점에서는 문명적 우월성을 입증하는 과학기술이었다. 또한 문명으로 표상되는 근대적 '차이'는 근대 학문과 과학기술의 발전에 힘입은 것으로, 그들에게는 있고 우리에게는 없었다. 문명성의 부재는 곧 차별과 배제 그리고 식민을 정당화하는 논거가 되었다. 신학 수용이 곧 자강과 국권 회복의 지름길이기만 했다면, 서구화하는 것이 능사였을 것이다. 하지만 '그들처럼 되기'는 그들을 모방 혹은 번역하는 것으로, 곧 타자화를 의미하였다. 그들의 근대적 문명성을 맹목적으로 수용하면 할수록 문명의 부재와 이성의 결핍이란 야만성은 더욱 분명해졌고, 그것은 그들처럼 되는 일이 요원하다는 것을 선명하게 확인해주었다. 특히 계몽이성은 유럽인에게는 문명적 우월성을 가지고 있다는 그들만의 동일성을 확인해 준 반면, 비서구인은 미성숙한 상태에 놓인 야만임을 입증하는 기제였다. 이러한 계몽주의적 사유가 19세기 제국주의를 정당화하는 이론을 발전시킨 토대가 되었다고 보아야 할 것이다.

자본주의와 과학기술을 비롯한 근대체제 수용으로 자강한 독립국이 되고자 했던 자강기 지식인의 열망은 주체적 정체성을 기반으로 한 독립국의 건설로 이어지지 못했다. 유럽중심주의와 동양주의가 보편타당한 이념으로 강제됨으로써 '그들처럼 되기'란 열망은 결핍된 타자라는 열등한 자기의식으로 전화轉化되었다. 문명화하려는 노력은 역설적으로 타자화를 촉진시켰으며, 그들과 우리의 간극은 결코 좁혀질 수 없었다. 근대중심주의에 근거한다면 한국은 결핍된 타자의 길을 벗어날 수 없었다. 따라서 맹목적인 모방 또한 우리가 선택할 수 있는 길이 아니었다.

서구적 근대성은 우리에게 수용의 대상이자 동시에 저항의 대상이기도 하였다. 근대사를 인종주의적 관점에서 본다면, '검은 피부 하얀 가면'이란 프란츠 파농의 언표에서 볼 수 있듯이, 서구의 비서구에 대한 침략은 백인에 의한 비백인의 침략으로 그 인종적 다름만으로도 그들 사이의 차이와 침략성이 선명하게 드러났다. 하지만 일본에 의한 한국침략은 황인종에 의한 황인종의 침략이었으며, 문화적으로 유학적 동질성(同文論)을 공유하고 있었다. 게다가 동양주의는 유럽중심주의라는 근대중심주의를 재생산한 것이었고, 한국은 이 중층적 중심주의 자장 속에 놓였다. 서구적 근대성뿐만 아니라 일본에 의해 생산된 근대담론이 복합적으로 작동함으로써 그들과 우리의 경계를 명확히 파악하고 시의적절하게 대응하는 것은 결코 쉽지 않았다.

이러한 역사적 상황에서 이성적 인간 되기를 추구한다는 것은 자칫 타자화의 지름길이 될 수 있었다. 계몽이성의 길을 추구하지 않는다면, 근대 주체가 선택할 수 있는 것은 성선의 역사 되돌아보기가 남는다. 성리학적 세계관으로는 근대체제에 제대로 대응하는 것이 어렵다는 것은 개항기에 이미 경험하였다. 그렇다면 성리학적 유산에 대한 비판적 성찰과 함께 성선의 역사를 재음미하는 것은 어떻게 가능할까? 박은식은 양명학의 양지를 근대적 맥락에서 재해석함으로써 근대적 문제를 해결하고자 하였다. 그것은 근대 주체에 대한 자기의식의 발견이면서 동시에 타자와 어떤 관계맺음을 할 것인지에 대한 탐색이기도 하였다.

실제로 서구적 근대는 유럽의 역사적 삶이 반영된 하나의 근대이지 유일한 근대는 아니다. 서구적 근대만이 근대의 전범이라고 한다면 비서구지역의 근대란 서구적 근대의 모방이거나 번역에 불과하여, 비서구지역의 근대 역사는 비역사가 되어버린다. 월러스틴이 지적한 것처럼 유럽적 보편주의를 강제한다면, 인류가 지향해야 할 보편적 가치들을 정립하기는 어렵다. 하지만 인류가 함께 지향해야 할 보편적 가치들이 없다고 단언할 수는 없다. 이를 모색하기 위해서는 무엇보다 먼저 서구적 근대를 유일한 보편으로 간주하지 않고 문명과 야만, 우등과 열등, 제국과 식민, 서구와 비서구와 같은 근대적 이분법의 경계를 넘어서야 할 것이다. 보편과 비보편이라는 위계질서를 해체하지 않고 서로 다른 문화권에 편재한 보편적 가치들을 삶의 맥락에서 새롭게 재음미하는 것은 불가능하기 때문이다.[2)]

다원적 근대성을 강조한 찰스 테일러는 만일 우리가 근대 관료제

---

2) 이매뉴얼 월러스틴 지음 김재오 옮김 『유럽적 보편주의』 창비 2008, 90쪽. '우리의 특수한 것을 보편화하면서 동시에 우리의 보편적인 것을 특수화할 필요가 있고, 이를 통해 우리는 새로운 종합에도 다가갈 수 있을 것이다.'고 한 월러스틴의 주장과 일맥상통한다.

국가의 확산, 시장경제, 과학, 그리고 기술 등과 같은 어떤 제도적 변화에 의해 근대성을 규정한다면, 근대성이란 궁극적으로 우리 세계에 수렴과 획일성을 가져오면서, 어느 곳에서나 동일한 형태로 일어나도록 되어 있는 단일한 과정이라는 환상을 계속 키워가기 십상이라고 경계하였다.[3] 테일러는 근대성을 유럽 중심의 단일한 패러다임으로만 바라보는 시각을 극복하고, 유럽을 '지방화'하는 작업에 착수해야 한다고 강조하였다. 유럽의 지방화라는 표현은 서구적 근대성을 하나의 특수한 경험으로 보아야 한다는 것을 뜻한다. 이것은 서구적 근대를 유일한 전범으로 용인할 수 없다는 비판적 성찰을 담고 있다고 하겠다. 즉 근대성이 어디서나 동일한 형식으로 발전하게끔 되어 있는 동질적이고 수렴적인 과정이라는 시각을 거부하고, 서구적 근대를 상대화시켜 바라봐야 한다는 견해이다. 서구 근대 역사와 같이 타자를 배제하고 차별화하기 위한 유럽중심주의를 강제한다면, 비서구의 다양한 역사적 경험은 배제되고 서구중심주의나 데카르트적인 인간중심주의만 남게 될 것이다. 20세기 역사에서 경험했듯이 동일화전략은 타자를 배제하는 데 그치지 않고, 폭력을 행사한 주체 역시 파멸로 귀결시킨다.

비서구지역의 근대를 열등한 비역사로 폄훼해서는 안 된다. 이것은 서구적 근대를 다양한 근대 가운데 하나로 위치 짓는다는 것과 일맥상통한다. 근대적 중심주의에서 벗어나 자기 삶의 맥락에서 자기를 이해하고 규정할 수 있어야 한다. 예를 들어 세속화는 유럽 근대를 이해하는 데 매우 중요한 특징이다. 하지만 기독교 문화와 무관했던 한국 근대는 세속화와는 거리가 멀다. 오히려 이질적이고 강력한 타

---

3) 찰스 테일러 지음 이상길 옮김 『근대의 사회적 상상』 이음 2010, 295쪽.

자와 어떤 관계맺음을 할 것인가가 중요한 근대적 문제이다. 이처럼 다양한 근대사들의 차이를 인정하고 존중할 때라야 서로 다른 특수성을 넘어서서 함께 공감하고 연대할 수 있는 새로운 보편을 창조할 수 있을 것이다.

박은식의 사상적 여정은 유럽중심주의와 동양주의란 근대적 중심주의, 즉 그들의 특수한 이데올로기를 보편으로 강제하는 보편화된 특수성에 매몰되지 않고, 근대적 삶의 맥락에서 성선의 역사를 재음미하는 과정을 통해 특수한 보편으로서 근대 유학을 재정립하는데 이르렀다. 더 나아가 박은식은 양명학으로 사상적 전환을 통해 성선의 주체로서 낯설고 이질적이며 강력하기까지 한 이성적 주체에게 말 걸기를 시도하였다. 그것은 성선적 보편성을 절대화하여 타자를 배제하고 차별하는 것이 아니었다. 진아의 말걸기가 이성적 주체의 동일화전략이 지닌 폭력성에 대한 비판적 성찰로써 마주하고 있었다면, 그들과 동일한 길을 추구하는 것 자체가 이미 철학적으로 모순이다. 그는 타자와 만나지 않을 수 없는 길목에서 주체의 정체성을 역사적으로 정립하고, 더 나아가 타자의 정체성을 지금 여기 주체의 삶의 맥락 속에서 이해하고 수용하였다. 그것은 제국주의 침략에 대한 저항과 독립운동으로, 그리고 그러한 근대적 폭력의 파고를 넘어서 함께 지향해야 할 평화와 인도주의에 대한 이념 제시로 구현되었다.

3. 진아眞我로 구인求仁하기

서구적 근대성에 매몰되지 않고 유학을 통해 근대를 성찰한다는 것이 곧 유학적 보편주의로의 회귀를 뜻하지는 않는다. 지금 여기라는 삶의 맥락이 달라졌다는 것은 곧 그 삶의 맥락에 놓인 주체의 삶 역시 변화했다는 것을 의미하고, 변화된 삶은 기존의 삶의 양식 전반에 대한 비판적 성찰을 요구한다. 그러므로 근대적 삶에 대한 물음은 주어진 사유, 즉 '성리학이란 무엇인가'로부터 출발하지 않을 수 없었고, 성리학적 사유에 대한 비판적 성찰은 양명학의 근대적 역할에 주목하게 하였다. 그것은 유학의 본지에 대한 물음과 동일선상에 있었다.

유학의 본지는 인仁과 시중지도時中之道에 있다. 인은 개인적 차원에서 사람다움의 의미도 있지만, 그것이 존재자들 사이의 관계를 벗어난 것일 수 없다는 측면에서는 관계맺음의 '다움'이라고 할 수 있다. 이를 보다 구체적으로 말한다면 만물일체지인萬物一體之仁인데, 모든 존재자들의 관계맺음에서 각각이 '자기다움'을 실현하는 것이 곧 인이다. 인이란 '자기다움'의 이념으로서, '나는 나답게', 그리고 '너는 너답게'를 기반으로 서로 중절中節한 관계맺음을 하는 상호주체성을 지향한다. 인은 각득기소各得其所를 통한 '나는 나답게'와 '너는 너답게'의 실현이며, 이는 나와 너의 사랑과 공존, 그리고 평화(平天下)로 구체화된다. 존재자를 관계적 존재로 파악하여 관계성을 강조하고, 관계적 망(人倫) 속에서 둘 사이의 윤리와 도덕을 추구하는 것이 유학이다.

유학은 시대적 맥락 속에서 인을 실현하고자 하였으며, 시대적 변화에 조응하면서 발전해왔다. 그러므로 시대적 맥락에 따라 구인求仁의 내용과 방법은 달라질 수 있다. 그런 측면에서 유학의 사상적 특징을 시중지도라고 하기도 한다. 박은식의 유학사상은 시중지도 차원에서 두 가지 방향으로 이해할 수 있다. 첫째 성리학에서는 본성으로 내재한 천리의 보편성을 체인하는 것으로 이해했지만, 박은식은 이러한 형이상학적 담론에 천착하지 않고 실제적인 삶의 맥락에서 올바른 판단과 실천을 지향하였다. 국가체제가 근대적 삶을 추동하는 근본적인 토대로 작동했으므로, 근대 유학이 국가체제를 문제로 삼는 것은 자연스러운 대응이었다. 박은식은 근대 한국의 주체로서 '진아'를 제시하였다. 진아란 시비판단의 준칙인 양지를 삶의 맥락에서 구현하는 주체를 말한다. 따라서 진아는 전근대적 유산에 대한 비판적 성찰을 통해 유학의 병폐를 진단하고, 유학이 근대적 시의성時宜性을 새롭게 체계화하는 과정에서 정립될 수 있다고 판단하였다. 유학의 근대적 변화는 주체 정립에 국한되지 않고, '서구의 문명과 어떤 관계맺음을 해야 할 것인가'란 문제와도 맞닿아있었다.

둘째 시중지도는 보편이념을 '지금 여기'의 서로 다른 삶들에서 구현하고자 하는 특수한 보편성으로 이해할 수 있다. 유학의 본지는 실제적인 역사 속에서 구현되지만, 시대문제에 대해서는 언제나 시비판별을 분명히 하고 인류가 지향해야 할 방향을 제시하고자 한다. 서 있는 자리가 다른 주체들은 자신의 지금 여기에서 인을 구현하므로 그 맥락에 따라 구체적인 내용과 방법은 다를 수 있으나 그것이 인에 위배되지 않는다는 측면에서는 같다. 근대 한국은 중층적인 타자중심주의의 질곡 속에 놓여있었으며, 망국을 경험하였다. 박은식은 이러한 역사적 특수성을 간과하지 않았다. 또한 유학적 본지의 근대적 구현을 통해 근대라는 시대가 안고 있는 폭력성을 넘어서고자 하였으니, 그 중심에는 양지와 국혼이 있었다.

박은식은 자강기에도 국혼과 국백 개념을 통해 국혼의 중요성을 강조하였으며, 망국기에는 한국이 국성國性를 보수保守하고 있기 때문에 남의 통치를 받을 수 없다고도 하였다. 그는 다른 민족과 구별되는 국혼이 있기 때문에 다른 민족에 동화될 수 없다고 단언하였다.

> 우리의 국민성은 언어 풍속 노래 예제禮制 의식衣食 등 모든 면에서 다른 민족과 구별된다. 이렇게 여러 종류의 것들이 종합되어

우리 국혼으로 강하게 응고되었으니, 우리의 국혼은 결코 다른 민족에 동화될 수 없다.[4]

다른 민족과 구별되며 더 나아가 동화될 수 없는 '국혼'이 있다는 민족적 정체성의 특수함을 강조하는 것은 '너와 다른' 나에 대한 자기 이해의 중요한 부분이라는 의미이지, 다른 민족을 차별하고 침략하기 위한 이데올로기를 구축하려는 시도가 아니다.

인간은 시공을 초월한 초역사적인 존재가 아니라 언제나 지금 여기란 현재에 있다. 서로 다른 역사적 상황은 서로 다른 주체의식을 정립한다. 그런 차원에는 나는 너가 아니고 너는 내가 아니다. 나는 너가 될 수 없으므로, 너에게 동화될 수도 없고 개조의 대상이 되어서도 안 된다.

언어와 풍속이 모두 정신을 내포하고 산천초목이 그 소리와 빛에 젖어 있으며 단충丹忠이 피로 물들어 있는 것은 모두 국가 본래의 특수한 성질을 바탕으로 이루어진 것이며, 전적으로 문학에 의존해서 얻어진 것은 아니다. 귀 정부(일본)가 교육의 힘을 빌려서 지난날의 서적들을 불태워버리고 새로운 것으로 개조하여 우리 겨레의 정신을 변역시키려 하지만, 그것은 결코 성공하기 어려운 일이다.[5]

너와 나는 관계맺음하는 '사이'이며, 그 사이는 차이에 대한 인정과 공존에 대한 배려에 의해 성립한다. 이러한 사이들이 특수한 역사적

---

4) 『朴殷植全書』 上 「韓國獨立運動之血史」 서언 449쪽.

5) 『朴殷植全書』 下 「大韓民國老人同盟團 致日本政府書」 215쪽.

상황 속에서 실현할만한 가치가 있는 시대적 보편을 창조한다. '인간은 평등하게 양지를 본유한다'는 도덕적 보편성은 서 있는 자리가 다름에도 불구하고 인류가 함께 지향해야 할 방향을 모색할 수 있는 공통분모가 된다. 국혼에 근거한 한국적 특수성은 타민족과 공유할만한 가치 즉 관계맺음과 평화 실현이란 보편적 가치를 포함하고 있기 때문에, 타민족과 어떤 관계맺음을 할 것인지를 판단할 수 있다. 한국은 역사적 경험 속에서 이러한 특수한 보편성을 구체화해 나갈 수 있다.

박은식이 근대적 맥락에서 적극적으로 수용한 양명학적 사유 역시 '특수한 보편'이란 가치를 내함하고 있다. 그러므로 타자중심주의의 맹점을 비판하는 차원에서 중화주의와 사대주의를 문제 삼았다. 즉 박은식이 양명학을 통해 유학적 본지를 근대적 맥락에서 재정립하고자 한 것은 중국중심주의로의 회귀가 아니었다. 박은식은 양지를 통해 한국적 근대를 성찰했을 뿐만 아니라, 동양주의 및 유럽중심주의의 야만성과 폭력성을 비판할 수 있었으며 인류가 지향해야 할 목표로서 인도주의적 대동사상을 제시하였다.

한중일 삼국은 제국주의적 침략과 반식민半植民 혹은 식민이란 같으면서도 다른 역사를 경험했다. 각국의 유학적 대응 역시 근대 역사 경험을 반영하고 있다. 그렇다면 삼국의 유학은 각국의 상황을 어떻게 반영하였으며, 그것은 특수한 보편으로서 제 역할을 하였던가? 근대 동아시아 유학에 대한 비평은 유학의 본지를 역사적 맥락에서 제대로 구현했는가에 초점이 맞춰져야 할 것이다.

중화주의와 천하적 지리인식은 왕조체제를 기반으로 한 지역의식과 밀접한 관련이 있었다. 그런데 근대 국가체제는 왕조체제와는 질적으로 달랐다. 그렇다면 치국평천하와 같은 풍부한 정치이념과 관계맺음에 관한 철학이 국가체제적 전환을 수용하여 변화된 철학체계를 정립하는 것은 당연한 일이다. 근대적 맥락에서 유학은 중국의 중화주의에 대한 재인식, 일본 동양주의의 동문론同文論을 비롯한 충효일본忠孝一本의 천황제 국가 이데올로기, 그리고 대한제국기의 동양평화론 및 식민기의 황도유학과 도의철학道義哲學 등으로 변용되었다. 특히 일본 근대 유학은 식민지 조선에 그대로 습윤되어 친일을 정당화하거나 국가 이데올로기를 정초하는 데 기여하였다.

박은식은 양지로써 근대 전체를 통찰한 사상가이다. 한국이란 '여기'에서 치양지는 진아로 구현되며, 근대적 세계란 '지금'에서는 평등과 인도주의의 지향으로 구체화되었다. 하지만 그 두 길이 다른 것이 아니다. 진아가 되어 망국이란 역사적 고통을 해결하고 독립하는 것이 곧 세계적으로는 인도주의를 실현해가는 하나의 과정이 된다. 그야말로 특수한 역사적 상황을 도외시하지 않으면서도 보편적 이념을 구현하는 길이 여기에 있다. 그러므로 지금 여기에서 우리가 근대 역사를 반추하면서 이 시대의 '문명의 문명다움'을 되물을 수 있는 것이다.

I

근대와 양명학의 조우

1. 서구적 근대와 충돌적 만남

1) 서구 근대문명의 충격

'근대'는 이전 시대와는 확연한 차이가 있었다. 전근대사회의 변화는 대개 왕조의 교체이거나 종교적 변화였지만, 근대는 그야말로 새로운 세계와의 대면이었고 삶의 양식 전반에 걸친 현격한 변화가 있었다. '여기'의 측면에서는 하늘은 둥글고 땅은 네모나다는 천원지방설天圓地方說에 기반한 화이적華夷的 천하天下는 사라지고, 오대양 육대주라는 지구적 세계에 놓이게 되었다. '지금'의 측면에서는 철도나 시계와 같은 근대적 시간개념이 삶 깊숙이 들어와 일상을 변화시켰다. 이러한 지금 여기의 변화는 인간과 세계에 대한 새로운 인식변화를 가져왔다.

근대적 새로움은 변화이기도 했지만, 동시에 위기였다. 근대 한국은 성리학을 토대로 구축된 삶의 양식이 전반적으로 해체된 데 따른 내적 변화도 컸지만, 외부적으로는 세계자본주의체제로의 편입이 제국주의 침략으로 직결되면서 위기에 봉착하였다. 한편 이러한 격변은 근대적 맥락에서 전근대 유산을 어떻게 자리매김할 것인가와 함께 유럽중심주의와 식민주의를 어떻게 마주할 것인가를 묻게 하였다.

이양선異樣船, 즉 기존의 배와는 전혀 다른 모양으로 군사적 위력을 갖춘 군함은 서구적 근대문명이 바닷길을 통해 전 지구적 차원으로 확산하는 데 결정적인 역할을 하였다. 15세기 이전 아메리카 대륙과 오스트레일리아 등은 아시아나 유럽과는 거의 별개의 곳이었고, 아프리카의 내륙지역 역시 오랫동안 외부에 알려지지 않은 미지의 땅이었다. 하지만 15세기부터 세계 각 지역은 바닷길을 통해 상호 밀접한 영향을 주며 살게 되었다. 그곳이 문명의 땅이든 야만의 땅이든 고립된 채 살아가는 것은 불가능해졌으니, 전 지구적 차원의 세계가 비로소 열렸다고 해도 과언이 아니다.

바다를 통한 교류가 모두에게 발전이었던 것은 아니었다. 1천만 명이 넘는 아프리카인들은 신대륙으로 끌려가 노예생활을 해야 했고, 아프리카의 은이 전 세계로 유출됐다. 각 지역의 생태계는 갑자기 침투한 외래종 때문에 심대한 변화를 겪었다. 해양팽창을 주도한 것은 유럽인들이었고, 그 결과 근대는 유럽이 지배하는 세계가 되었다. '지리상의 발견'이란 유럽인들에 의해 발견되어 지배의 대상이 되었다는 뜻이지, 그 지역에 오랫동안 살고 있었던 이들의 관점이 반영된 것은 아니었다. 18세기 이전에는 유럽인들이 결코 다른 대륙을 지배할 힘이 없었다는 점, 또 유럽의 우위는 19세기가 되어서야 가능해지기 시작했다는 것은 근대라는 역사가 얼마나 유럽적인 경험에 영향을 받은 것인지를 여실히 보여준다.[1)]

1) 주경철 『문명과 바다』 산처럼 2009, 11-16쪽 참조.

근대 유럽인들은 대양과 군함을 통해 세계를 횡단하였으니, 우리에게도 서양과 일본은 뱃길을 따라 군함을 앞세워 왔다. 하지만 이양선은 단순한 배가 아니었다. 그 길을 따라 자본주의와 군국주의가 위세 당당하게 비유럽지역을 점령하였다. 성리학적 이념과 중국중심주의에 매몰돼 있던 한국은, 이질적이고 강력한 타자를 마주하여 '서구 문명(타자)은 무엇인가?'를 묻지 않을 수 없게 되었다. 그것은 선택적 물음이 아니라 생존적 질문이었다. 근대란 파고는 우리에게 새로운 삶의 양식에 국한되지 않고 국권 상실과 망국이란 전대미문의 역사적 경험을 안겼기 때문이다.

'너는 누구인가'란 질문은 곧 너를 묻고 있는 나의 정체성에 관한 물음이므로, 근대적 맥락에서 '한국(주체)적 정체성은 무엇인가?'란 철학적 물음 앞에 서게 되었다는 것을 의미한다. 리기 심성론으로 포착되지 않는 근대 주체와 타자를 어떻게 인식할 것인가는 역사적 난국을 어떻게 헤쳐나갈 것인가란 문제와도 직결되어 있었다. 계몽이성과 서구적 문명화가 살길이라고 판단한 이들은 문명개화에 앞장섰지만 대개는 친일로 귀결되었으며, 성리학적 존리설을 묵수한 이들은 제국주의 침략에 저항하였지만 근대적 삶을 온전히 직시하지는 못했다.

박은식(1859-1925)은 이러한 역사적 격변기이면서 동시에 문명적 전환기를 살았던 근대지식인이었다. 그는 오랫동안 성리학을 수학하였지만, 성리학적 세계관으로는 오롯이 해명되지 않는 현실에 직면하면서 삶의 중요한 분기점을 맞이하였다. 1898년은 황해도 출신인 그가 상경한 해였으니, 이는 갑오개혁(1894-1896) 이후 역사적 격변을 보다 생생하게 체험하는 계기가 되었다. 갑오개혁은 정치 · 사회제도를 근대적으로 개편한 것으로, 신분제와 과거제의 폐지를 비롯하여 청에 대한 사대관계를 청산하는 등 근대사회로의 전환을 단행하였다.

하지만 일본 세력에 의존했기 때문에 주체적인 개혁성과를 거두는데 한계가 있었고, 반일과 반침략을 중요시했던 국민들의 반발에 직면하기도 하였다. 어쨌든 갑오개혁은 근대체제로 나아가는 중요한 발걸음이었고, 성리학에 기반한 사회체제가 해체되는 직접적인 계기가 되었다.

성리학적 사회체계의 해체를 목격한 박은식은 양명학을 통해 유학 이념을 근대적 맥락에서 재정립하고자 하였다. 그는 당대를 '구신시대求新時代'라고 판단하고 양명학적 사유를 토대로 유교구신론儒教求新論을 체계화하였다. 여기에는 정제두와 강화학파의 영향보다는 당대 일본과 중국 양명학이 직·간접적으로 큰 영향을 끼쳤다고 할 수 있다. 또 《황성신문》과 《대한매일신보》의 주필은 물론 서우학회 등 여러 학회에 관여하면서 자강론을 체계화하였다.[2] 망국 이후에는 중국으로 망명하여 독립운동을 하였으며, 김구를 이어 상해임시정부의 2대 대통령을 역임하였다. 그는 이 시기에 『한국통사韓國痛史』(1915)와 『한국독립운동지혈사韓國獨立運動之血史』(1920)를 저술하여 당대의 독립운동에 관한 역사를 기록하였다. 또한 인도주의와 사해동포주의를 토대로 대동사상을 체계화하였다.

---

2) 역사학계에는 박은식의 언론활동 시기에 관해서 여러 의견이 있다. 『朴殷植全書』「연보」에는 1898년 9월에 장지연 남궁억 유근 등이 《대한황성신문》을 인수하여 《황성신문》으로 改題하여 간행하자 장지연과 함께 주필로 취임했다고 하였다. 이만열도 『박은식』(한길사 1980)의 연보에서 1898년에 《황성신문》의 주필로 취임했다가 장지연의 논설 「是日也放聲大哭」으로 《황성신문》사가 탄압을 받자, 1905년에 《대한매일신보》사로 옮겨 주필이 되었다고 보았다. 그러나 창간과 동시에 주필을 맡았다는 기존의 주장에 대해 노관범은 그의 박사학위논문(『대한제국기 박은식과 장지연의 자강사상 연구』 2007 서울대 박사학위논문 1장)에서 이의를 제기하였다. 그는 박은식이 1905년 8월부터 1907년 11월까지 《대한매일신보》의 국한문판의 기자로 재직했으며, 1908년에 《황성신문》사로 자리를 옮겨 망국 때까지 언론활동을 펼쳤다고 주장하였다.

그의 이러한 사상적 모색은 계몽이성에 매몰되거나 성리학적 세계관을 묵수하지 않고, 근대란 시대적 변화를 양명학에 의거하여 재해석한 것이다. 그가 유럽중심주의와 제국주의 침략 및 식민주의 등 세계적 폭력체제에 대한 비판적 성찰과 한국 독립의 정당성 확보에 주력한 것은, 유학의 시중지도를 당대의 역사적 현실 속에서 구현하려는 노력의 일환이었다. 이는 전근대의 유학 자산에 대한 비판적 성찰을 전제한 것임에 두말할 필요가 없다.

그는 유학이 시대정신으로서 제 역할을 할 날이 올 것이라고 예견하기도 하였다. 그렇다면 그의 유학정신을 지금 여기 우리 삶의 맥락에서 재음미한다는 것은 어떤 의미와 가치를 갖는가? 오늘날 유학은 어떤 시대적 문제를 문제 삼고 답을 해야 하는가? 이것이 우리가 물어야할 질문일 것이다.

2) 수용과 저항의 야누스적 타자

자강기(1894-1910)에 이르면 서구 문명 수용은 당연한 것으로 받아들여졌다. 서학西學은 사학邪學이므로 정학正學인 성리학적 이념을 공고히 해야 한다고 주장했던 위정척사사상은 낡고 쓸모없는 구학舊學으로 전락하였다. 시계와 철도로 표상되는 근대적 지금은 리기론적 세계관으로는 해명되지 않았다. 우리나라 사람 중 처음으로 기차를 탄 이는 김기수였다. 그는 일본에 수신사로 파견되어 일본 열차를 탈 기회를 얻었는데, 그 속도를 "좌우에 산천, 초목, 옥택屋宅, 인물이 보이기는 하나 앞에 번쩍 뒤에 번쩍하므로 도저히 건잡을 수 없었다."고 감탄하였다.[3] 1899년 9월 경인선 열차가 개통되던 모습을 《독립신

3) 박천홍 『매혹의 질주, 근대의 횡단』 산처럼 2004, 33쪽.

문》은 "화륜거 구르는 소리는 우레와 같아 천지가 진동하였다."고 서술하였고, 《대한매일신보》는 "사방으로 철로 놓고 행인과 물품을 운수할 때 착산통도鑿山通道 몇 천 리를 순식간에 왕래하니 그 근처에 사는 사람 고동소리에 놀라겠네. 신세계가 되었구나!"라고 하였다. 철도의 소리와 속도는 신세계의 '문명'을 상징하기에 충분하였다. 철도 위를 달리는 기차는 정확한 시간표대로 오갔으며, 신문과 각종 인쇄매체를 수송하는 수단이 되었다. 시계와 철도는 서구 문명의 우수성을 알리는 전령사 역할도 하였지만, 전통적 삶의 양식을 파괴하는 첩경이었으며 제국의 침략을 용이하게 하는 통로가 되기도 하였다. 철도를 건설하는 노동자는 한국인이었지만, 그 길을 따라 식민지를 건설할 일본 군대가 이동하였고 갖은 수탈이 이어졌다.

근대적 시공간은 성리학적 세계관과 접점이 없었다. 존리적 심성론을 구현할 수 있는 정치적 장 역시 갑오개혁과 함께 사라진 반면, 신학新學을 통한 문명화는 국권을 가진 독립국이 되는 첩경으로 받아들여졌다. 우리도 서구 열강처럼 국권을 유지하여 문명한 자강국을 건설하려는 열망이 자강운동으로 이어졌다. 그들처럼 되는 길은 그들의 문명을 수용하는 것을 배제하고는 불가능하다고 여겼다.

당시 자강론에 큰 영향을 미친 것은 사회다윈주의였다. 적자생존과 약육강식이란 자연법칙을 인간과 사회에 적용한 사회다윈주의는 열약한 한국의 현 상태를 확인하는 위기의식과 함께 그들처럼 우등한 강자가 되어야 한다는 문명화의 당위성을 제고提高하는 이론적 토대로 작동하였다.[4] 박은식도 사회다윈주의의 영향으로 당대를 '생존경

4) 사회다윈주의가 한국 근대사회에 미친 사상적 영향에 관해서는 박정심 『한국근대사상사』 (천년의 상상 2016) 6장 「사회다윈주의 수용의 파장」을 참조.

쟁의 시대'라고 규정하였다.

> 다윈이 강권론強權論을 주창主唱함으로써 소위 제국주의가 세계의 유일한 기치가 되어 나라를 멸망시키고 종족種族을 멸망시키는 것을 당연한 보편법칙(公例)로 삼아, 경쟁의 재앙이 점점 참극慘劇함이 극도에 도달하였다.[5]

박은식은 열강이 대포와 거함巨艦으로 선봉先鋒을 삼아 우매하고 열약劣弱한 민족의 소유지를 겁탈하는 제국주의 침략을 감행하고 있기 때문에,[6] 우리도 부국강병을 이룩하여 이에 대응해야 한다고 보았다. 그는 약육강식과 적자생존이 지배하는 현실 속에서 국가를 유지하고 종족을 보존할 방안은 교육과 식산殖産 이외의 다른 방법이 없다고 하였다. 또 제국주의와 국가 간의 생존경쟁이 치열한 시기에 민족의 성쇠盛衰와 국가의 존망은 지식의 명매明昧와 세력의 강약强弱에 따라 결정된다고 하였다.[7] 전 지구적 자본주의체제에 편입된 당대의 변화에 대해 그는 "농업사회에서 벗어나 공상시대工商時代가 되었고 사상적으로도 숭고시대崇古時代가 아니라 구신시대求新時代가 되었기 때문에, 우리도 새로운 시대적 변화에 맞춰 진화하지 않으면 생존할 수 없다."고 단언하였다.[8]

이러한 역사적 격변의 근저에는 서구적 근대문명과의 조우가 있었다. 서구 근대는 항해술을 비롯한 교통 통신수단의 발달과 자본주의

---

5) 『朴殷植全書』 中 「夢拜金太祖」 309쪽.

6) 『朴殷植全書』 下 「本校의 測量科」 98쪽.

7) 『朴殷植全書』 下 「敎育이 不興이면 生存을 不得」 86쪽.

8) 『朴殷植全書』 中 「夢拜金太祖」 217쪽.

적 경제 질서, 그리고 앞선 과학기술을 기축基軸으로 삼았다. 문명사적으로는 이성적 사유와 유럽중심주의의 세계적 확산으로 요약할 수 있다. 유럽 중심의 근대체제에 편입된다는 것은 이러한 지구적 세계질서의 토대 위에서 삶을 영위한다는 것을 의미한다. 즉 근대 공간에서 삶의 모든 것의 중심에는 '서구 문명'이 자리하고 있었으니, 서구문명이 근대 세계에 얼마나 지대한 영향을 미쳤는지를 알 수 있다.

그러나 한국 근대를 논의할 때 서구 문명을 보편의 잣대로 삼는 일은 매우 부적절하며 위험할 수 있다. 무엇보다 한국과 유럽은 역사적 사회적 문화적 환경이 다르다. 또 유럽이 이룬 일국적一國的 차원의 발전은 제국주의 침략을 통해 가능했는데, 그들은 제국주의 침략을 우월한 유럽 문명을 미개한 야만인에게 전해주는 '백인의 의무'를 수행하는 것이라고 합리화하였다. 반면 한국은 그들 문화를 강제적으로 이식당하는 과정을 거치면서 근대화되었다. 근대 한국은 기존의 삶과는 질적으로 다른 변화를 겪었으며, 이질적인 문화를 수용해야 했을 뿐만 아니라 국권을 찬탈당하는 수모를 겪었다. 근대적 문명은 유럽을 비롯하여 전 지구적으로 큰 파장을 일으켰지만, 결코 동질적인 것도 아니었다. 유럽인에게 문명은 유럽적 우월성을 증명하는 기제였던 반면, 비서구지역인에게는 문명성이 부재하다는 결핍을 각인시켰기 때문이다. 근대문명이 유럽국가에게는 놀라운 발전이었지만, 제국주의적 침략으로 풍부한 원료와 안정적 시장이 공급되지 않았다면 불가능한 일이기도 하였다. 원료 공급지와 시장의 역할을 담당했던 아시아와 아프리카는 식민지로 전락하였다. 제국주의는 백인의 의무에 따른 문명적 발전이 아니라 침략적 야만이기도 하였다. 즉 문명과 야만의 공존이 바로 근대문명의 특징이다.[9)]

그런데 서구 근대문명을 유일한 보편으로 삼는다면 한국은 늘 그들처럼 되려고 해야 하는 근대화의 궤도를 벗어날 수 없으며, 더 나아가 한국적 근대 역사를 창조해 가면서 그들과 다른 자신의 삶을 당당하게 말하는 일도 불가능할 것이다. 한국 근대를 이해할 때 서구 영향을 배제할 수는 없지만, 그것에 매몰되어서도 안 되는 이유가 바로 여기에 있다. 철도가 문명한 신세계를 가져왔지만 침략과 수탈의 통로이기도 했듯이, 서양 근대문명은 수용과 저항의 대상이었다.

사상적으로 그것을 해석하고 우리 나름의 대응방식을 갖는 것이 가장 긴요한 과제였다. 물론 서양을 맹목적으로 수용하려는 수동적 방식만 있었던 것은 아니었다. 타자는 주체와 마주 선 존재이다. 따라서 타자가 누구인지를 묻는 것은 곧 그를 묻고 있는 주체에 대한 물음이기도 하였다. 주체에 대한 물음은 조선왕조의 시대이념이었던 성리학적 세계관이 근대적 맥락에서는 어떻게 이해되어야 하는지를 묻는 것에서 출발하지 않을 수 없었다. 박은식은 이 지점을 문제 삼았다. 그는 더 이상 리기 심성론으로 해명되지 않는, 막다른 골목처럼 혼란한 지점에서 "주자학을 비롯한 성리학은 근대 공간에서 무엇인가?"라고 물었다. 그는 성리학에 대한 비판적 성찰을 통하여 새로운 근대이념을 창출하여 근대주체인 진아를 정립하고 진아를 구성원으로 하는 근대국가를 건설하고자 하였다. 대외적으로는 타자를 문제 삼았으니, 중국중심적 중화주의에 대한 반성과 서구 근대문명에 대한 인식이 주요 논제였다.

3) 문명사적 전환과 유학의 구학화舊學化

---

9) 제국주의에 대해서는 박지향 『제국주의 : 신화와 현실』 (서울대학교 출판부 2000)을 참조.

갑오개혁을 통해 성리학은 그 정치적 이념을 실현할 장을 상실하였고 문명한 신세계를 경험하면서도, 여전히 '유학'을 근대적 맥락에서 되물을 수밖에 없었던 것은 그만큼 유학적 사유가 삶의 전반에 걸쳐 큰 영향을 미치고 있다는 반증이었다. 그럼에도 불구하고 신학과 조응한 성리학은 낡고 쓸모없는 구학으로 치부되었으며, 유학적 윤리규범을 고수하는 것 또한 진부한 것으로 여겨졌다.[10] 이것은 근대적 세계가 더 이상 성리학으로 해명되지 않은 지점을 보여주는 것이었다. 천리 체인을 학문의 목표로 삼지 않았으니, 조선 성리학에서 그토록 치밀한 논쟁의 핵심주제였던 도덕적 선험성에 대한 이해와 구현도 무의미해졌다. 성리학의 내적인 계승보다 외세의 충격을 독해하고 대응하는 것이 시무時務로 급부상하였다.

더 나아가 근대교육제도의 도입은 성리학적 지식체계 해체를 가속화시켰다. 김사설은 유학이 성리설에 치중한 나머지 세사世事를 물을 현실적 문맥을 놓쳐버렸기 때문에 쓸모없게 되었다고 비판하였다.[11] 설태희도 조선시대의 성리학이 동포의 인권을 박탈한 정치를 했기 때문에 노예상태에 놓이게 되었다고 하면서, 신분제에 근거한 조선왕조의 전제정치는 내적 노예상태였다고 평가하였다.[12] 신학 수용을 적극적으로 개진했던 여병헌은 구습에 얽매여 근대적 실학에 힘쓰지 않는 유학을 '병적 상태'로 규정하고, 구학을 묵수해서는 자주독립을 이룰 수 없다고 단언하였다.[13] 이기도 유학의 시중지도時中之道를 실

---

10) 박정심「자강기 신구학론의 舊學(儒學)인식에 관한 연구」『동양철학연구』 제66집 동양철학연구회 2011 참조.

11) 金思說『大東學會月報』1호「學問體用」47쪽.

12) 薛泰熙『大韓自强會月報』6호「抛棄自由者爲世界之罪人」421쪽.

13) 呂炳鉉『大韓協會會報』8호「新學問의 不可不修」94쪽.

현하기 위해서라도 서인西人의 국가학國家學을 배워야 마땅하다고 주장하였다.[14] 당시 많은 자강론자들이 옛것만 좋아하는 것은 고쳐야 할 '병'으로 판단한 것인데, 옛것의 핵심은 성리학적 자산이었다.

성리학에서는 모든 존재자의 존재원리로서 천리를 상정하였고 '성즉리'로서 맹자의 성선설을 계승하였다. 그러므로 인간은 마땅히 천리를 체인하기 위해 수양공부를 해야 하는 존재로 보았다. 그런데 서구 문명을 수용하는 것은 곧 서구적 이성과 개인 개념을 수용하는 것을 의미하기도 하였다. 따라서 백성이 아닌 국민, 노동하는 인간, 체력을 기르는 인간, 위생적인 인간 되기를 추구하게 되었다. 즉 체육이란 교과목을 비롯하여 몸 자체가 독자적인 영역을 갖게 되었고, 인간에 관한 과학적 탐구가 인간 이해의 새로운 논거로서 받아들여지게 되었다. 이러한 새로운 인간 이해는 성리학적 '천리'개념의 와해로 이어질 수밖에 없었다. 천리 체인과 성즉리란 보편성이 해체된 이상, 성리학적 체계를 고수하는 일은 완고한 구습에 지나지 않게 되었고 천리로 해명되지 않는 세계에 대한 새로운 이해방식이 요구될 수밖에 없었다. 독립된 국가체제를 정립하는 것이 최우선 과제였으므로, 민족과 국가 그리고 국민 등 근대적 장을 이해하는 새로운 개념들이 부각되기 시작했다. 유학적 도덕문명에서 서구 근대적 기술문명으로 문명사적 전환을 겪으면서, 유학은 전혀 다른 맥락 하에 놓이게 되었고, 전근대적 유학과 결별하고 근대적 지평에서 시중지도의 함의를 되물어야만 했다. 위정척사의 정학正學이 더 이상 시대이념이 될 수 없는 이질적인 시대가 도래한 것이다.

성리학이 근대적 효용성을 창출하지 못하는 낡은 이념이라는 의미

---

14) 李沂 『大韓自强會月報』 9호 「好古病」 91쪽.

에서 구학으로 치부되었음에도 불구하고 구학에 대한 강한 물음이 제기되었던 근본적인 이유는 타자의 양면성에 기인하였다. 앞서 지적한 대로 유럽 근대문명성은 비서구지역을 문명성이 부재한 야만으로 규정하고 그에 대한 차별과 식민 지배를 정당화하였다. 문명화는 근대사회로 진입하는 통로이기도 했지만, 그것이 곧 식민지로 전락하는 길이기도 하였다는 점에서 보다 큰 문제를 던져주었다. 한국의 경우, 야누스적 타자가 지닌 침략적 야만성에 대한 저항과 비판 논리는 문명적 자긍심의 원천이었던 유학에서 찾을 수밖에 없었다.

또 서구적 근대를 수용하는 것 역시 유학적 개념을 차용하거나, 유학과의 차이를 드러내는 방식을 사용하지 않을 수 없었다. 낯선 근대를 사유하고 이해하기 위해서 성리학적 개념을 격의하는 과정을 거쳤지만, 서구적 근대를 번역하기 위해 사용되었던 성리학적 개념어의 함의는 변화했다. 과학자를 의미했던 격물군자나 과학의 번역어였던 격물치지학을 비롯하여 수신修身, 인仁 등의 개념어는 근대적 세계를 표상하기 위한 도구로 전화하였다. 이는 개념어의 함의 변화에 국한되지 않았다. 근대적 개념어의 탄생은 타자를 분명히 인지했다는 것이니, 이는 곧 주체의 정체성에 대한 물음이면서, 동시에 주체가 타자와 근대란 시공간에서 새롭게 만나는 것을 의미하였다.

박은식은 근대적 문명을 수용하지 않을 수 없는 현실을 인정하고, 국가적으로 문명한 상태에 이르기를 희망하였다.[15] 우매한 국가는 사

15) 『朴殷植全書』 下 「團體成否의 問答」 12-3쪽 : 오늘날 우리들이 단합하면 文明優等하게 되는 반면 흩어지면 野蠻 劣種하게 된다. 단합하면 생존할 수 있지만 흩어지면 멸망을 피하기 어렵게 될 것이다. (중략) 20세기 문명 인류는 모두 국가의 영욕화복으로 자기의 영욕화복으로 삼는 것이 일반적인 정서이니, 단합하는 목적이 여기에 있다.

회가 성립하지 못하지만 문명한 국가는 사회가 날로 융성해진다고도 하였다.[16] 이것은 20세기가 '신세계를 조성하는 시대'이기 때문이라고 하였다. 따라서 옛 법도를 고수하고 변화를 도외시한다면 국가 유지는 물론 인민의 생존도 도모할 수 없는 지경에 이를 것이라고 예견하였다. 따라서 구습舊習을 개량하지 않으면 안 된다고 단언하였다. 무엇보다 유림은 국가의 원기元氣이며 인민의 사표師表임에도 불구하고, 호락논쟁이나 리기론에 얽매여 도덕적 본지本旨을 상실함으로써 사회적 기능을 상실했다고 평가하였다. 유학적 본지는 구신求新의 시의時宜를 모색하는 가운데 구현되는 것이지, 전근대적 예의를 공담空談하는 것으로는 실현 불가능하다고 판단하였다. 따라서 서양의 문명을 수용하는 것이 이용후생에 적합하다고 판단하였다.[17] 하지만 신학新學 수용이 시대적 급무임을 인정할지라도 그것이 곧 유학적 자산의 부정과 해체를 뜻하지는 않았다.

유학은 늘 시대적 문제에 직면하여 시중지도時中之道를 추구하였다. 근대체제에서 유학이념이 비록 정학으로서의 역할을 하기는 어렵지만 낡아 쓸모없는 구학舊學으로 치부할 수 없고 여전히 유효하다는 주장이 설득력을 갖기 위해서는, 유학적 이념이 어떤 가치가 있으며 그것이 어떻게 실현 가능한지에 대한 체계적 논증이 요구되었다. 박은식은 여느 자강론자들처럼 사회다윈주의를 받아들이고 서구적 문명성을 수용해야 한다는 점을 인정하였다. 그러나 신학新學 수용이

---

16) 『朴殷植全書』 下 「團體成否의 問答」 14쪽.

17) 『朴殷植全書』 下 「舊習改良論」 8-9쪽 : (공자가 오늘날 이 시대의 예를 묻는다면) 태서인의 이용후생하는 제조품과 新法律의 通行과 新學問의 盛備한 것을 완전히 거절하겠는가, 아니면 때에 따라서 마땅함을 제정하고 그들의 장점을 취하시겠는가?

곧 유학의 전면적 부정으로 귀결되어서는 안 된다고 보았다. 그는 성리학을 묵수하려는 구습에서 벗어나, 양지良知를 사상적 기축으로 근대란 시대적 맥락에서 구세적救世的 본지本旨를 구현하고자 하였다.

2. 근대체제와 양명학적 사상 전환

1) 성리학의 해체와 사상적 전환

성리학이 구학으로 전락한 상황에 직면하여 선택할 수 있는 길은 두 갈래였다. 유학이념을 버리고 서구적 근대성을 세계적 전범으로 용인하여 서구화하거나, 유학적 본지에 대한 재반성을 통해 성리학과 다른 길을 모색하는 것이었다. 신채호가 '한국은 유교국'이라고 언명했듯이, 우리는 풍부한 유학적 자산을 물려받았다. 박은식은 유학적 자산을 근대적 맥락에서 성찰함으로써 서구적 근대성의 폭력성을 비판하는 기제로 삼았다. 물론 근대 유학은 전근대적 이념을 탈각하고 근대적 시의성을 모색하는 방향에서 재음미된 것이었다. 무엇보다 근대적 국가의식은 중화주의와 공존할 수 없었다. 박은식은 중화주의를 중국중심주의라고 비판하면서, 근대적·민족적 주체의식을 가질 것을 요구하였는데, 이것은 기본적으로 근대가 국가체제를 삶의 단위로 하고 있으며, 국가체제는 곧 민족주의와 불가분의 관계에 있다고 파악했기 때문이다.

박은식은 근대체제에서 국가와 민족을 보존하지 못한다면, 유학적 보편성을 구현할 토대 역시 상실한다고 하였다.

현시대는 국가를 보존하지 못하면 민족도 반드시 민멸한다. 만약 국가와 민족을 보존하지 못한 경우에, 유학자가 한가로이 심성론을 논하며 향음鄉飮[1] 향사鄉射[2]와 같은 의례를 행할 곳이 있겠는가? 이것은 성현이 심혈을 기울여 구세救世하려는 인의심仁義心에 배치되는 것일 뿐만 아니라, 자기 집안과 자신을 보존할 수 있는 방책도 온전히 생각하지 못한 것이다.[3]

유학이념이 국가체제란 새로운 정치적 장에서 실현되어야 한다고 파악했다는 것은 왕조의 정치이념적 성격과 전근대적 담론체계와는 결별해야 한다는 것을 의미하였다. 그가 국권 상실과 망국의 위기에 직면하여 유학이 시대정신으로서 제 역할을 하지 못한 책임을 묻고 반성하는 자세를 취한 것은 타당했다. 그는 일차적으로 붕당정치의 폐해를 지적하면서 그것이 사림의 사소한 감정과 사사로움에서 시작되었다고 평하였다.[4] 또한 조선 후기 예송논쟁과 호락논쟁 등이 유학 본지를 실현하는 사상이었다기보다는 당파적 논쟁에 그쳐 도리어 망국의 단초를 제공했다고 비판하였다.[5] 우리 민족이 서양보다 뒤떨어진 원인은 사문난적이란 이름으로 사상을 속박하고 언론을 억제하는 학문 풍토로 인하여 세상의 변화에 제대로 대처할 수 없었던 데 있다고 하였다.[6] 또 시대변화에 능동적으로 대처할 수 없는 원인으로 주

1) 周代에 향교의 우등생을 중앙정부에 천거할 때 鄉大夫가 주인이 되어 송별연을 베풀던 일을 일컫는다.
2) 周代에 향대부가 시골의 어진 인재를 선발하기 위해 행하는 활쏘기의식을 일컫는다.
3) 『朴殷植全書』 下 「舊習改良論」 10쪽.
4) 『朴殷植全書』 下 「謹於微와 無我라는 演論」 10쪽.
5) 『朴殷植全書』 中 「王陽明先生實記」 148쪽 : 당시 한국 유림의 폐단은 첫째 心性理氣論爭이요 둘째 禮說의 다툼이니, 政爭을 제거하지 않으면 예의 근본을 회복할 수 없다.

자학 맹종을 지목하고, 노예적 상태에서 벗어나 주체적 관점에서 유학을 재성찰할 것을 요구하였다.

> 우리나라 유학의 유래를 보면 가장 유력한 학파가 송유의 충실한 노예가 되어 무단武斷의 악습을 행사하는데, 학계에 새로운 학설을 내는 자가 있으면 사문난적으로 몰아 사상을 속박하고 조금의 자유도 허락하지 않았다. (중략) 옛 학문을 지키는 것만 숭상하여 새로운 변화를 막고 거부하더니, 마침내 결과가 여기에 이르렀다.[7]

그는 조선 시대에 주자학을 중심으로 유학이 발전했지만, 주자와 같이 본원적인 진리를 체득하기는 어렵다고 하였다. 여기에는 여러 요인이 있지만 가장 근본적인 것은 후대 학자의 삶이 북송시대와 동일하지 않은 데 있다고 보았다. 즉 주자학 자체의 문제라기보다는 유학이 시대적 변화에 대응하여 시중지도로서의 제 역할을 하지 못하는 문제점을 강조한 것이다.[8]

성리학적 세계관을 고집하는 상황에 대한 비판적 성찰은 유학적 본지를 구현하기 위한 선결과제이기도 하였다. 박은식은 유학이 시대정신으로서 제 역할을 하기 위해서는 '구신求新의 시대'에 맞는 이념으로 거듭나야 한다고 파악하였다. 그는 유학은 수시변역을 통해 그 이념을 구현하는데, 당대는 지력경쟁智力競爭으로 우승열패를 겨뤄 약육강식하는 시대라고 판단하였다. 따라서 당시 구습을 묵수하면서 민국民國을 망각하고 있는 완고한 유림의 문제점을 지적하였다. 적자생

6) 『朴殷植全書』 下 「學의 眞理는 疑로 좇아 求하라」 197쪽.

7) 『朴殷植全書』 中 『王陽明先生實記』 52쪽.

8) 『朴殷植全書』 下 「儒敎求新論」 47쪽.

존적 경쟁을 직시하지 못하고 의리나 심성론을 공담空談해서는 '구인求仁'을 실현하는 것이 불가능하기 때문에, 신리新理를 궁구하여 경제적 발전 방안을 강구하고 신학의 실용성을 수용하는 것이 유학의 책임이 되었다고 강조하였다.[9] 박은식은 '구인'이란 유학적 본지를 해체하지 않으면서 동시에 '근대'란 시대적 맥락에서 그 이념을 어떻게 실현할 것인지를 모색하는 것이라고 판단하였다. 그는 양명학적 사상 전환을 통해 조선왕조의 정치철학이었던 성리학 일변도의 유학에 대한 개혁을 단행하고, 구신시대의 이념으로서 유학을 재정립하고자 하였다. 그러나 박은식은 이러한 사상적 전환이 주자학과 양명학의 이론적인 동이를 변론하는 데 초점이 있지 않다는 점을 분명히 밝혔다.[10]

박은식은 양명학으로 사상적 전환을 단행하여 근대 유학문명이 무엇을 지향해야 하는지 그 방향성을 제시하였으며, 서구 중심의 이성적 주체와 다른 차원에서 근대 한국 주체를 정립하고자 하였다. 그는 단순한 양명학자가 아니다. 그는 양명학에 대한 이론적 탐구에 천착하지 않고 근대 한국의 정체성을 확립하고 더 나아가 독립의 정당성과 실천을 담보할 수 있는 사상적 틀로서 양명학을 수용하였기 때문이다. 박은식은 유학이 근대적 시대정신으로 거듭나기 위해서는 주체의식(自家精神)을 준거로 삼지 않으면 안 된다고 파악했으며, 유학이 나아갈 길을 모색하는 과정에서 주자학을 비판하고 양명학으로 사상적 전환을 하였다. 이것은 천리와 리기론 중심의 도덕적 선험성에 대한 이론적 정밀함을 추구하던 성리학을 지양하고, 양지와 사상마련

---

9) 『朴殷植全書』 下 「賀吾同門諸友」 31-3쪽.

10) 『朴殷植全書』 中 「王陽明先生實記」 182-3쪽.

등 주체적 자각과 실천을 중시하는 방향으로 나아가는 것을 의미한다. 구신시대의 양명학은 '근대'란 시대적 격변을 고민하면서 유학이념을 본유한 주체를 재정립하고 타자에 대해 시의적절한 대응을 실천할 수 있도록 하기 위한 사상적 변혁이었다.[11)]

유학적 자산에 대한 근대적 성찰은 한국적 근대, 주체적 주체를 물을 수 있는 토대가 되었다는 점에 주목할 필요가 있다. 박은식은 양명학적 사상 전환과 진아론을 통해 근대적 맥락에서 유학문명을 재건하였다. 박은식이 유학적 인간 이해를 토대로 근대주체를 모색한 반면 신채호는 역사적 항성恒性을 보지保持한 '아我'를 고유한 조선의 근대주체로 정립하였다.[12)] 진아와 아는 모두 계몽이성적 주체란 보편타자에 매몰되지 않은 한국 근대 주체를 정립하고자 했다는 측면에서 매우 중요한 철학적 진전이었다고 평가할 수 있다. 타자화된 주체성으로는 보편타자의 폭력성을 넘어서 제국주의 침략을 극복하고 새로운 삶을 전망할 수 없었기 때문이다.

2) 일본 근대 양명학과 양계초梁啓超의 영향

동아시아 삼국의 근대는 서구 열강이라고 하는 강력한 타자와의 관계 속에서 형성되었다. 타자의 침략에 직면했지만, 그들을 수용하지 않을 수 없었다. 그런데 그들의 사유를 맹목적으로 용인容認한다면, 주체성을 상실할 위기가 올 수 있었다. 따라서 서구 문명을 수용하면서 동시에 그것을 주체적 관점에서 재해석하고 대응할 필요가 있었다. 일본의 경우 명치유신 이후 맹목적인 서구화에 대한 경계와

---

11) 『朴殷植全書』 下 「儒敎求新論」 44-48쪽.

12) 신채호의 '아'에 대해서는 박정심 『단재 신채호 : 조선의 아, 비아와 마주서다』 (문사철 2019)를 참조.

반발로 인하여 구화주의자歐化主義者와 국수주의자國粹主義者들 간의 갈등이 발생하였다. 국수주의의 한 흐름이었던 양명학은 일본주의와 결합하여 개인의 도덕적 수양과 실천을 강조하였으며, 이러한 과정을 통해 천황제 국가의 국민도덕으로 전화轉化되었다. 중국학자들은 명치유신을 근대화의 모델로 보았고, 일본 근대 양명학을 명치유신의 사상적 원동력으로 평가하면서 이를 적극 수용하였다. 박은식 또한 이러한 사상적 배경 하에서 양명학으로 사상적 전환을 단행하였다.

근대적 맥락에서 양명학은 국가주의(nationalism)와 밀접한 관계 속에서 발전하였으니, 타자와의 경계를 확인할 수 있는 중요한 요소인 국가적 정체성(國粹 nationality)을 이루는 근간으로 해석되었다. 서구의 근대문명에 대응할 수 있는 주체의 전통적 요소 가운데 근대사회에 적용할 수 있는 것을 찾아내어 새롭게 해석함으로써 국가(nation)의 정체성을 확립하고자 한 셈이다. 일본도 양명학이 일본주의와 결합하였으며, 박은식의 경우 또한 양명학에 대한 근대적 해석을 통해 근대 한국의 주체와 사회를 이룩하고자 하였다. 그러나 박은식의 양명학은 일본 양명학과 많은 차이가 있었다.

근대 일본 양명학은 강력한 타자 서양에 대응할 수 있는 일본을 만들기 위한 근대 패러다임 속에서 탄생하였다. 명치유신 이후 양명학은 천황제 국가체제와 밀접한 관계 속에서 발전하였다. 천황제 국가를 체계화하는 과정에서 발표된 '대일본제국헌법(1889)'은 일본은 천황이 주권을 가진 나라임을, 일본인민은 천황의 신민臣民으로서 천황에게 봉사해야 함을 천명했다. 일본인들은 만세일계萬世一系의 천황이 다스리는 나라라는 의미를 담아 '국체國體'란 용어를 사용하였는데, 그것은 막말 지사들이 대외적 위기에 직면하여 각 번을 초월한 새로운 틀을 모색한 결과였다. 이러한 국체론을 하나의 사상으로 완성한 것이 국학國學과 미토학(水戶學)이었으며,[13] 주자학과 양명학도 이러한 일본주의를 크게 벗어나지 않았다.[14] 예를 들면 퇴계의 영향을 받았다고 하는 대표적 주자학자인 모토다 나가자네(元田永孚 1818-1891)는 주자학을 일본의 국체(國柄)에 맞추고 시세에 맞도록 변용시켜 상당히 이질적인 것으로 만들었다. 명치천황의 시강이었던 그는 교육칙어의 연원이 되었던 「교육대지敎育大旨」를 썼다. 천황에게 충성하는 신민을 기를 것을 천명한 교육칙어는 유교윤리를 근저로 한 것이기는 하지만 일본 본래의 황도주의, 미토학의 황도주의로 일관하고 있다. 막말 유신기의 양명학자들도 '서양 기풍이 융성하여 사풍士風이 일변하고, 공리功利의 악습은 날로 심하여 염치절의廉恥節義는 날로 희미해지고 정체政體도 점차 초췌해졌으니, 민중의 큰 불행이 되었다.'는 인식을 가지고 있었으며, 양지설良知說과 근왕론勤王論을 통해 이를 극복하고자 하였다.[15] 근대 일본 양명학은 개항 이후 국가의 기강을 견고히 하는 것을 최상의 목표로 삼았으며, 국민도덕의 근거가 되었다. 이는 양명학이 마음의 수양과 실천을 특색으로 하기 때문에 시세를 정화시켜 국가 사회의 기강을 유지하는 근본이 된다고 보았기 때문이다.[16]

---

13) 후기 미토학은 국학에서 주장한 존왕이념과 神國思想을 도입함으로써, 존왕 및 국체의 존엄성을 한층 고취하였다. 이를 통하여 유교 수용에 따른 중국숭배를 극복하고 일본중심주의를 도모했다. 명치 이후 근대 국민국가를 형성한 설계자들이 가졌던 자국 우월사상도 기본적으로 국학과 미토학에서 유래하였다. 후기 미토학에서 '國體'라는 말은 神國思想과 尊王思想을 나타내는 표어로 널리 사용되었다.

14) 아베 요시오 『퇴계와 일본유학』 전통과 현대 1998, 178-204쪽 참조.

15) 荒木龍太郎 「日本における陽明學の系譜(下)」 岡田武彦 編著『陽明學の世界』 明德出版社 1986, 406-409쪽 참조.

16) 岡田武彦 『儒教精神と現代』 161-163쪽.

요시다 노리카타(吉田矩方 호 松陰 1830-1859)는 근대 일본의 대표적인 양명학자로, 그가 열었던 송하촌숙松下村塾 출신들이 명치유신에 큰 영향을 미쳤다고 평가받고 있다.[17] 그는 국체國體 곧 황국 문제를 집중 탐구하였는데, "몸이 황국에 태어났는데 황국이 황국인 것을 알지 못하면서 무엇으로 천지에 설 것인가?(『수여사록睡餘事錄』1853)" 라고 하였다. 그는 일본은 중국과 달리 천만세를 세습하는 군주가 통치해온 나라이며, 일본의 신하는 주인과 생사를 같이하므로 목숨을 걸고 주인을 위해 충성을 다해 왔다고 하였다. 그는 이를 근거로 만세일계인 황통皇統의 정당성을 주장하고, '천하는 한 사람의 천하'라는 군주의 혈통에 근거한 국체의 절대적이고 영원한 정통성을 강조하였다. 더 나아가 요시다는 이러한 국체론에 근거하여 조선침략론을 이념화하고, 한시바삐 군사력을 정비하여 에조와 캄차카 등을 빼앗고, 만주와 대만 등에 진취의 기세를 표시해야 한다는 해외웅비의 구상을 강하게 천명하였다.[18] 또 그는 만국공법이 도의道義 실현을 위한 체계라기보다는 약육강식의 자연상태에 기반한 것이라고 인식했고, 이에 맞서기 위해서는 온 국민이 목숨을 걸고 천황을 중심으로 집결할 필요가 있음을 설파했다.[19] 미일화친조약이 체결된 후인 1855년에 그가 주장한 해외웅비론은 조선침략을 중핵에 배치하고 있다는 점에 주목할 필요가 있다.

---

17) 安岡正篤『陽明學 十講』1982, 156쪽. 그의 문하생 가운데 대표적인 인물이 伊藤博文이다.

18) 尹建次『일본 - 그 국가 · 민족 · 국민』일월서각 1997 제1장 참조.

19) 高橋文博『吉田松陰』淸水書院 1998 참조. 김항「'결단으로서의 내셔널리즘'과 '방법으로서의 아시아'」『대동문화연구』65권 2009, 490쪽 재인용.

서구 열강과는 신의를 두텁게 하며, 그 사이에 국력을 길러 취하기 쉬운 조선 만주 지나(중국)를 복속시켜야 한다. 러시아와의 교역에서 잃은 것은 조선에서 토지로써 보상받으면 된다.[20]

요시다 노리카타의 사상과 행동은 무성무물無誠無物[21]의 '지성至誠'에 입각해 있다. 그는 비록 일본이 사상적으로는 중국의 영향을 받았지만 무엇보다 중요한 것은 '자득自得'이라고 하였다. 그는 이러한 지성과 주체적 자득을 통해 중국이나 서양과도 다른 일본의 국체를 인식하고자 하였다. 그리고 이러한 일본 국체를 확립할 개인의 과감한 실천력을 중시하였다.[22]

요시다 노리카타는 막말 유신 초기의 대표적 양명학자로서 존왕양이에 기초한 국체 형성에 주력하였고, 그 후 일본 양명학은 '국민도덕'의 기초로 발전하였다. 이러한 특징은 1896년(명치29) 청일전쟁 직후 창간된 〈양명학陽明學〉이란 잡지에 잘 나타나 있는데, 〈양명학〉에서 주로 논의된 것들 역시 요시다의 국수주의 영향을 강하게 받았다.[23] 이는 일본 양명학이 왕양명의 철학사상을 이해하고 계승하는 차원이

---

20) 尹建次『일본 - 그 국가 · 민족 · 국민』 일월서각 1997, 44쪽 재인용.

21) 『中庸』 25장 : 誠者物之終始 無誠無物 是故君子誠之爲貴.

22) 山崎道夫「吉田松陰」『日本の思想家 48 吉田松陰 西鄕南州』 明德出版社 1977, 121-2쪽.

23) 吉本襄이 편집 · 발행했던 잡지 〈양명학〉은 1989년 5월 제79와 80호를 합본하여 간행한 것으로 끝났다. 하지만 당시 탁월한 앙명학자로서 평가받았던 東敬治가 그 뜻을 이어받았고, 明善學者들이 〈王學雜誌〉를 편집 · 발간했다. 양명학을 기본 강령으로 간행한 〈王學雜誌〉는 1906년 3월에 창간되어 햇수로 3년 동안 31호가 발간되었다. 〈왕학잡지〉를 발간했던 明善學社는 그 후 양명학회로 개명해서 1908년에 잡지 〈양명학〉을 발행했다. 그것은 〈왕학잡지〉를 개명한 것이었기 때문에 〈왕학잡지〉의 제3권 8호를 〈양명학〉 1호로 하였다.

라기보다는 '근대 그리고 일본'이라는 역사적 상황에서 국수주의를 공고히 하는 역할을 담당했던 것과 밀접한 관련이 있다. 〈양명학〉의 주간이었던 요시모토 죠오(吉本襄)는 양명학에 대해 "무릇 학자가 본체(體)에 정밀하면 반드시 작용(用)에 조략粗略하고 도덕에 풍부하면 반드시 사공事功에 넉넉하지 못하게 되는 것이 일반적인 폐해이다. 그러나 오직 양명학은 체용體用을 겸비하고 도덕과 실질實質이 표리무간表裏無間하니, 참으로 훌륭하다.[24]"고 평가하고, 서구 문명이 수용되면서 나타난 시폐時弊를 바로잡는데 양명학이 가장 적합하다고 보았다. 〈양명학〉 66호의 「이상理想의 독립과 덕성德性의 독립」에서 "양명학은 국가를 구성하는 가지인 개인의 품격수양의 학 즉 국민적 도덕의 기초"라고 선언하였다.[25] 또 〈양명학〉 13호의 「청년사회靑年社會의 폐환弊患」에서 "유신혁명의 원동력이 된 것은 저들 청년의 정신 기백이 영명하고 활발하며 진취적이어서 사회질서에 국종局從받지 않고 국가 계급에 굴종되지 않았기 때문이다."고 하였다. 여기서 양명학이 유신의 원동력이라고 직접적으로 명시하지는 않았지만, 일반적으로 근대 일본 양명학은 일본의 독립과 진보를 위한 원기元氣를 청년층의 진보정신에서 찾으면서 양명학이 이러한 원기를 함양하는데 기여할 수 있다고 보았다. 더 나아가 〈양명학〉 22호에서는 "양지학은 국민이 그것으로 말미암아 서는 것이고, 국체가 그것으로 말미암아 보존되는 것이다."고 하여, 양명학의 수양을 국수 보존의 학적 근거로 삼고 있다.[26]

---

24) 岡田武彦『儒教精神と現代』 167-168쪽 재인용.

25) 荻生茂博「幕末・明治の陽明學と明淸思想史」『思想 - 日中文化交流史叢書3 - 』 大修館書店 1995, 429-430쪽.

26) 荻生茂博「幕末・明治の陽明學と明淸思想史」『思想 - 日中文化交流史叢書3 - 』

이노우에 데츠지로(井上哲次郞 1854-1944)는 명치유신기 대표적인 양명학자로서 교육칙어敎育勅語의 해설서인 『칙어연의勅語衍義』를 집필했는데, 여기서 그는 효제충신의 덕행을 닦을 것과 함께 충군애국을 강조하였다. 그리고 양명학을 이러한 덕육을 기르는 도구로서 강조하였다. 일본주의자였던 그는 "일본 양명학이 강대한 의사력意思力을 가지고 있으며, 과감히 강행하여 온갖 어려움을 배제하고 진취하는 기개가 있다."고 하면서,[27] 일본 양명학이 중국 양명학에 비해 활발한 정신이 풍부하고 실제적 방면에서 이룬 업적이 뛰어나다고 평가하였다. 이노우에는 일본 양명학을 일본 내부의 정신력을 독려하는 학문으로 보았으며, 그 특징으로 과감한 실천주의와 자력주의를 제시하였다.

다카세 부지로(高瀨武次郞 1868-1950)는 당시 이노우에와 함께 일본 근대 양명학의 대표적인 인물로 평가받고 있다.[28] 이노우에의 양명학 이해의 연장선에 있었던 다카세 부지로도, 신민 교육을 위한 양명학을 현창하였다. 그는 열국이 대치하여 존립경쟁이 더욱 격렬해지는 시대에, 이노우에의 배외적排外的인 국가주의를 바탕으로 양명학을 국민도덕론으로 발전시켰다. 다카세 부지로는 양명학에 대해 "양명학은 간이직절을 종지로 한다. 양명의 양지학은 독립불기獨立不羈의 정신을 고무한다. 심술을 수양해서 진취의 기상을 함양하는 것은

大修館書店 1995, 427-433쪽.

27) 大橋健二「國家主義와 至誠主義 - 日本陽明學の本流」『良心と至誠の精神史 - 日本陽明學の近現代』勉誠出版 1999, 90쪽.

28) 蔡仁厚는 『王陽明哲學』에서 井上哲次郞과 高賴武次郞의 일본 근대 양명학을 언급하면서 일본에서는 양명학이 명치유신을 재촉해서 그 업적을 이루었다고 평가하였다.

우민정책과는 서로 부합하지 않는다. 이것이 양명학이 쓸데없이 아무런 일이 없기(無事)를 바라는 세상에 쉽게 받아들여지지 않는 까닭이다.(『일본의 양명학日本之陽明學』 23-24항)"고 하면서 간이직절한 양명학이 새로운 근대사회를 이룩해 나가는 데 적극적인 역할을 할 수 있다고 주장하였다. 그는 『양명주의 수양陽明主義修養』 서문에서 "제국주의시대에 일본 국민이 의거할 수 있는 것은 양명학의 수양이다. 따라서 양명학은 충효일본주의忠孝一本主義란 국민도덕의 연원이며, 교육칙어를 실천하는 것은 양명학적 수양이다. 양명학을 실천함으로써 만세일계萬世一系의 국체國體를 호지護持할 수 있기 때문이다."라는 견해를 표명하였다.[29]

이들이 국가주의 고취에 양명학을 활용한 것은 양지설을 서양 윤리학을 뛰어넘는 우수한 것으로 평가한 탓이다. 양지의 보편성과 윤리적 차원에서 우수하다고 할 수 있는 양명학을 조상숭배와 관련지어 곧장 천황에 대한 충성과 연계한 것은 이노우에였다.

> 조상숭배는 구심력이 되어 혈족을 결합시킨다. 이것이 통일의 습관을 만드는 기회가 된다. 이 통일의 습관을 전국에 확장해가면 거국일치의 태도가 나올 수 있다. 그러므로 가족제도는 일본에서 애국심의 기초가 되어 있다. 이에(家)를 사랑하는 마음이 근본이 되어 나라를 사랑하는 마음이 생긴다.[30]

---

29) 大橋健二 「國家主義와 至誠主義 - 日本陽明學の本流」『良心と至誠の精神史 - 日本陽明學の近現代』勉誠出版 1999, 93-94쪽.

30) 井上哲次郎 『國民道德槪論』 三省堂 1918, 213쪽. 이혜경 「양명학과 근대일본의 권위주의」 『철학사상』 30집 서울대 철학사상연구소 2008, 13쪽 재인용.

그는 일본의 가족제도를 천황으로 귀일되는 종합가족제도라고 명명하면서, 개별가족단계의 효가 천황제 국가에 대한 충성과 다르지 않다는 충효일본忠孝一本의 이데올로기를 강조하였다. 국민도덕의 강조와 가족국가관의 고취는 학교 교육을 통해 일상 속으로 침투하였다. 1904년(명치 37)에 편찬된 일본 최초의 국정수신서國定修身書는 1911년에 개정되었는데, 여기에서는 충효일본이라는 가족국가적 국민도덕이 이전 수신서에 비해 현저히 중시되었다.[31]

이노우에는 충효일본이란 일본신민의 윤리는 이론적 차원에 그쳐서는 안 되기 때문에, 양명학의 간이직절과 지행합일의 특성을 충효일본의 자발적 실천으로 연계하였다. 그는 국민적 도덕심에 대해 구명할 필요가 있으며, 양명학 연구의 이유는 국민의 심성을 도야해 온 덕교德敎의 연원을 천명하기 위한 것이라고 밝혔다.[32] 이노우에는 일본 양명학자들은 국가를 위해 혁혁한 공을 세운 사람들이라고 평가하고, 앞서 언급한 요시다 노리카타 역시 그런 측면에서 일본 양명학자에 속한다고 보았다. 그는 "덕육과 같은 정신상의 것은 그 결과에 의거하여 시비를 판단하는 것이 가장 명료하다."고 하면서, 결과가 증명하는 덕육의 가치는 당시의 가장 중대한 국가적 사업인 전쟁에서 명료하게 드러난다고 보았다. 즉 청일전쟁과 러일전쟁의 승리가 그 예인데, 특히 러일전쟁은 유럽에서 볼 수 없는 '덕육의 효과'라고 하였다.[33] 근대 일본 양명학의 가장 큰 특징은 천황제 국가를 공고화하는

31) 이에나가 사부로(家永三郎) 엮음 연구 공간 '수유+너머' 일본 근대사상 팀 옮김 『근대 일본사상사』 소명출판 2006, 196쪽.

32) 井上哲次郎 『日本陽明學派之哲學』 富山房 1924, 4-5쪽.

33) 井上哲次郎 『倫理と教育』 弘文館 1908, 51쪽. 이혜경 「양명학과 근대일본의 권위주의」 『철학사상』 30집 서울대철학사상연구소 2008, 19-20쪽 재인용.

국민윤리로서 활용되었다는 점이다.

근대 일본 양명학에서 '양지'는 대화민족大和民族의 가치 즉 일본혼(和魂)을 기초로 하여 만세일계萬世一系의 황실을 봉대奉戴하는 국민에 한정된 도덕이었으며, 충효일치의 국민도덕은 국가도덕으로 일원화一元化되었다. 즉 근대 일본 양명학은 신도神道와 결합하는 등 국가주의적 특징을 강하게 내포하고 있었다.[34] 일본은 청일 · 러일전쟁을 거치면서 제국주의적 경향을 강화해갔고 천황제 국가주의도 더욱 견고해졌는데, 양명학도 이에 발맞춰 천황에 충성하는 신민을 길러내는 데 그 일익을 담당했다.

한편 '천하'의 중심이라고 자부했던 중국은 아편전쟁과 청일전쟁에 패하게 되면서 중화주의도 자연스럽게 붕괴되었다. 중국은 더 이상 천하의 문명 중심국이 아니기 때문에, '세계'에 편입되어 만국공법체제에 적응해야 했다. 즉 중국은 하나의 국가(nation)로서 재건되어야 했다. 중국과 한국은 명치유신을 근대화의 모델로 삼았다. 따라서 명치유신의 사상적 원동력이 무엇인가에 대해 관심을 가진 것은 오히려 당연하다. 중국의 경우 변법운동부터 민국에 이르기까지 중국의 과제는 국민국가의 창출이었다. 무술변법(1898)이 실패한 후 일본에 망명해 있었던 양계초梁啓超 등은 근대 일본 양명학을 명치유신의 원동력으로 평가하면서, 일본 양명학에 많은 관심을 보였다.[35] 양계초는

---

34) 大橋健二「國家主義와 至誠主義 - 日本陽明學の本流」『良心と至誠の精神史 - 日本陽明學の近現代』勉誠出版 1999, 89-95쪽.

35) 중국학자들이 '양명학이 명치유신의 원동력'이라는 견해를 들어 양명학을 높이 평가하였다고 하는데, 명치기에 陳天華의 〈민보〉 기사 이외에 그것을 명시한 문헌은 보이지 않는다. 다만 1915년 桑原天泉의 「명치유신과 양명학」(『양명학연구』 - 학설, 수양, 교화 -)과 1965년 安岡正篤의 「명치유신과 양명학」 등이 있다. 또 장개석(蔣介石)과 친했던 安岡正篤의 책이 번역되면서 대만에서는 '양명

1904년에 이노우에 데츠지로의 『일본 양명학파의 철학日本陽明學派之哲學』의 영향을 받아 『절본명유학안節本明儒學案』을, 1905년에는 『송음문초松陰文鈔』를 출판하기도 하였다. 이와 함께 양계초는 사회다원주의를 비롯한 당시 일본 사상계의 영향을 많이 받았다. 그는 경쟁시대의 경쟁단위를 국가로 파악하고, '신민新民'을 창출하는 것이 급선무라고 주장하였다. 그는 신민을 민족국가의 국민이며 동시에 중국민족을 이끌어갈 민족주체로 상정하고, 신민이 되기 위해서는 무엇보다 민덕 · 민지 · 민력을 갖추어야 한다고 주장하였다. 그는 『신민설新民說』에서 중국의 구윤리舊倫理(유학 윤리)는 개인과 개인의 관계를 중시한 도덕이라고 평가하고, 공덕公德이 없으면 집단을 이룰 수 없기 때문에 새로운 시대에는 공덕이 요청된다고 피력하였다. 공덕이란 집단을 이롭게 하는 것을 목표로 하는 가치체계이며 국가를 자신의 몸처럼 생각하는 마음가짐이라고 정의하였다.[36]

특히 양계초는 개인의 도덕 함양을 위해 양명학을 적극 긍정하면서 『절본명유학안』과 『덕육감德育鑑』[37] 등의 저서를 통하여 양명학에 대해 언급하였고, 여기에서 모든 일을 양지에 근거해야 한다고 주장하였다. 그는 당시를 성인의 학문이 나날이 멀어지고 어두워지며 공리功利의 습속이 점점 심해지고 있으며, 공리의 독은 사람의 마음속까지 스며든 상태라고 파악하였다. 그리고 공리주의자들이 명목상으로는 천하의 일을 도모한다고 하지만 사욕私欲을 채우기 위한 것이라고 하

학이 명치유신의 원동력'이라는 견해가 확산되었다.

36) 梁啓超 『新民說』 제5절 「論公德」 12-15쪽 참조.

37) 『德育監』은 梁啓超가 일본에 망명해 있을 때 쓴 저술로서, 중국 先儒들의 글 중에서 德育에 관한 것을 뽑아 여섯 개의 장으로 나누어 편집하고 그의 按說을 첨부한 글이다.

면서 그들을 비판하였다.[38] 양계초는 애국이란 절대적이며 또 순결한 것이라고 선언하고, 만약 애국이라는 명목을 빌려 입신출세하고 사욕을 채운다면 애국을 모를 뿐더러 애국을 논하지 않는 자만도 못하다고 하였다.[39] 무엇이 진정한 애국인지 아닌지에 대한 판별은 양지에 근거해 보면 확연히 알 수 있다는 것이다. 즉 양계초는 애국과 양지를 연결지어 논하고 있다. 또 『덕육감』 「지본知本 제삼第三」에서도 "오늘날 뜻있는 선비들은 다만 '양명선생을 사사하여 한순간도 양지를 속이지 않도록 한다.'는 이 한 마디를 마음 깊은 곳에 비춰보아야 한다. (중략) 만약 자신의 행동이 구국을 위한 것이라면 종지宗旨와 수단에 관계없이 백 가지 사려가 하나로 일치하고 만 가지 길이 하나로 귀결될 것이다.[40]"고 하면서 양명의 양지와 애국을 결합시키고 있다. 그는 더 나아가 "이 한 몸에 대해 일가는 대아大我이고, 일가에 대해 한 지방은 대아이다. 한 지방에 대해 한 민족이나 한 국가는 대아이다. 이처럼 그 종류는 다 늘어놓을 수 없으나, 소아를 희생하여 대아를 온전하게 하려는 일념이 이기利己의 폐해를 없애고 대동大同의 영역으로 나아가게 한다. 이에 의거해 말하자면 공리公利일뿐이며, 공덕公德일뿐이다. 양명선생이 천하를 바로 이와 같이 바꾸기를 원했던 것이니, 경쟁세계의 자존의 이치 역시 여기에서 벗어나지 않는다.[41]"고 하였다. 즉 양계초는 양지를 개인적 이기주의를 극복하는 덕성으로 이해하고, 더 나아가 대아의 개념으로 확장하여 경쟁시대의 자존의 이념으로 삼고 있다. 양계초가 초기에는 공덕을 강조하였다면, 1900

38) 이혜경 『천하관과 근대화론 : 양계초를 중심으로』 문학과지성사 2002, 229-231참조.
39) 梁啓超 『新民說』 제18절 「論私德」 138쪽.
40) 이혜경 『천하관과 근대화론 : 양계초를 중심으로』 문학과지성사 2002, 231쪽 재인용.
41) 梁啓超 『德育鑒』 제3편 「知本」.

년대 들어서는 공덕의 근본으로 사덕을 인정하고 그 사덕의 함양을 담당하는 것으로 양지를 제시하였다. 또한 양계초는 『덕육감』에서 주자학을 비판하면서 양명학이 가장 필요한 학문이라고 주장하였다. 그는 당시 양명학을 해야 하는 이유를 지육과 덕육이란 개념을 통하여 설명하였다.

> 주자학이 궁리를 통한 활연관통豁然貫通을 추구하므로 과학을 연구하는 법문으로는 좋다. 그런데 주자가 사람들을 가르친 것은 심신의 학이지 과학이 아니다. 즉 지육智育이 아니고 덕육德育에 속하는 일이었다. 그런데 지육과 덕육은 토대가 다르다. 지육은 하면 할수록 날로 할 것이 많아지고 덕육은 하면 할수록 줄어든다. 모든 사물의 이치를 궁구하여 활연관통에 이르는 것은 가능성이 많지 않을 뿐만 아니라, 힘써야 할 시간이 인생에 비해 너무 길다. 또 과학은 무궁무진하다. 그러므로 주자의 방법으로 주자의 목표를 구하는 것은 끝내 불가능하다. 주자의 가장 큰 잘못은 지육의 방법과 덕육의 방법의 차이를 모르고 지육의 방법으로 덕육의 방법을 삼은 데 있다.
>
> 나는 비록 왕학[42]을 마음에 새겨 잊지 않지만 그렇다고 주자학을 경멸하지는 않는다. 단지 오늘날 사회 사물이 날로 복잡하고 각종 과학도 날로 복잡해져 가는데, 이 과학은 우리들로서는 종사하지 않을 수 없다. 우리에게 주어진 시간은 유한하므로 간이직절한 법문으로 이끌지 않으면 배우는 자가 그 어려움을 싫어해 종사하지 않는 것은 말할 것도 없고, 도를 배우는 것을 열심히 하면

---

42) 메이지시대 이전에는 양명학이라는 명칭보다는 왕학이 일반적으로 사용되었으며, 양명학이란 명칭이 통용되기 시작한 것은 메이지시대였다. 요시다 코헤이 지음 정지욱 옮김 『일본 양명학』 청계 2004, 26-7쪽.

> 결국 거의 과학을 철폐하게 될 것이다. 그리고 세상의 쓰임에 있어서는 오활해서 오히려 배우지 않은 사람의 핑계거리가 될 것이다. 그러므로 오직 왕학王學이 오늘날 학계의 독일무이獨一無二한 양약良藥이 된다.[43]

양계초는 먼저 지육과 덕육은 토대가 다르다고 전제하고 주자의 즉물궁리卽物窮理가 과학을 연구하는 방법으로는 좋지만, 그것은 지육에 해당하는 것으로 덕육을 기르기 데는 적절치 않다고 보았다. 그리고 양명학의 '간이직절함'이 새로운 사회 변화에 적절히 대응할 수 있는 요점이라고 보았다.

3) 근대적 맥락과 박은식의 양명학

조선 시대는 성리학이 정치이념이었고, 존천리 알인욕을 현실에서 어떻게 구현할 것인가가 학문의 중심과제였다. 퇴계가 양명의 『전습록』에 대해 비판적인 평가를 한 이래로, 양명학이 학문적 주류가 되거나 성리학처럼 학파를 형성하지 못했다. 물론 하곡 정제두와 강화학파가 있었지만, 양명학이 사회적으로 큰 영향력을 가졌다고 평가하기는 어렵다. 또 박은식의 양명학 사상도 이들과 직접적인 관련이 없다고 봐야 할 것이다. 일단 『박은식전서朴殷植全書』에서 강화학파江華學派와 관련된 직접적인 내용을 찾을 수가 없다. 「학규신론學規新論」의 서문序文을 썼던 김택영金澤榮은 오늘날 연구자들이 강화학파로 분류하고 있다. 그런데도 박은식의 저술에서는 김택영과 양명학을 연결지은 언급이 없는 것으로 보아, 박은식이 당시 한국의 양명학파적 계보

43) 梁啓超 『德育鑑』 제3편 「知本」.

와는 직접적인 관계가 없다고 하겠다. 심지어 박은식은 「몽배금태조夢拜金太祖」(1911)에서도 장유(張維 1587~1638)를 단지 문학전문학과의 한문교사로 추천하고 있을 뿐, 조선 시대의 대표적인 양명학자인 정제두(鄭齊斗 1649~1736)에 대해서는 아무런 언급이 없다. 박은식이 주자학에서 양명학으로 사상적 전환을 단행한 것은 그가 조선 양명학을 구체적으로 거론하고 있지 않은 것에서도 알 수 있듯이 하곡학 및 강화학파보다는 근대 일본 양명학의 영향이 컸다고 하겠다.

박은식이 일본 양명학의 영향을 많이 받은 것은 『왕양명선생실기王陽明先生實記』에서 단적인 예를 찾을 수 있다. 『왕양명선생실기』가 실린 1911년 5월호 『소년少年』 서두에 "명치유신 전후의 왕학王學으로 득력得力한 인사人士"란 제목 아래 사쿠마 쇼잔佐久間象山 · 요시다 노리카타吉田矩方 · 사이고 다카모리西鄕隆盛 세 사람의 사진을 싣고 있다. 또 《황성신문》의 여러 논설에도 요시다를 비롯하여 명치유신기의 유학자들에 대한 긍정적인 언급이 있다.[44] 그리고 그는 장지연張志淵에게 보낸 편지에서, 『왕양명선생실기』를 저술하는데 다카세 부지로高瀨武次郎의 『양명상전陽明詳傳』을 참고했다고 밝히면서,[45] "오늘날 양명학이 크게 창성하여 일본 명치유신 호걸들 중에 양명학자가 많고 중국에도 양명학자들이 많습니다. 왕학의 지행합일은 시의時宜에 매우 적절합니다. 서양철학자(소크라테스 · 칸트 · 버클리)의 학설도 지행합일과 부합하니 어찌 왕학에 대해 의심을 하겠습니까?"라고 하였다.[46] 또 "일본의 요시다 노리카타吉田矩方는 왕학의 활기로 유신의

---

44) 한평수 「박은식의 유교구신론」 『시대와 철학』 제2호 1991 197-198 참조.

45) 『朴殷植全書』 下 「與韋庵書」 246쪽 : 弟之所撰 新陽明年譜 及陽明詳傳 傳習錄 明儒學案諸書, 而綜成之者也.

46) 『朴殷植全書』 下 「與韋庵書」 246쪽 : 至于今日 此學大昌于世 日本維新豪傑多

기업을 창조하였는데, 우리나라 유자는 일찍이 이러한 것이 없었다." 고 하여, 요시다에 대해 매우 긍정적으로 평가하였다.[47] 그는 당시 일본에서 발행되었던 〈양명학陽明學〉을 읽고, 주간을 맡고 있던 히가시 케이지東敬治에게 서신을 띄울 만큼 명치유신 이래 일본 양명학에 대해 해박하였다. 히가시 케이지는 양명학 진흥을 통해 시세구제時世救濟를 하려는 목적으로 기관지인 〈양명학〉을 발행했다. 이는 그가 발간사에서 "최근 도덕이 쇠퇴하고 풍속이 어지러워진 원인 중 가장 큰 것은 심성 수양이 부족하기 때문이다. 본회는 양명학을 표방하고, 정신수양을 종지로 한다. 양명학은 간이직절하여 시세의 폐단을 구하는데 가장 적절하다고 생각한다. 복잡하고 번다한 세상에서 방대한 경서를 연구하고 심원한 이치를 말했던 학설을 강구하기에는 주어진 시간이 부족하다. 따라서 양명이 말한 바와 같이 단적端的으로 심학을 수양하는 것이 가장 적절하다."고 밝힌 것에서도 잘 드러난다.[48] 박은식은 일본 양명학계가 명치유신 이후 일본의 현실 문제에 적극 조응하고 있다고 판단했기 때문에, 한국의 근대 문제를 해결하는 데에도 역시 양명학을 적극 활용할 수 있다고 보았다.

동아시아 삼국이 각기 서구적 근대성 수용 및 국가체제 건설 과정에서 양명학에 주목한 것은 양명학적 특성을 통해 서구와 다른 국가적 정체성을 확립하려는 시도와 밀접한 관련이 있었다. 일본의 경우 교육칙어를 통해 신민의 도덕성 함양과 그 실천을 강조하였고, 중국

是王學派 支那學家亦多. 宗王學以其知行合一論 爲適於時宜也. 至於西洋學家棱格抵底康德比圭梨之學說 亦與知行合一之旨 暗相符合 則更何疑於王學乎.

47) 『朴殷植全書』 下 「雲人先生鑒」 243쪽 : 日本之吉田矩方 以王陽學之活氣創維新之業 吾國儒者何嘗有是耶.

48) 岡田武彦 監修 『王學雜誌』 上卷 總論 文言社 1992, 14-5쪽.

은 서구화하지 않을 수 없는 상황에서 양명학을 중화문명의 중요한 부분으로 인식하고 이를 통해 근대적 도덕을 함양하고자 하였다. 박은식도 국가체제를 근대적 삶의 장으로 인식하였고, 국가적 부강을 통해 독립된 국가를 건설하고자 하였다. 독립국가 건설의 주체를 옹립하는 것은 시급한 과제가 아닐 수 없었다.

> 무릇 국가는 인민의 축적이다. 국가의 구성원인 인민의 문명은 그 국가의 문명이오, 인민의 부강은 그 국가의 부강이다. (중략) 국가는 정부 몇 사람의 것이 아니라 우리 이천만 동포의 공유이다. (중략) 그러므로 인민사회에서 각각이 의무와 직분을 극진히 하였으면 국세國勢의 쇠락이 이 지경에 이르렀겠으며, 인권의 상실이 어찌 극에 달하는 지경에 이르렀겠는가![49]

박은식은 국가적 '인민'의 의무와 직분을 강조하고 인민의 문명화와 부강을 통한 국가의 문명과 부강을 추구하였으며, 민족국가적 의식을 정초하는 것을 급무로 여겼다. 그는 민족의 각성과 국권 회복을 추구하고자 하면서 당시 위정척사파의 대표적 인물인 이항로(李恒老 1792-1868)를 야마자키 안사이(山崎闇齋 1618-1682)[50]와 대비적으로 평가하였다.

> 이화서李華西는 한국 유가의 거장巨匠이오 산기암재山崎闇齋는

49) 『朴殷植全書』 下 「人民의 生活上 自立으로 國家가 自立을 成홈」 20쪽.

50) 야마자키 안사이(山崎闇齋)는 『自省錄』 『朱子書節要』 『退溪文集』 등 퇴계의 저술을 읽고 깊이 연구한 학자이다. 그는 퇴계를 주자의 수제자와 다를 것이 없는 조선의 일인자로 평가하였다.

> 일본 유가의 거장巨匠이니, 두 사람의 유교에 관한 문장을 비교한다면 산기山崎는 화서 문하의 한 시동侍童에 불과할 것이다. 그러나 화서는 "오늘날 우리의 책임은 유교의 성쇠盛衰에 있고, 국가 존망은 이차적인 문제와 같다."고 한다.[51] 반면에 산기山崎는 "우리나라를 침략해 오는 자가 있으면 비록 공자가 안연을 선봉으로 삼아 데리고 오더라도 우리는 당연히 적으로 보고 대적할 것이다."라고 한다. 오호라. 한국과 일본의 강약强弱은 두 나라의 유교도儒教徒의 정신을 보아도 판단할 수 있다.[52]

박은식은 국가의 존망이 위태로운 상황에서 유교적 보편성을 보다 중요시하는 화서학파의 시대인식을 비판한 것이다. 이항로는 "주자의 말이 아니면 감히 듣지 않을 것이며, 주자의 종지가 아니면 감히 따르지 않는다.[53]"고 하여 주자학을 보편이념으로 확신하였다. 더 나아가 도학의 전통이 공자와 맹자 그리고 주자를 거쳐 우암尤庵으로 이어졌으므로, 송시열을 주자 이후의 도학 계승자로 보았다.[54] 화서학파의 존리적 도학이념이 나름의 보편성이 있지만, 그 보편이념을 실현할 수 있는 실제적 맥락이 해체됐음에도 불구하고 그 이념성을 묵수하는 것은 유학의 시중지도에 부합하지 않은 측면이 있었다. 물론 존리적

---

51) 화서는 서구 문명은 태극을 모르는 邪學이며 서양 물건은 人欲을 부추겨 재앙을 불러온다고 여겼기 때문에, 서양이 도를 어지럽히는 일이 가장 우려스러운 일이라고 파악하였다. 또 성리학적 도덕 문명을 수호하는 일이 국가의 존망보다 더 중요하다고 생각하였다.(『華西先生文集』「附錄」권5「語錄」19쪽 : 西洋亂道最可憂. (중략) 國之存亡猶是第二事.)

52) 『朴殷植全書』 下 「文弱之弊 必喪其國」 93-96쪽.

53) 이항로 『華西雅言』 卷3, 「堯舜」 17쪽 : 非朱子之言 則不敢聽 非朱子之旨 則不敢從.

54) 이항로 『華西雅言』 卷12 「聖賢」 17쪽 : 自堯舜至周公 行道統之傳也 自孔子之尤翁 傳學之統也. 孔子似堯舜 孟子似禹 朱子似周公 尤翁似孟子.

이념이 항일투쟁으로 계승되기도 했지만, 근대적 격변에 온전하게 대처하지 못한 한계가 있다. 반면 야마자키 안사이는 정통으로 주자학을 계승했다고 자부하면서도, '공자가 군사를 이끌고 일본에 쳐들어와도 주저하지 않고 그들을 사로잡겠다.'고 할 만큼 일본의식이 강했던 인물이었으며, 일본국이 황통皇統의 지속과 무국武國의 자부심 등을 유지해 온 신도국神道國임을 강조하였다.[55] 박은식은 주자학을 존숭하면서도 일본이 신국神國임을 강조하고 중국 중심의 화이론에 얽매이지 않았던 그를 높이 평가한 것으로 보인다. 이것은 박은식이 중화주의를 지역주의에 지나지 않는다고 단언하고, 중화주의에 매몰되어서는 '근대'를 제대로 인식할 수 없다고 지적한 것과 일맥상통한다. 즉 박은식이 화서에 비해 야마자키를 높이 평가한 것은, 그가 유교가 가진 보편성을 부정하는 것은 아니지만 당시 한국이 처한 위기를 민족적 입장에서 보다 구체적으로 대응할 필요를 강조한 것으로 볼 수 있다. 이는 그가 "국가가 망하면 민족도 반드시 멸망한다.[56]"는 시대인식에 기초하여 국가와 민족의식을 강화하고자 했던 점과 일치한다. 박은식은 당시를 국가경쟁시대로 파악했기 때문에, 국가와 민족을 중심으로 외경外競에 대응해야 한다고 하였다. 이것은 '타자他者'인 서구열강을 비롯한 일본 등의 제국주의 침략이 첨예화되었던 역사적 현실에 비추어보면 어느 측면에서는 당연한 귀결이다. 박은식의 사상적

---

55) 야마자키 안사이(山崎闇齋)는 일본의 군주에 정통성을 부여하면서도 '德義'의 道를 실현해야 한다는 정통론을 강조하였다. 즉 지금까지 지속하고 있는 천황의 정통성을 인정하지만 동시에 도에 따라 통치할 것을 요구한다는 의미가 있었다. 이것은 여느 신국론자들이 현실적으로 계승되어온 천황제의 현상을 그대로 긍정했던 것과는 차이가 있었다. 박홍규 「山崎闇齋의 理念神國論」 『정치사상연구』 한국정치사상학회 8권 2003 참조.

56) 『朴殷植全書』 下 「舊習改良論」 9쪽.

출발점은 유교가 가진 보편성이 근대한국이라는 역사적 현실 속에서 어떻게 재정립되어야 할 것인가의 문제라고 볼 수 있다.

조선 후기 성리학의 문제점을 비판하고 양명사상을 통해 근대사회를 건설하고자 했던 그는 주자학보다는 양명학이 근대사회에 보다 적합한 이유를 나름대로 제시하면서 새로운 사회를 모색하였다.

> 첫째, 주자학은 지리한만한 반면에 양명학은 간이직재簡易直截한 법문法門이다. 오늘날은 학술이 복잡하게 발전하는 시대인데 우리의 지력智力과 시간이 유한하므로 간이직절한 양명학이 더 적합하다. 둘째, 우리나라는 오랫동안 오직 주자학만을 유일한 학문으로 공부했기 때문에 활발한 뜻이 결핍되어 사기가 떨어지고 인문人文을 떨치지 못하게 되었다. 이를 변화시켜 새롭게 하지 않으면 안 되는데 이에는 양명학이 더 적합하다. 셋째, 오늘날 사회는 풍화風化가 오랫동안 효잡淆雜하여 원기元氣가 침체하고 허약해져 있는데다, 각종 이설異說이 나와 기염을 토하고 다투어 일반 민중이 정향定向을 찾지 못하고 있다. 양명학으로 민중의 뜻을 하나로 모으고 교육계에 광명을 비출 수 있다. 넷째 오늘날 전 세계 각종의 학술이 다투어 진보하며 날로 고도화되지만, 모두 물질문명을 극단화하는 것이요 도덕을 밝히는 학술은 아니다. 천덕왕도지학天德王道之學은 인류평화를 근본으로 하는 것인데 천하의 형세는 그와 반대이므로, 이 시기에 도덕道德을 밝히고 인도人道를 유지하며 백성에게 행복을 주고자 한다면 양지의 학인 양명학에 의거해야 한다.[57]

57) 『朴殷植全書』 下 「日本陽明學會 主幹에게」 237-238쪽.

이 글에서 박은식이 양명학을 사상적 근저로 생각한 유학의 시대적 역할을 전체적으로 파악할 수 있다. 첫째, 그는 주자학만이 유일한 보편이념이 아니라는 점을 분명히 하였다. 급변하는 현실에 대처하기 위해서는 주자학만을 고수하던 학문 풍토에서 벗어나 개방적인 태도로 양명학을 비롯한 서구사상을 수용할 필요가 있다고 생각하였다. 이것은 조선이 주자학을 정치이념으로 받아들여 학문적 개방성이 부족했던 점에 대한 비판으로 볼 수 있다. 또한 유학적 도덕이 유일한 보편문명일 수 없는 상황에서 주자학과 양명학의 동이를 학문적으로 상론詳論하는 것은 더 이상 무의미해졌다고 판단하고, 유학의 근대적 역할을 모색하는 방향에서 양명학에 주목할 필요가 있다고 판단한 것이다.

> 세상의 학자가 주자와 양명의 이동異同을 논함이 대개 다투어 그치지 않았다. 그런데 오늘날에 이르러 이러한 이동에 관한 변론은 모두 무익하니 묻지 않는 것이 옳다. 우리 같은 학자가 무엇을 해야 하는가? 수기급인修己及人하여 세상에 보탬이 되어야 하지 않겠는가? 오늘날의 시대를 당하여 이른바 성현의 학문을 폐각廢却한다면 그만이려니와, 이 학문을 강명講明하여 수기급인修己及人의 요령要領을 실천하고자 한다면 오직 왕학의 간이직절이 시의時宜에 적절하다.[58]

둘째, 박은식은 양명학이 간이직절하여 시세의 폐단을 구하는데 적절하다고 보았는데, 이것은 일본 양명학과 양계초가 모두 한결같이 강조한 것이기도 하였다. 시세의 폐단은 서구 근대문명과의 접변에

---

58) 『朴殷植全書』 中 「王陽明先生實記」 182-183쪽.

따른 시대적 혼란일 것이고, 그 가운데 국가의 존망은 가장 큰 위기였다. 셋째, 역사적 격변과 위기에 잘 대처하기 위해서는 현실을 올바르게 판단하고 실천하는 일, 즉 치양지가 근간이 되어야 하고, 특히 무문자 등 일반 민중이 역사적 주체로서 시대를 제대로 인식하는 것이 중요하다고 보았다. 이는 당시대가 평등사회를 지향하고 있다는 인식과 맞물려 있다. 넷째, 박은식은 물질문명에 대비되는 '도덕'으로서 양명학을 제창하면서 본연지를 통해 근대적 도덕을 정립하고자 하였다. 박은식은 양계초의 견해를 인용하며, 각종 과학을 연구하지 않을 수 없는 상황을 인정하면서도 그에 대한 양명학적 역할이 있다고 평가하였다.

> 양계초梁啓超는 "우리들이 오늘날과 같은 사회에 태어나서 사물이 날로 복잡하니 각종 과학은 우리가 모두 종사하지 않을 수 없다. 그러나 유한한 세월로 그것을 능히 계획적으로 취하여 학도學道의 작용으로 삼는 것은 고인古人에 비하여 매우 적다. 지금 만약 간이직절한 법문으로 인도하지 않으면 학문을 논하는 자가 그 어려움을 싫어하여 흔쾌히 종사하지 않고, 힘써 하더라도 바로 그 과학을 세상에 쓰기 쉽지 않을까 두려워하여 배우지 않게 될 것이다."고 한다. 그러므로 나는 오직 왕학이 오늘날 학계에 유일무이唯一無二한 양약良藥이라고 여기는 것이다.[59]

박은식은 주자학과 양명학의 격물치지에 대하여 깊이 사색하기도 하였다. 그는 주자학적 격치학(견문지의 영역)은 서양 근대과학이 이미 앞선 현실을 목도하였기 때문에, 유학의 근대적 역할은 양지학을

59) 『朴殷植全書』 中 「王陽明先生實記」 182-183쪽.

통해 새로운 근대적 주체를 확립하여 근대적 폭력성을 제거하고 인도주의를 실현하는 것이라고 하였다. 『왕양명선생실기』에서는 견문지의 영역에 대한 본연지적本然知的 성찰을 강조하면서 과학기술이 군국주의의 수단으로 전락한 점을 깊이 통찰하였다. 이것은 근대라는 시대적 격변에 대응하여 '양명학이 어떤 역할을 담당해야 할 것인가'라고 하는 근본적인 문제제기와도 맞닿아 있었는데, 그가 양명학의 선양이 궁극적으로는 인류평화를 이루는 길이어야 함을 제시했다는 점에 주목할 필요가 있다.

4) 근대 국가체제와 양명학

동아시아의 근대 양명학은 서세동점의 파고 속에서 서구적 근대성에 대한 조응 및 근대국가 건설이란 중층적 문제에 직면하였다. 근대는 국가체제였기 때문에 양명학이 이에 대응하는 것은 유학의 시중지도적인 차원에서는 당연한 것이라고도 할 수 있다. 일본은 근대화 과정에서 서구사상의 영향으로 자유민권운동과 문명개화운동이 활발히 일어났지만, 구화정책歐化政策에 대한 반발 역시 강했다. 이에 대해 일본 정부는 유교 부흥을 통해 군권주의 체제를 확립하고자 하였다. 이것은 1889년 대일본제국헌법이 공포되면서 시작되었다. 신성불가침의 지위와 절대적인 대권으로 강고하게 무장한 군권주의 국가체제는 교육칙어를 통해 더욱 강화되었다. 칙어의 요체는 '천양무궁天壤無窮한 황운皇運을 부익扶翼한다.'는 천황제 호지護持를 국가체제에서도 굳건히 한다는 것이다. 학교에서 교육칙어를 봉독捧讀한 것이 천황의 절대적인 권위를 국민에게 강요하고 절대복종의 태도를 갖도록 하는 데 중요한 역할을 하였다.[60] 천황의 권위로 국민에게 강요된 국민도덕론은 국체 즉 천황제 군권주의를 합리화하기 위한 이데올로기로서 천황과 신민, 가부장과 가족, 고용주와 고용인 등의 관계를 모두 동일한 윤리에 따라 판단하고, 후자의 전자에 대한 복종을 도덕적인 의무로 확보하려는 데 목적이 있었다.[61] 양명학의 도덕과 실천은 곧 천황제 국가에 대한 자발적인 복종의 기풍을 배양하고 헌법체제를 도덕적으로 뒷받침하는 데에 기여한 셈이다.

일본은 천황제 국가체제를 완비하고 주변국에 대한 침략을 단행하였다. 조선 침략은 명치 초기부터 줄곧 국권론자들의 공동목표였지만, 청일전쟁 개시와 함께 침략의 대상은 급격히 확대되었다. 1984년(명치 27) 『코쿠민노토모』[62] 사설의 '무엇 때문에 성경(盛京 : 중국 심양)을 취하려 하는가? 이를 근거로 러시아나 청나라가 조선에 들어가려는 것을 막아내기 위함이다. 무엇 때문에 대만을 취하려 하는가? 이를 근거로 삼아 말레이 해협을 거쳐 오는 자를 막아내기 위함이다. 무엇 때문에 산동山東을 취하려 하는가? 청국을 제어하기 위함이다. 이들 땅을 갈라 갖는 것 또한 그에 대한 정당방위의 수단이다.'는 정당방어론은, 방위防衛를 위한 군국주의에서 적극적인 침략주의로 사상적 전개가 얼마나 쉽게 연결될 수 있는지를 명확히 보여주고 있다.[63] 일본의 제국주의 침략이 소화 10년대(1935-1945) 성전논리聖戰論理를 통해 더욱 견고한 이론체계를 구축했음은 두말할 필요가 없다. 천황

60) 이에나가 사부로(家永三郎) 엮음 연구 공간 '수유+너머' 일본 근대사상 팀 옮김 『근대 일본사상사』 소명출판 2006, 71-4쪽.

61) 이에나가 사부로(家永三郎) 엮음 연구 공간 '수유+너머' 일본 근대사상 팀 옮김 『근대 일본사상사』 소명출판 2006, 82쪽.

62) 『國民之友』는 1887년 2월 창간되어 1898년 8월 폐간된 종합잡지였다. 평민주의를 표방하였으나, 후에는 국가주의로 轉回하였다.

63) 이에나가 사부로(家永三郎) 엮음 연구 공간 '수유+너머' 일본 근대사상 팀 옮김 『근대 일본사상사』 소명출판 2006, 98쪽.

제 국가의 이데올로기로 작동했던 일본 근대 양명학은 결과적으로 주변국에 대한 제국주의적 침략과 세계대전의 폭력을 도덕적으로 정당화해주는 수단으로 전락했다고 평가할 수 있다.

근대란 역사적 경험을 공유하기 때문에 사상 또한 시대적 보편성을 가지지만, 동시에 역사적 경험과 처한 상황이 다르기 때문에 타자와 구별되는 역사적 특수성을 갖기도 한다. 박은식은 일본 양명학계와 양계초의 사상적 영향을 받았지만 일본과 중국과는 다른 양상을 보였다. 한국은 제국주의 침략국과 반식민지半植民地 상태인 두 나라와는 달리 국권 상실과 망국이란 위기에 직면했기 때문에, 그에 대한 철학적 대응 또한 다를 수밖에 없었다. 또 두 나라와는 사상적 풍토가 같지 않았다. 두 나라에서는 우리나라와 같이 양명학을 이단으로 배척하지 않았고, 사상적으로 독자적인 발전을 해왔다. 반면 한국은 성리학이 정치이념으로서 강력한 사상적 영향력을 발휘하였으며, 양명학을 비롯한 다른 사상에 대해 비판적 입장을 견지하였다. 따라서 양명학은 활발하게 논의되거나 체계를 갖춘 학파를 형성할 수 없었다. 박은식은 당시 학풍에 따라 주자학을 공부하였으며, 양명학을 수학할 기회도 없었다. 그러나 그가 사상적 전환을 단행하면서 양명학에 주목한 것은 당시 한국 성리학이 근대적 사태에 적절히 대처하지 못했다는 위기의식과, 조선 후기 이래 성리학이 유학적 본지를 구현하지 못했다는 비판의식 때문이었다. 그러므로 박은식의 양명학적 현실 대응 양태는 일본이나 중국과는 달랐다. 박은식이 근대 인식에 가장 중요한 것은 자가정신과 국혼이라고 지적한 것에서 알 수 있듯이, 양명학의 유학적 보편성을 한국 근대란 역사적 맥락에서 구현하고자 한 것이다. 즉 박은식의 양명학적 사상은 일본 양명학과 유사한 점이 많지만 역시 한국의 역사적 사상적 현실에 대한 통찰을 근거로 하여 전개되었다.

박은식은 서구 근대문명 수용에 직면하여 그것이 수용과 저항이 대상이며 또한 문명이 과학기술에 치중한 것임을 간파하고, 그에 대응하여 양명학의 도덕성과 인도주의를 강조하였다. 그리고 양지에 근거한 올바른 도덕적 판단과 그 판단에 따라 행동할 것을 강조하였다. 이런 점은 동아시아 삼국이 대동소이하다. 그런데 박은식이 매우 긍정적으로 평가했던 요시다 노리카타나 다카세 부지로 같은 경우 일본 국체론과 국민도덕론의 제창자였다. 이들이 주장했던 양명학은 천황제 국가인 일본 근대국가의 정체성을 확립하는 사상적 근거가 되었으며, 일본의 제국주의 침략을 용인하였다. 즉 '양명학이 명치유신의 원동력'이라는 인식은 사실 일본의 독존적獨尊的 국가주의國家主義의 이데올로기였다. 그렇다면 이러한 일본 근대 양명학에 대한 긍정적인 평가는 결과적으로 일본의 침략성을 냉철하게 인식할 수 없는 한계를 초래할 수 있다. 박은식은 신채호에 비해 망국 이전에는 일본의 침략성에 대한 인식이 비교적 철저하지 못했던 점은 역시 한계로 지적할 수밖에 없다.

그럼에도 불구하고 박은식은 양지에 입각하여 제국주의 침략을 비판하고 대동사상에 입각하여 독립의 정당성을 확보하였으며, 더 나아가 세계 인류의 평화를 제창한 점은 탁월하다. 이점은 일본의 양명학자들이 일본국수주의를 근거로 침략을 옹호한 것과는 크게 다르다. 유럽과 일본은 유럽중심주의와 동양주의를 비서구지역 및 주변 아시아국에 보편으로 강제했으며, 이를 근거로 배제와 차별을 정당화하였다. 그것은 제국주의 침략과 세계대전이란 폭력으로 귀결되었고, 역사적으로 침략과 폭력을 통해서는 인류가 지향할만한 보편이념을 실현할 수 없다는 것이 증험되었다. 보편성이란 지금 여기란 국한된 삶의 맥락을 넘어서서 나뿐만 아니라 너에게도 보편가치로서 의미가 있어야 한다. 평화와 연대는 그 대표적인 가치이다. 이는 나와 너가 더불어 함께 지향해야 할 이념적 가치가 있으면서, 지금 여기란 삶의 구체적인 맥락에서 구현되어야 한다. 이것이 양명학의 양지학이며 지행합일이다.

일본의 동양주의는 동양평화 혹은 대동아공영권을 강조했지만, 그것은 군국주의의 무한 팽창에 지나지 않았다. 근대 일본은 동양 혹은 아시아라는 지역공동체의 평화와 연대에 대하여 진실로 직면해본 적이 없다. 그들이 말한 평화와 연대는 모두 침략 야욕의 질주를 정당화하거나 위장하기 위한 수단에 지나지 않았다. 근대 일본 자의식을 구성하는 중요한 근거가 되었던 탈아론과 흥아론은 서양과 대비적인 비서구로서의 동양 혹은 아시아를 대상으로 하여, 아시아를 벗어나 영국처럼 되고자 하는 열망 혹은 아시아의 맹주로서 자리매김하고자 하는 포부를 드러낸 것이었다. 하나는 아시아적 요소를 탈각해야 하고, 다른 하나는 아시아적 문화의 정수를 향유해야 가능한 모순된 열망들이었다. 그러나 탈아와 흥아는 중국을 포함한 아시아를 문명화한 선진 일본과 대비되는 문명적 야만으로 치부한 점에서는 동일하다. 일본 근대 양명학이 천황제 국가 이데올로기로 작동하였다면, 이는 박은식이 밝혔듯, '양명학의 선양이 궁극적으로 인류평화를 실현하는 길이어야 한다.'는 유학의 본지에 어긋난다. 박은식은 제국주의 침략에 직면하여 유학의 본지인 인도주의를 바탕으로 한국의 현실 문제 해결과 인류가 지향해야 할 올바른 방향을 모색하였다. 이는 한국의 근대 역사를 직시하면서도 유학의 보편적 본지를 구현하는 '특수한 보편'으로 평가할 수 있다.

박은식의 유학사상은 대외적으로는 서구적 근대와 어떤 관계맺음을 할 것인가를 물었다. 근대적 주체에 관한 물음의 차원에서는 서구 근대 이성적 주체에 함몰되지 않고 치양지적 진아를 정립함으로써 이성의 동일화전략에 매몰되지 않을 수 있었다. 동일화전략이란 내가 나답게 나의 자리에 올바로 서 있지 못하고 너에 의해 단재당하고 차별과 배제를 겪어야 하는 것을 의미하였다. 따라서 우리가 갈 수 없는 길이었다. 근대세계가 국가체제를 기반으로 하였고, 한국 유학 역시 민족국가적 맥락을 놓치지 않았지만, 국경에 국한되지는 않았다. 물론 한국 근대 유학은 망국의 위기에 직면하여 유학의 역할이 무엇인지를 깊이 성찰하였다. 그러나 유학의 시중지도가 국가주의적 맥락을 중요시할지라도 팽창적 민족주의를 정당화하는 이데올로기로 변질되어서는 안 된다는 것을 분명히 하였다. 그의 대동사상은 유학이 인도주의로서 세계평화를 구현하는 이념이 되어야 한다고 주장하였다. 이점은 일본 근대 양명학이 천황제 국가 이데올로기로서 충효 일본의 신민도덕을 강조하였고, 도의철학과 황도유학을 이론화하여 성전이데올로기를 정당화했던 것과 극명하게 대비된다. 박은식은 유학의 인과 시중지도가 인도주의적 대동사상과 평등 실현을 위한 이념이어야 한다는 점을 분명히 하였다. 일본 근대 유학은 제국주의 침략의 이데올로기로 작동하였다는 점에서 유학의 본지에서 벗어난 것으로 평가할 수 있다.

Ⅱ

진아론眞我論과 근대적 주체 인식

1. 구신시대求新時代의 진아眞我와 인仁

1) 치양지致良知에 대한 철오徹悟와 진아眞我

박은식은 당대가 과학적 실용을 요구하는 시대이지만 인격의 본령을 수양하는 것이 과학적 연구 못지않게 중요하다고 한다면, 간이직재한 양명학이 필요하다고 판단하여, 『왕양명선생실기』(1910)를 저술하였다고 밝혔다. 그는 주자학과 양명학이 격물치지에 대한 이해의 차이에서 비롯된 것과, 양명이 주자의 격물치지로는 천리를 체인할 수 없다고 한 주장 등은 충분히 이해하고 있었다. 하지만 당시에는 양명학의 본지에 대한 실질적인 자득이 없었다고 고백하였다.[1] 박은

1) 『朴殷植全書』 下 「學의 眞理는 疑를 좇아 求하라」 197-8쪽. 박은식은 『王陽明先生實記』 (『朴殷植全書』 中 138쪽)에서 양명이 깨달음을 얻는데 세 가지 가르치는 방법을 두었다고 하였다. 첫째는 지적으로 이해하여 얻는 것을 解悟하고 하니, 말로써 설명하는 것이다. 둘째는 고요한 가운데 얻는 것을 證悟라고 하니, 이는 어떤 경지를 기다려야 한다. 셋째는 일을 실천하는 가운데 연마하여 깨달음

식은 오랫동안 선배 학론에 대해 의심해오다 1925년에 양명학의 진수에 대해 철오徹悟하게 되었다고 밝혔다. 그리고 진리에 대한 주체적인 체득이 있어야만 학설을 자신自信하고 발명發明할 수 있어, 학설이 공상에 떨어지지 않고 지금 여기란 삶의 맥락, 즉 실지實地에서 실용이 있는 효과를 거둘 수 있다고 하였다. 주체적인 정견定見은 기존의 학문과 당대의 학술에 대한 비판적 성찰을 통해 가능한데, 자신은 오랫동안 선배 학론을 의심한 끝에 1925년에 비로소 해석이 가능해졌다는 것이다. 그 '의심'의 핵심은 격물치지였다.[2] 박은식은 주자학의 격물치지는 즉물궁리인 반면 양명학은 치양지인데, 격물치지에 대한 학문적 회의를 거듭하였으나 오랫동안 의문점을 해소하지 못했다고 하였다. 1925년에 이르러서야 격물치지에 대한 각성을 통해 그 의미를 오득悟得한 것이 있었다고 한다.[3]

박은식은 자강기에 조선 성리학 비판을 비롯하여 유학의 근대적 변용과 문명화 수용 등에 집중하였다면, 1910년대에 그의 문제의식은 격물치지와 '진아'에 초점이 있었다.[4] 자강기에는 '진아眞我'라는 개념을 명확하게 사용하지 않았는데, 1925년 글에서 진아와 진경眞境 및 진지眞知의 관계를 체계적으로 언급하였다. 하지만 1925년 이전에 언급했던 신성한 주인옹과 공정한 감찰관, 그리고 무문자無文者와 민중 등은 모두 치양지를 삶의 맥락에서 구현하는 주체라는 점에서 진아와 동일한 함의를 가졌다. 즉 이들이 문맥에 따라 다양하게 표현되었고

을 얻는 것이니, 말을 잊고 경지를 잊어 일에 착수할 때마다 근본을 만나며 흔들려 넘어질수록 더욱 응취하니 이것이 徹悟이다.

2) 『朴殷植全書』 下 「學의 眞理는 疑를 좇아 求하라」 196-7쪽.

3) 『朴殷植全書』 下 「學의 眞理는 疑를 좇아 求하라」 198쪽.

4) 『朴殷植全書』 下 「學의 眞理는 疑를 좇아 求하라」 196-7쪽.

진아란 개념은 뒤에 분명해졌지만, 근대 역사를 스스로 창조해갈 주체성과 도덕성을 갖춘 한국 근대주체라는 점에서 동일하다. 따라서 '진아론'을 박은식의 사상적 핵심으로 이해하는 것은 타당하다.

박은식은 양지란 양명학 전체를 관통하는 핵심개념이며, 치양지는 양명학의 본지이고 진아란 양지가 그대로 발현된 주체라고 하였다. 박은식은 양지는 순일무위純一無僞 자연명각自然明覺 유행불식流行不息 범응불체泛應不滯 성우무간聖愚無間한 특성이 있다고 규정하였다.[5] 그리고 진아가 되기 위해서는 이러한 양지의 본능을 주재로 삼아야 한다고 주장하였다.

> 진아眞我가 되기 위해서는 양지良知의 본능本能으로써 주재主宰를 삼아 복잡하고 변환變幻하는 사물 가운데 처하여 능히 인유引誘되지 않고 사역使役당하지 않으며, 모든 것을 명령하고 제재制裁해야 한다.[6]

양지를 삶의 맥락에서 그대로 구현하는 진아는 어떤 사태에 직면하든지 간에 양지의 주재성을 제대로 발휘할 수 있으며, 다른 존재자에 의해 사역당하거나 물욕에 엄폐되지 않는다. 박은식은 '사람에게 양지가 있다.'는 것은 마치 하늘에 태양이 있는 것과 같은 이치로 의심할 수 없다고 하면서,[7] 마음의 본체인 양지는 맹자의 성선과 같은 뜻이라고 하였다.

---

5) 『朴殷植全書』 中 「王陽明先生實記」 48-9쪽.

6) 『朴殷植全書』 下 ≪동아일보≫ 1925년 4월 6일자 논설 199쪽.

7) 『朴殷植全書』 中 「王陽明先生實記」 48-49쪽 : 嗚呼 人之有良知 如天之有日이어늘 而世猶有疑於此는 何哉오 是自瞎其明者矣라.

> 선생(양명)이 말한 양지는 맹자가 말한 성선과 같으니, 대개 세상 사람들을 보면 비록 지극히 불효한 사람도 효가 귀함을 알고 지극히 불충한 사람도 충이 귀함을 아는 것은, 양지가 본래 같기 때문이다. 불효와 불충의 악에 빠지는 것은 욕망에 동요되어 그 양지를 속였기 때문이다. 사람의 의념이 발동함에 그 선악을 양지가 능히 알 수 있으니, 양지는 나의 신성한 주인이요, 공정한 감찰관이다.[8)]

박은식은 시비선악을 판단하는 도덕준칙인 양지는 인간의 참되고 신성한 주인으로, 지극히 영명靈明하다고 하였다.[9)] 또 그는 사욕에 엄폐당하지 않고 시비판단의 준칙이 되므로 양지를 '공정한 감찰관'이라고 언명하면서, 인간 주체가 이를 속일 수 없다고 주장하였다. 치양지의 진아는 시대적 시비판단은 물론 그 실천이 가능한 주체이므로, 영욕화복이나 사욕에 은폐당하지 않는다고 하였다. 만약 사사로운 영욕화복을 염두에 둔다면 그것은 위선이라고 하였다.[10)]

> 마음은 우리의 '신성神聖한 주인옹主人翁'이며 '공정公正한 감찰관監察官'이다. 그러므로 생각하는 것의 선악과 행하는 것의 시비를 판단할 때 이 주인옹과 이 감찰관을 속이지 말아야 한다. 마음이 허용하지 않거나 명령하지 않는 것은 즉시 중지해야 하며, 명령하고 허용하는 일은 남이 헐뜯거나 칭찬할까를 묻지 말고, 이

---

8) 『朴殷植全書』 中 「王陽明先生實記」 59쪽.

9) 『朴殷植全書』 下 「告我學生諸君」 49쪽.

10) 『朴殷植全書』 中 「夢拜金太祖」 209-210쪽 : 인간의 立心과 行事가 眞性에서 나와야 하늘의 도움과 신의 도움이 있으니, 眞性으로 선을 행하는 자는 영욕과 화복의 관념이 없다. 만약 영욕과 화복의 관념으로 선을 행하면, 이는 위선이다.

일이 어려운가 쉬운가를 헤아리지 말며, 자신의 화복도 돌보지 말고 봉인鋒刃을 밟더라도 실천해야 한다.[11]

양지는 시비선악을 판단함에 항상 모든 존재물의 실상을 드러내고 구체적인 상황에서 마땅히 해야 할 일을 확연하게 알 수 있다. 그러므로 외부의 평가나 화복을 기준으로 판단할 것이 아니라 양지의 판단에 따르는 것이 옳다. 이것이 바로 양명이 말한 양지의 영명성靈明性이요,[12] 박은식이 말한 '신성한 주인'이다.

신성한 주인은 태어날 때 천명으로 부여받아 지극히 존중尊重하고 영명하니, 인간은 누구나 이것이 없을 수 없건마는 이것이 있다는 것을 인식하지 못하고 스스로 버리고(自棄)만다. (중략) 이 신성한 주인은 순임금이 말한 도심道心이오, 성탕成湯이 말한 상제가 내려준 충심衷心이며, 공자가 말한 인仁이오 맹자가 말한 양지良知이다.[13]

양지는 인위적인 것이 없이 천리가 그대로 밝게 드러난 것이므로 순일하여 거짓이 없는 심의 본체이며, 이러한 양지가 모든 인간에게 본유하기 때문에 성우에 따른 차이가 없다.[14]

양지는 단지 천리의 자연한 명각이 발현하는 곳으로, 진성측달

---

11) 『朴殷植全書』 中 「夢拜金太祖」 267쪽.

12) 『傳習錄』 中 「答陸原靜書」152조목 : 良知者心之本體, 卽前所謂恒照者也.

13) 『朴殷植全書』 下 「告我學生諸君」 49쪽.

14) 『朴殷植全書』 中 「王陽明先生實記」 48쪽 : 양지란 자연명각한 지요, 순일무위한 지요, 유행불식한 지요, 범응불체한 지요, 성우무간의 지요, 천인합일의 지이다.

이 바로 그 본체이다. 그러므로 양지의 진성측달을 극진히 하여 부모를 섬기는 것이 효도이며, 양지의 진성측달을 극진히 하여 형을 따르는 것이 제이며, 양지의 진성측달을 극진히 하여 임금을 섬기는 것이 충이다. 이러한 모든 것이 하나의 양지이며 진성측달이 양지의 구체적 발현이다.[15]

양지는 순일무위하기 때문에 진성眞誠이라고 할 수 있으며, 이러한 거짓 없이 순일純一한 도덕성을 확충해나갈 때 다른 존재자들을 측은하게 여길 수 있게 된다. 측은지심을 확충해가는 것이 곧 양지이다. 양지는 허령명각虛靈明覺한 본각本覺으로써 사물을 응대하여 사사물물을 판별할 수 있기 때문에, 그 작용은 쉼이 없으며 막힘도 없다. 즉 양지는 천리가 밝게 명각한 것이라는 차원에서 곧 천리이다.[16] 양지의 주재성이 제대로 발현된 대상은 곧 양지의 명각에 따라 감응한다.

리는 하나일 뿐이다. 그 리가 응취한 것으로써 말하면 성이라고 하고, 그 응취의 주재로써 말하면 심이라고 하고, 그 주재의 발동으로써 말하면 의념이라고 하고, 그 발동의 명각으로써 말하면 양지라고 하고, 그 명각이 감응한 것으로써 말하면 사물이라고 한다.[17]

---

15) 『傳習錄』中「答聶文蔚書」189조목 : 蓋良知只是一箇天理自然明覺發見處， 只是一箇眞誠惻怛， 便是他本體. 故致此良知之眞誠惻怛以事親便是孝， 致此眞知之眞誸惻怛以從兄健是弟， 致此眞知之眞誸惻怛以事君便是忠， 只是一箇眞知， 一箇眞誸惻怛.

16) 『傳習錄』中「答歐陽崇一」168조목 : 良知是天理之昭明靈覺處 故良知卽天理.

17) 『傳習錄』中「答羅整菴少宰書」174조목 : 理一而已. 以其理之凝聚而言則謂之性， 以其凝聚之主宰而言則謂之心， 以其主宰之發動而言則謂之意， 以其發動之明覺而言則謂之知， 以其明覺之感應而言則謂之物

허령명각한 양지가 만사와 만물의 주재자가 되어 실제적 삶에서 쉼 없이 유행불식하므로, 두루 응하여 막힘이 없는 것이다. 양지의 인식대상으로서의 '물'은 양지를 벗어나 존재할 수 없고,[18] 양지가 만물을 주재한다.

> 천지가 비록 멀지만 나의 허령은 통할 수 있고 만물이 비록 많으나 나의 허령이 응할 수 있다. (중략) 천하의 무엇이 이보다 더 고상하고 정결하고 광명한 것이 있으리오. 참으로 조화의 정령이며 만물의 주재이다.[19]

누구에게나 본유한 양지의 영명성을 가리는 것이 사욕私欲과 물욕物欲이다. 인욕人欲에 엄폐당하게 되면 양지의 본체와 작용은 제대로 실현될 수 없다.

> 누구에겐들 이 양지의 영명함이 없겠는가? 그러나 사욕에 엄폐당하여 그 영명함을 잃는다. 이 양지는 선천적으로 타고난 본성에 근거하는 것이므로 비록 마음이 어둡고 생각이 막힌 사람이라도 없을 수 없다.[20]

치양지란 마음의 본체로서의 양지가 사욕에 엄폐당하지 않고 모든 인사와 만물에 그 주재성主宰性을 직출直出한 것이다. 이것은 잃어버린 본심을 회복한다는 차원에서 맹자가 말한 구방심求放心이기도 하

---

18) 『傳習錄』 中 「答羅整菴少宰書」 174조목 : 天下無性外之理, 無性外之物.

19) 『朴殷植全書』 下 「學의 眞理는 疑를 좇아 求하라」 199쪽.

20) 『朴殷植全書』 中 「王陽明先生實記」 49쪽.

다. 박은식은 치양지의 '치'자의 내용이 곧 격물치지와 사상마련이라고 하였다.

> 양명학은 치양지를 핵심으로 삼는데, 양지는 본체이며 치는 공부이다. 그러므로 말하기를 "본체가 공부요 공부가 본체이다."고 하니, 지행합일과 사상마련이 모두 이 '치'자와 관련된 공부이다. 양명학의 진수를 여기서 엿볼 수 있다. 양명학이 오로지 본체만 제시했다면 오직 양지 하나만을 종지로 삼았을 것이다. 무엇 때문에 '치'자를 첨가했으며 무엇 때문에 지행합일과 사상마련을 말했겠는가?[21]

박은식은 양지공부가 선불교의 돈오와 다른 이유는 사상마련을 격물치지의 공부로 삼았기 때문이라고 평가하였다.[22] 치자致字는 맹자가 말한 확충擴充과 일맥상통한다. 치양지란 양지가 판별하고 결정한 시비선악을 사욕에 의하여 혼매昏昧되지 않게 하고, 또한 이것을 실제적으로 실현하여 구체적인 행위상에서 나타나게 하는 도덕적 성취를 말한다.[23] 양명은 주자의 즉물궁리를 비판하고, 격물은 '선을 행하고 악을 제거하는 것'으로 보았다.[24]

> 내가 말하는 격물치지는 내 마음의 양지를 사사물물에서 실현하는 것이다. 내 마음의 양지는 곧 천리이다. 내 마음의 천리를 사사물물에서 실현하면 사사물물이 모두 그 리를 얻게 된다. 내

21) 『朴殷植全書』 中 「王陽明先生實記」 166쪽.
22) 『朴殷植全書』 中 『王陽明先生實記』 59쪽.
23) 蔡仁厚 『왕양명 철학』 서광사 1996, 55쪽.
24) 『傳習錄』 下 「黃省曾錄」 315조목 : 知善知惡是良知, 爲善去惡是格物.

마음의 양지를 실현하는 것이 치지致知이다. 사사물물이 모두 그 리를 얻는 것이 격물格物이다. 이것이 심과 리가 합하여 하나가 되는 것이다.[25)]

양지가 조응하고 있는 사사물물이 각각 천리 그대로 각득기소各得其所하는 것을 격물이라고 한다. 천지의 모든 인사와 만물이 각득기소한다는 것은 곧 마땅한 자기 자리에서 자기답게 존재하는 것을 의미하며, 자기답게 존재하기 위한 토대가 도덕성이다. 따라서 어떤 일이 그르다면 바로 그 일에 부딪혀 그 일을 바로잡아야 한다. 그렇지 않으면 양지를 확충할 수 없다.[26)] 양명이 격물을 정사正事로 이해함으로써 격물은 양지를 확충하는 과정에서 주체의 의념을 참되게 하는 것이 되었다. 그러므로 의념의 대상인 모든 인사人事와 만물萬物은 치양지와 불가분의 관계에 놓여있다. 치양지는 실제적인 맥락을 벗어나지 않고, 반드시 실제의 일과 행위 상에서 이루어지기 때문이다.

그러므로 치지는 성의의 근본이다. 치지는 또한 허공에 매달린 치지가 아니다. 치지는 실제의 일에서 내 마음의 의념을 바로잡는 데 있는 것이다. 만약 의념이 선을 실천하는 데에 있다면 '바로 그 일'에서 선을 실천해야 하고, 만약 의념이 악을 제거하는 데에 있다면 바로 그 일에서 악을 하지 말아야 한다. 악을 제거하는 것은 바르지 않은 일을 바로잡아(格) 바름으로 돌아가게 하는 것

---

25) 『傳習錄』 中 「答顧東橋書」 135조목 : 若鄙人所謂格物致知者 致吾心之良知於事事物物也. 吾心之良知 卽所謂天理也. 致吾心良知之天理於事事物物 則事事物物皆得其理矣. 致吾心之良知者 致知也. 事事物物皆得其理者 格物也. 是合心與理而爲一者也.

26) 『大學古本』 序 : 非卽其事而格之, 則亦無以致其知.

이다. 선을 실천한다는 것은 불선을 바로잡는 것이므로, 역시 바르지 않은 일을 바로잡아(格) 바름으로 돌아가게 하는 것이다.[27)]

만약 나의 의념이 부모를 섬기는 데 있다면 '부모를 섬기는 것'이 곧 하나의 물이 되고, 임금을 섬기는 데 있다면 '임금을 섬기는 것'이 곧 하나의 물이 된다. 진아가 마주한 인사와 만물에 대하여 그 마땅함을 다하는 것이 곧 격물이다. 박은식은 시비판단의 준칙인 양지를 실제적인 삶에서 구현하는 것, 즉 치양지가 가능한 참된 주체를 진아라고 하였다. 진아가 되기 위해서는 양지의 본능을 주재로 삼아야 한다. 각성한 상태인 진경眞境과 혼몽한 상태인 환망幻妄의 구별, 또는 각성한 상태의 소견과 소득이 과연 진경인지 아닌지 여부 등 진위眞僞를 판별하는 일은 매우 중요하다고 하였다. 더 나아가 금은옥조와 같이 탐나는 것을 얻을 경우에는 쾌락快樂을 느끼지만 그것을 상실했을 때는 우척憂慼하게 되므로, 쾌락과 우척 역시 그것의 진위를 판별하는 것이 중요하다고 하였다.[28)]

의념이 작용하는 곳에는 언제나 물이 있으니, 우리가 접하는 '사사물물事事物物'에 해당한다.[29)] '사사물물을 어떻게 인식하고 조응할 것인가'에서 가장 중요한 것이 성의誠意이다. 진아가 된다는 것은 양지의 양능良能이 제대로 시비를 판단하고 실천할 수 있다는 것이니, 지금 여기의 사태에 대한 판단이 사념에 엄폐당하지 않고 참되게 알

---

27) 『傳習錄』 中 「黃以方錄」 317조목 : 故致知者, 意誠之本也. 然亦不是孫空的致知, 致知在實事上格. 如意在於爲善, 便就這件事上去爲, 意在於去惡, 便就這件事上去不爲. 去惡固是格不正以歸於正, 爲善則不善正了, 亦是格不正以歸於正也.

28) 朴殷植全書』 下 「學의 眞理는 疑를 좇아 求하라」 199쪽.

29) 『傳習錄』 中 「答顧東橋書」 137조목 : 凡意之所用 無有無物者.

고 실천할 수 있는 것을 뜻한다.

> 의意는 인심의 의리와 정욕이 발동하는 기미機微가 되는 것인데 의도 진위의 구별이 있다. 그러므로 '그 심을 바르게 하고자 하는 자는 먼저 그 의意를 참되게 하라.'고 하였다. 의는 지知로부터 생기기 때문에 그 의를 바르게 하고자 하는 자는 먼저 그 지知를 참되게 하라.'고 하였다.[30]

양지의 주재함이 그대로 구현되기 위해서 가장 중요한 것이 성의이다. 성의가 제대로 된다면 사욕의 엄폐를 제거할 수 있어 외적인 사물事物에 사역당하지 않고 주체적인 판단과 대응이 가능하다.

> 사람이 지극히 작은 몸으로 복잡하고 변환變幻하는 사물 가운데 처하여 능히 유인당하거나 사역당하지 않고 모든 것을 명령하고 제재制裁하려면 양지의 본능으로 주재를 삼는 것이 요령要領이다. 양지의 본능은 영명이오, 영명의 원질原質은 정결淨潔이다. 모든 인생이 누구인들 양지가 없겠는가마는 욕망의 장애(欲障)와 습관적인 장애(習障), 그리고 물욕의 장애(物障)로 인하여 본래의 허명함을 잃는다. 그러므로 항상 불식拂拭과 세척洗滌의 공부로써 그 정결한 것을 보존하여야 광명이 자재自在한다.[31]

성의는 욕애과 습장, 그리고 물장의 가리움을 제거하여 양지의 영명성과 명각성을 그대로 드러내는 것이다. 인욕을 제거해야만 양지는

---

30) 『朴殷植全書』 下 「學의 眞理는 疑를 좇아 求하라」 199쪽.

31) 『朴殷植全書』 下 「學의 眞理는 疑를 좇아 求하라」 199쪽.

본연의 주재성을 온전히 발현할 수 있기에, 박은식은 '입성立誠'을 강조하였다.

> 나(박은식)는 평소에 착한 선비라고 칭송받던 사람이 품행이 바르고 학업에 충실하여 당대에 자못 명성을 얻다가, 만년에 종종 큰 잘못에 빠져 앞뒤의 행동이 어긋나 한번은 순임금이 되고 한번은 도척이 되는 경우를 보았다. 어찌 이렇게 되는가? 오직 마음속에 간흉奸凶이 잠복해 있는 것을 조기에 발견해 경계하여 다스리지(懲治) 못했기 때문이니, 어찌 애석하지 않으리오! 그러니 어찌하랴. 병을 치료하는 자가 병의 뿌리를 뽑지 않으면 비록 곧장 자라지 않더라도 필경 크게 자랄 것이다. 양명선생이 학문을 논하면서 '성을 정립한다.(立誠)'고 하였는데, 이는 마치 사람을 죽일 때 목에다 칼날을 꽂아야 하는 것과 같다. 우리가 공부하는 것이 마땅히 마음과 골수를 따라 은미한 곳에 힘써야 한다. 그것이 참으로 병의 뿌리를 뽑는 양약이다.[32]

박은식은 사욕과 물욕의 엄폐를 극복하는 발본색원이 제대로 되지 않으면, 오랜 공부에도 치양지적 판단과 실행이 어려울 수 있다고 보았다. 병의 뿌리를 뽑는 것처럼 택선고집擇善固執하여 입성立誠하는 것이 발본색원하는 데 가장 중요하다고 강조하였다.

또한 양지의 명각이 의념의 대상에 제대로 감응하기 위해서는 영명성을 잘 유지해야 한다. 박은식이 말한 정결은 바로 명각의 감응성이 사욕에 의해 엄폐되지 않는 것을 말한다. 마음이 정결淨潔하다는 것은 양지의 명각이 그 주재성을 잘 견지하고 있는 것이다. 그러므로 양지

---

32) 『朴殷植全書』 中 「王陽明先生實記」 159-160쪽.

는 '항상 비추는 존재'이다.

> 양지란 마음의 본체로서 앞에서 말한 '항상 비추는 존재'이다.[33]

양지의 '항조恒照'란 양지가 동정의 본체가 되어 항상 안정되어 있다는 의미이다. 본체의 밝음으로써 말한다면 비추는 마음은 비추지 않는 것이 없다. 조심照心과 망심妄心 모두 항조의 대상이 된다. 조심照心은 명각 그대로의 참된 마음도 비추는 것이고, 사리사욕에 가려진 거짓된 망심妄心 가운데에도 양지의 항조는 그치지 않는다. 정명도程明道도 『정성서定性書』에서 "동역정動亦定 정역정靜亦定"이라고 하여, 정이란 동할 때에도 안정되며 고요할 때도 안정된 상태라고 하였다. 그래서 양명은 정定을 심의 본체라고도 하였다.[34] 이는 양지가 그대로 발현됨으로써 모든 존재자가 각득기소의 지경地境에 있게 된다는 것을 의미한다.

모든 존재자가 자신의 마땅한 자리에서 '나다움'을 실현하는 것이 인이다. 유학은 인을 지향한다. 나의 자리에서 나다움을 행하는 것은 양지의 자연명각이 그대로 비추이기 때문이다. 박은식은 이러한 양명학의 본체와 작용에 대해서 다음과 같이 요약하였다.

> 양지는 그 영명함으로 생하고, 영명은 천리 그대로의 정결淨潔함으로 존存하며, 정결은 '정정定靜'으로 얻을 수 있다.[35]

---

33) 『傳習錄』 中 「答陸原靜書」 152조목 : 良知者心之本體 卽前所謂恒照者也.
34) 『傳習錄』 上 「陸澄錄」 41조목 : 定者心之本體, 天理也. 動靜所遇之時也.
35) 『朴殷植全書』 下 「學의 眞理는 疑를 좇아 求하라」 199쪽.

정정定靜은 양지의 자연한 명각이 안정되어 있다는 것과, 이치에 따라 행한다면 온갖 상황 변화에 대응하여 동정이 활발발하더라도 양지의 본체는 동요한 적이 없다는 것이다.36) 양지의 체용은 물리적이고 상대적인 차원의 동정을 모두 주재하지만, 양지는 체용일원體用一源이기 때문에 선후와 내외가 없다. 양지의 영명성을 정결하게 유지 보존하기 위해서는 사욕의 엄폐를 제거하는 것이 관건이다.

박은식은 67세인 1925년에 꿈속에서 비로소 격물치지의 의미를 실제적 경험으로 체득했다고 하였다. 격물치지에 대한 체득이란 진경眞境과 망환忘幻, 쾌락快樂과 우척憂慽의 경계에 대한 깊은 성찰이며, 의리義理와 정욕情慾의 발동처인 인심人心의 의념意念의 진위眞僞에 대한 판별이다. 따라서 '그 마음을 바르게 하며 그 의념을 참되게 하는 것'이 중요하다고 하였다.37) 의념을 참되게 하여 무엇을 해야 할지 참으로 아는 것, 즉 진지眞知가 사상마련을 통해 실제적으로 구현된 것이 바로 '진경眞境'이다. 진지를 통해 진경에 처하는 인간주체가 '진아'이다.

박은식의 양명학적 사상 전환은 천리 체인에 관한 형이상학적 담론이나 주자학과 양명학의 사상적 동이와 같은 이론에 천착하기보다는 격물치지와 사상마련의 실천을 통해 유학의 본지를 근대적 맥락에서 구현하고자 했다는 특징이 있다. 성리학의 존리적 천리 체인에서 양명학적 양지로 사상적 핵심이 옮겨가, 천리의 보편성을 형이상학적 차원에서 해명하는 데 초점이 있지 않고, 근대적 맥락에서 양지의 시의성과 실천성을 문제 삼았다. 따라서 격물치지와 사상마련이란 택선

36) 『傳習錄』 中 「答陸原靜書」 160조목 : 照心非動者 以其發於本體明覺自然 而未嘗有所動也.

37) 『朴殷植全書』 下 「學의 眞理는 疑를 좇아 求하라」 199쪽.

고집을 통해 진아가 되는 것이 그의 사상을 관통하는 핵심이다. 진아는 개인적 도덕이나 초월적 보편성보다는 근대적 격변에 대한 대응에 집중하였다. 진아는 또 다른 보편으로 다가왔던 서구적 이성과 그를 토대로 한 과학기술, 그리고 제국주의 시대를 양지적 관점에서 인식하고 시의적절한 대응과 실천을 하고자 하였다. 그 초점은 서구 근대문명을 배척하거나 아니면 그에 매몰되는 것이 아니라 '어떤 관계맺음을 할 것인가'에 있었다.

2) 이성과 마주한 양지

박은식은 문명사적 전환기에 직면하여 안으로는 유학의 도덕문명에 대한 비판적 성찰을 단행하고, 밖으로는 수용과 저항의 대상인 서구 근대문명을 어떻게 이해할 것인가를 물었다. 그는 학문적 성찰이 '지금 여기'라는 삶의 맥락을 제대로 파악한 현실인식에 기반해야만 '천지를 개벽하고 세계를 이끌 수 있는 능력'을 갖출 수 있다고 하면서, 학자라면 응당 주체적인 식견과 학술로써 시대를 책임져야 한다고 보았다. 또 진리를 구득하는 방법으로써 실지적實地的인 '자가自家의 심득心得'이 중요하다고 강조하였다.[38] 또 지금 여기에 주어진 기존의 학문과 당대의 학술에 대한 비판적 성찰을 통해 비로소 주체적인 정견定見이 설 수 있다고 하였다. 즉 기존의 학문적 진리와 보편이념에 대하여 회의하고 다시 묻는 비판적 성찰을 거쳐야 한다는 것이다. 비판적 회의를 통해 학설을 자신自信하고 발명發明함으로써 학설이 공상에 떨어지지 않고, 지금 여기란 삶의 맥락, 즉 실지實地에서

---

38) 『朴殷植全書』 下 「學의 眞理는 疑를 좇아 求하라」 197쪽 : 철학적 진리를 연구하는데 있어서 實地的인 '주체적 心得'이 있어야만 學理를 말할 수 있다.

였다.[39] 진리라고 믿어 의심치 않았던 주자학을 의심의 대상으로 삼았다면, 서구적 근대성 또한 주체적 입장에서 어떻게 이해할 것인가를 묻는 것 역시 예외일 수 없다는 것을 미루어 짐작할 수 있다.

그가 계몽주의를 비롯한 서구 근대철학사조에 대해 구체적이고 풍부한 글을 남기지는 않았다. 그러나 그의 양지학에 비추어본다면 양지와 마주했던 이성의 역사에 대한 비판적 통찰 역시 유추해볼 수 있다. 철학은 근본적으로 인간이란 무엇인가를 문제 삼는다. 인과 시중지도를 근간으로 치양지의 진아를 참다운 인간 주체로 정립하였다면, 계몽이성과 한자리에 서 있지 않은 것은 분명하다. 계몽이성에 근거한 인간이란 기계적 신체와 이원화된 존재일 뿐만 아니라 단자화된 개체이며, 주체 밖의 타자(자연)를 정복의 대상으로 여기기 때문이다. 계몽이성은 과학기술의 발전을 가져오기도 했지만, 제국주의 침략을 비롯한 동일화전략의 이론을 구축하는 토대가 되기도 했다. 박은식은 치양지로써 이러한 계몽이성의 역사를 마주하고, 그 문명성에 대해서는 일정부분 수용하기도 했으나 그 침략적 폭력성에 대해서는 단호하게 저항하기도 하였다.

근대적 격변은 인간과 삶에 대한 인식의 전환을 가져왔다. 흔히 근대를 이양선을 타고 서양세력이 동양으로 점점 다가왔다는 '서세동점'이라고 하지만, 근대 이후 유럽사가 곧 세계사로 치부되었던 것에서 간파할 수 있듯이 근대는 유럽중심주의의 전 지구적 확산이었다고 평할 수 있다. 철학사에서 근대는 새로운 인간 주체를 발견했다는 점이 가장 큰 변화였다. 서양 근대 기획의 가장 큰 특징은 억압으로부터의 인간해방이었다. 탈주술화를 통해 과학기술의 발전이 가능했고,

---

39) 『朴殷植全書』 下 「學의 眞理는 疑를 좇아 求하라」 196-7쪽.

세속화과정을 통해 신적 권위로부터도 자유로워졌다. 이러한 신화적 세계와 신적 권위로부터의 해방은 기존의 관습과 권위로부터 인간을 해방시키는 중요한 추뉴樞紐 역할을 하였다. 근대 서구 문명이 이성과 개인의 가치를 발견한 것은 의미있는 진전이었다고 할 수 있다.

자유와 평등이란 인간해방의 기치를 내걸었던 계몽주의는 유럽의 역사적 경험을 담고 있기 때문에, 유럽인에게 이성의 역사는 진보와 발전으로 읽힐 수 있다. 그러나 근대 한국은 이성의 역사와 기독교문화가 없었고, 그들과 동일한 자리에 서 있지 않았다. '지금 여기'가 다르다면 보이는 것 역시 같지 않다. 그렇다면 계몽이성을 지금 내가 서 있는 지점에서 이해하는 것 역시 계몽이성의 한 측면으로 보아도 무방할 것이다. 너의 시선만이 유일한 관점이라고 말할 수는 없다. '근대 한국 역사에 계몽이성은 무엇이었는가?'라고 묻는 그 지점은, 오늘날 계몽이성에 대한 비판적 성찰과 동질적인 부분이 있을 수밖에 없다. 지구적 차원의 제국주의 침략과 세계대전, 그리고 파시즘에 이르는 거대한 폭력구조로서의 유럽 근대사는 이성의 합리성과 보편성에 의문을 갖기에 충분했다. 그리고 한국 근대 역시 이러한 거대한 근대문명의 폭력구조 한 가운데 있었기 때문이다.

볼프강 벨슈는 오늘날 이성의 억압적 특성과 파괴적인 영향에 대한 비판은 상식이 되었으며, 특히 이성은 유럽중심적이고 남성중심적이며 타자를 맹목적으로 규정한다는 비판을 면치 못하고 있다고 지적하였다. 그는 이성은 전쟁을 위한 공학적 도구로 사용되었고, 이성을 통해 규정된 유럽의 문명도 기본적으로 인류에 반하는 일상적인 종족싸움을 낳고 말았다고 비판하였다.[40] 이성적 주체가 야만적 상태를

40) 볼프강 벨슈 『이성1 : 우리 시대의 이성 비판』 이학사 2010, 20쪽.

피할 수 없었던 근본적인 이유는 주체를 단독자로 이해함으로써 인간을 '타자를 배제한 주체'로 인식했기 때문이다. 이성의 야만성에 대한 비판은 곧 타자에 대한 동일화전략을 포기한다는 것을 의미하며, 이는 이성개념을 다원화하거나 타자를 중시하는 경향으로 나타나고 있다.

망국과 분단에 이르기까지 한국은 이러한 근대사의 소용돌이 속에 있었다. 그렇다면 우리가 '우리에게 이성이란 무엇인가'를 묻는 것은 당연한 일이다. 이성의 역사를 유일한 보편으로 인식하는 유럽중심주의적 시각에서 벗어나 나의 삶의 맥락에서 이성이 무엇인지 되물을 수 있어야만, 서로 다른 역사와 경험을 가진 철학적 사유들이 다름을 존중하고, 서로의 보편성을 하나의 특수한 보편으로 인정함으로써, 우리가 가진 전 지구적 문제들에 대한 다양한 혜안을 제시할 수 있을 것이다. 이 새로운 길은 계몽이성이 택했던 동일화전략과는 분명 다른 길이 되어야 할 것이다. 근대 세계역사가 이것을 여실히 반증한다.

한국 근대사상의 큰 흐름은 서구적 문명성에 대한 인식과 유학문명에 대한 재음미였다. 서구에서는 계몽주의적 이성 주체가 철학의 중심과제였다면, 한국 역시 근대적 주체를 정립하는 것이 가장 중요한 문제였다. 하지만 성리학적인 성인 되기를 지향할 수 없었으며, 이성적 주체가 되는 것 또한 우리가 가기 어려운 길이었다. 근대 유럽의 역사적 경험에서 배태된 이성의 역사는 합리성과 개인의 자유와 평등 등 인권을 발견했다는 점에서 긍정할만한 가치가 있었지만, 우리는 서구와 같은 이성의 역사를 가지고 있지 않았으며, 이성적 인간화는 곧 결핍된 타자가 되는 것을 의미했기 때문이다. 따라서 한국 근대경험의 맥락에서 '이성이란 우리에게 무엇인가'를 묻는 것 역시 반드시 필요한 작업이었다. 이성의 역사는 우리에게 수용과 저항의 대상이었기 때문에 더욱 그러했다. 이성적 주체의 타자로서 그들에 의해 규정당할 것인가, 아니면 그들과 다른 맥락에서 근대 주체를 새롭게 인식하고 '동등한 주체들'로서 제자리를 가질 것인가는 중요한 문제였다.

계몽이성은 개별적이고 고립적인 개인을 상정하였다. 그러나 주체는 이성적 능력을 갖추지 못한 타자라 할지라도 타자와 마주 서 있기에 비로소 주체가 될 수 있었으니, 마주 선 타자를 전제하지 않는다면 주체가 성립될 수 없었다. 즉 유럽 중심의 이성적 주체는 비서구의 야만적 타자를 전제하지 않고는 성립하지 않았다.[41] 박은식은 이성적 인간과 마주하여 양지적 진아를 정립하고, 근대 한국이 직면한 삶의 문제들을 직시하였다. 그러므로 근대 철학사를 이성적 주체로 한정하여 논의하는 것은 온당하지 않다. 한국 근대사 또한 유럽근대와 다른 하나의 근대이며, 계몽이성과 다른 나름의 정체성을 가진 인간 주체로서 근대 역사를 창조해갔기 때문이다.

박은식의 양지학은 계몽이성에 매몰되지 않고 특수한 보편들의 마주 서기를 했던 원류라고 평가할 수 있다. 서구는 이성적 주체를 세계적 보편으로 수용할 것을 강제했지만, 그는 양지를 동일화전략에 저항하는 담론의 핵심개념으로 정립하였다. 양지가 우리의 역사적 경험과 삶을 해명하는 특수한 보편으로서 작동하였다면, 이성 역시 유럽적 역사와 경험이 낳은 특수한 보편으로 보아야 마땅할 것이다. 다른 역사적 경험은 다른 인간 이해를 낳듯, 삶의 맥락이 저마다 다르면 서로 다른 철학적 이해를 가질 수 있다는 것을 인정해야 한다. 이성의 역사를 유일하고 절대적인 보편이 아니라 하나의 특수한 보편으로 받아들일 때, 비로소 이성과 양지는 지금 여기란 삶의 맥락들 속에서

---

41) 영국 제국의 지배이데올로기와 '신사'라는 남성성이 인도를 식민지배하는 과정에서 어떻게 형성되었는지에 대해서는 박형지 설혜심 지음 『제국주의와 남성성 : 19세기 영국의 젠더 형성』 (아카넷 2016)을 참조.

마주할 수 있게 된다. 주체의식과 자기 삶의 맥락을 놓치지 않음으로써 타자의 보편성에 강제당하지 않고 마주 설 수 있게 된다. 이성의 합리성에 매몰당하지 않음으로써 동일화전략에 대한 비판적 성찰이 가능하다. 그래서 박은식이 강조했던 자가정신自家精神과 학문적 자득이 무엇보다 중요하며, 그의 양지학은 '특수한 보편들의 조응'이란 차원에서 새롭게 평가할 수 있겠다.

서구 근대는 인간의 삶의 목적이나 기준을 외부 세계나 과거, 혹은 내적 자연으로부터 가져오는 시대가 아니라 인간 자신이 스스로 규정하는 시대였다. 이성적 존재로서 개인은 자신을 스스로 규정하고 실현하는 자유로운 존재가 되었다. 인간은 사회적 관습과 권위보다는 자신의 사유에 기초하여 규범을 스스로 만들어가는 주체였다. 근대적 제도와 새로운 생활양식은 개인의 자유로운 삶의 실현이라는 근대적 목표를 달성하기 위한 제반조건들이었다. 정신운동으로서의 계몽은 대략 17세기 후반에 시작되어 18세기에 본격화되었다. 이때의 계몽은 중세의 사회 질서와 가치의 붕괴를 가져온 이성을 통해 국가 · 경제 · 법 · 학문 · 도덕 · 예술 · 종교에서의 의식적 · 제도적 변화를 기획했다. 이제 인간은 이성을 통해 주체의 독자성을 확립하고 사고의 자율성을 보장받아 세계의 중심이 되는 동시에 자연을 노동의 대상으로 지배하게 된다. 세계에 대한 과학적 인식과 자유에 대한 확고한 의지 속에서 중세적 관계망을 자본주의적으로 재편시킨 시민적 개인은, 이성과 자유의지에 따라 자연과 세계를 지배해나간 계몽의 주체이다.[42)]

계몽이성, 그 첫 단서는 데카르트 철학이었다. 그는 모든 것을 의심의 대상으로 삼았고, 종국에는 의심하고 있는 나만을 의심할 수 없는

42) 권용선 『이성은 신화다, 계몽의 변증법』 그린비 2003, 131쪽.

존재로 인식하였다. 데카르트는 인간을 사유하는 정신과 연장하는 물질로 이분화하여 이해하였다. 이성적 존재의 등장은 곧 인간이 주체(Subject)가 되고, 자연 혹은 대상을 철저히 객체(Object)로 간주한다는 것을 의미한다. '사유하는 존재'의 후손인 칸트의 계몽이성이야말로 중세적인 지배질서로부터 벗어나 새롭게 탄생한 시민계급의 신분증명서였던 셈이다. 그들이 바로 언어를 통해 국가와 민족을 '상상'하며 자본주의 발전 프로젝트를 구상했던 근대인이었다. '사유하는 나'를 세계의 중심에 두고, 미지의 것을 개척함으로써 문명을 이루고, 타자를 배척하거나 동질화하는 방식으로 지배를 꿈꾸며, 역사를 만들고 시간을 조직하면서 자기 검열을 내면화하는 근대인이야말로 계몽이성이 만든 발명품이다. 이러한 근대적 계몽주체는 이성을 소유하는 것만으로 성립되는 것이 아니라 그것의 대립항인 타자의 존재를 인식하고 발견함으로써 비로소 완성된다. "공포를 몰아내고 인간을 주체로 세운다."고 했을 때, 공포의 대상인 자연은 인간의 이성과 등가적 대립물이다. 이성은 자연의 공포로부터 벗어나 자연과 인간을 지배하기 위해 자연을 이용하는 법만을 자연으로부터 배우고자 한다. 그리하여 계몽은, 빛의 가면 뒤에 숨은 문명의 어둠이 된다.[43)]

칸트는 계몽이란 인간이 미성년 상태로부터 벗어나 스스로를 책임질 수 있는 상태에 이르는 것이라고 말하고, 미성년 상태란 다른 사람의 지도 없이는 자신의 지성을 사용할 수 없는 상태라고 규정하면서 지성(이성)을 주체적으로 사용할 수 있는 결단과 용기를 계몽의 전제로 삼았다.[44)] 푸코의 말을 빌리자면, 칸트의 계몽은 '출구'와도 같은

---

43) 권용선 『이성은 신화다, 계몽의 변증법』 그린비 2003, 67쪽.
44) 권용선 『이성은 신화다, 계몽의 변증법』 그린비 2003, 66쪽.

것이었다. 미성숙의 과정에서 벗어나 성숙의 길로 향해 있는 출구, 그 출구를 찾는 과정이 이성의 주체적 사용 과정이며, 출구를 찾음으로써 인간은 다른 인간의 권위를 수용하려는 의지에서 벗어날 수 있다.[45)]

계몽화된 세계에서 사유하고 인식하는 주체와 인식되고 규정되는 객관적 대상인 객체는 서로 명확하게 구별된다. 비이성적 미성숙상태에 놓인 타자 역시 이성적 사유를 할 수 없다는 차원에서 자연과 다를 바가 없다. 그러므로 미성숙한 타자 또한 자연과 같은 취급을 받는 것이 정당화되며, 주체와 타자(자연)의 차이는 결코 좁혀질 수 없다고 믿는다. 이성적 주체는 타자와 일정한 거리를 유지할 때에만 그를 지배의 관점에서 인식할 수 있기 때문이다. 주체가 타자와 너무 근접해 있으면 주체가 그를 지배의 관점에서 파악할 수 없다.[46)] 계몽의 체계는 자기를 유지하려고 하는 속성과 다른 것을 자기와 같은 것으로 만들고자 하는 속성을 동시에 지닌다. 또 계몽은 자기 안으로 동질화시키기 난감한 '외부'에 대해 적대적이다. 계몽은 자신을 유지하기 위해 끊임없이 바깥의 것을 안으로 끌어들이는 한편, 포섭 불가능한 것들을 배제하면서 지배의 성격을 강화해간다.[47)]

따라서 이성적 계몽 체계 안에 열등한 야만으로 단정된 타자의 언어는 존재하지 않는다. 그러므로 계몽의 대상으로 존재하는 타자의 소리를 참으로 들을 수 없고, 들으려고도 않는다. 이것은 계몽이 보편적인 참을 말하는 것이 아니라 지배의 도구로 전락한 것을 의미한다. 이성은 균질성의 원칙을 대표하고, 획일적으로 영향력을 행사하면서 타자를 구체적인 지배전략으로 굴복시킨다는 점에서 비판받을 만하

45) 권용선 『이성은 신화다, 계몽의 변증법』 그린비 2003, 67쪽.
46) 노명우 『계몽의 변증법 : 야만으로 후퇴하는 현대』 살림 2005, 123-4쪽.
47) 권용선 『이성은 신화다, 계몽의 변증법』 그린비 2003, 73쪽.

다. 획일화 경향과 지배는 서로 밀접히 결합되어 있기 때문에, 이성에 대한 지난 수십 년간의 비판은 항상 '획일화와 지배'라는 두 문제에 집중되었다.[48]

계몽이성의 사유구조는 주체와 타자의 '차이'를 인정하고 존중하지 않고 타자를 동일화하거나 적대시한다. 이러한 동일화전략은 타자에 대한 억압과 배제란 폭력으로 작동하였다. 그러나 그것은 타자를 향한 폭력에 국한되지 않았다. 주체는 타자와 마주 선 존재로서 타자 없는 주체를 상정할 수 없는 것과 같이, 타자로 향한 폭력은 곧 주체 자신에게도 폭력으로 되돌아온다. 제국주의와 세계대전, 홀로코스트 등이 그 역사적 증험證驗이다. 유대인에 대한 부정적 재현은 서양이 '타자'를 취급하는 방식을 보여주는 좋은 사례이다. 아랍인이 외부에 있는 위험한 타자(비기독교인)였다면, 유대인은 유럽 내부의 위험한 타자(비기독교인)였다. 아랍인은 유럽인의 역사적 정체성과 확연히 구별되는 이질적 문화정체성을 지닌 외부였다면, 유대인들은 유럽 내부에서 다른 유럽인들과 유사하면서도 다른 문화적 정체성을 지닌 집단이면서 그 문화적 특징을 지속적으로 견지해왔다.[49] 인간을 인간답게 하는 것으로서의 이성이 인간을 가장 비인간적인 것으로 만들어 버릴 수도 있다는 것을 근대 역사가 보여주었다. 인간 해방과 합리적 명징성을 지향했지만, 그것이 또 다른 미몽과 억압체제를 구축하는 폭력적 야만으로 전락한 셈이다.

이성적 사유의 맥락을 그대로 계승하지는 않았지만, 근대 일본은 이러한 사유구조를 재생산했다. 일본은 화혼和魂과 신도神道 그리고

48) 볼프강 벨슈 『이성1 : 우리 시대의 이성 비판』 이학사 2010, 35쪽.
49) 노명우 『계몽의 변증법 : 야만으로 후퇴하는 현대』 살림 2005, 250쪽.

천황제로 구성된 일본의 역사적 정체성을 토대로 일본우월주의인 동양주의를 이론화하여, 서구적 근대의 폭력성을 비판함과 동시에 열등한 야만상태인 주변국에 대한 문명적 우월성을 견지하였다. 일본은 지역적 문화정체성인 동문론同文論을 악용하여 황도유학皇道儒學 및 도의철학道義哲學을 체계화함으로써 동질화와 타자화를 동시에 구축하였다. I 장에서 다룬 일본의 근대 양명학 역시 이러한 궤도 안에 있었다. 이러한 배타적 일본우월주의는 곧 제국주의 침략과 세계대전을 성전으로 옹호하는 지렛대 역할을 하였다.

근대는 서구적 근대를 도외시하고 해명할 수 없을 만큼 서구 근대의 영향력이 지대하였다. 박은식 사상의 가장 큰 특징은 이성적 계몽의 사유구조에 포섭당하지 않고 이성의 역사와 성선의 역사가 만날 수 있는 지점을 생성한 것이다. 박은식은 이성적 계몽주의에 대응하여 성선적 진아론을 구축함으로써 동일화의 전략에 포섭당하지 않을 수 있었고, 또한 유학적 본지를 견지함으로써 동양주의와 황도유학의 문제점을 명확히 드러냈다. 그는 타자와의 관계맺음이 타자에 대한 배제나 억압을 초래해서는 안 되고, 인도주의를 지향해야 한다는 점을 분명히 하였다. 또 과학기술이 본연지적 성찰을 통해 인도주의에 부합하고 그 부정적 영향을 최소화할 수 있도록 해야 한다는 방향을 제시하였다.

나와 '다른 것'에 대해 들으려고도 하지 않으며 이해하지 못하는 계몽이성의 무능력은, 사실 자연이나 신화에 공포를 가졌던 고대인의 그것과 다르지 않다. 그러나 이질적 문명이 지닌 불가해한 성격을 대하는 계몽의 공포는 그것을 열등한 것으로 취급함으로써 해소된다. 이질적 문명은 미개하고 야만적이며 잔인성을 지닌 것으로 비춰질 뿐이고, 계몽은 그 야만을 문명화시키고 미개한 잔인성을 교육에 의해 순화시킨다는 명분 속에서 지배의 도덕적 근거를 발견한다.[50] 유럽인들은 이것을 '백인의 의무'라고 미화하고 정당화하였다.

1 · 2차 세계대전을 겪으면서 던졌던 물음, 즉 "누가 우리를 서구의 문명으로부터 구해줄 것인가?"란 루카치의 문제의식과, "왜 인류는 진정한 인간적인 상태에 들어서기보다 새로운 야만상태에 빠졌는가?"라는 아도르노와 호르크하이머의 문제의식은 서로 크게 다르지 않다.[51] 근대적 야만은 계몽이성으로 해결하기 어렵다. '차이'를 인정하지 않는 이성적 체계가 곧 구조적 폭력으로 현실화되었다. 나와 너의 올바른 관계맺음은 너를 나로 동일화 · 문명화하는 동일화전략을 통해서 달성할 수 없다. 동일화전략은 근본적으로 너의 존재와 인간적 존엄성 및 문화적 차이를 존중하지 않을 뿐 아니라 동등하게 만나는 것을 불가능하게 하기 때문이다.

동일화전략이 타자를 주체화한다고 하지만 실제로는 계몽이성이 타자를 배제하는 수단에 불과했고, 야만적 타자는 결코 주체가 될 수 없기 때문에 언제나 열등한 채로 남아있어야 한다. 열등한 야만인을 계몽하는 일이란 요원한 일이므로, 타자에 대한 문명적 지도는 계속될 수밖에 없다. 주체와 타자의 우열관계는 정당하며 열등한 것에 대한 착취는 적자생존의 법칙에 따르면 합당하다. 근대적 위계질서는 결코 끝날 수 없다. 하지만 각득기소 및 추기급인과 같은 인의 실현방법은 결코 우열관계를 전제하지 않는다. 인과 성선에 기반한 진아는 근본적으로 올바른 관계맺음을 전제한다. 너는 결코 나로 포섭될 수 없는 존재이다. 나와 너의 간격, 즉 차이가 없다면 인이란 관계맺음

---

50) 권용선 『이성은 신화다, 계몽의 변증법』 그린비 2003, 74-5쪽.

51) 권용선 『이성은 신화다, 계몽의 변증법』 그린비 2003, 103-4쪽.

자체가 불가능하기 때문이다. 오히려 나와 너는 자기 자리에서 자기다움을 온전히 드러낼 때(各得其所) 비로소 만날 수 있다. 계몽이성과 성선의 차이는 '차이'의 인정에 있다. 인의 '다움'이란 보편성을 담지하지만 그것이 개별적인 차이를 무화無化 혹은 동질화시켜 구현되는 보편성이 아니다. 차이와 간격을 제거하는 것은 곧 불인不仁을 의미하기 때문이다.

인간은 '나다운 나(仁)'가 되어, 너다운 너를 인정하며 너와 윤리적 관계맺음을 할 때 비로소 참된 주체가 된다. 동일화의 체계에 의해 획일화된 비주체적 주체는 주체가 될 수 없다. 나와 너는 서로 같지 않지만, 각득기소로써 함께 할 수 있다(和而不同). 계몽이성의 문제는 바로 여기에 있다. 타자와의 간격과 차이를 존중하지 않고 그를 열등한 타자로 규정하고 배제함으로써 너다운 너가 될 수 없게 하여, 종국에는 나다운 나도 될 수 없게 만드는 폭력구조를 체계화하려 한 점이다. 계몽이성은 다른 것을 끊임없이 동질화하거나 배제하는 과정 속에서 자기를 유지해 나가는 지배 및 폭력의 구조와 무관할 수 없다.

박은식 또한 '근대'란 새로운 시대를 이끌어갈 주체를 정립하고자 하였지만, 그것이 서구와 같은 '독립된 개인'의 발견은 아니었다. 근대 한국은 이성의 역사를 경험하지 않았으며, 근대주체가 직면한 역사적 현실 역시 동일하지 않았기 때문에 이성적 주체를 한국 근대의 주체로 상정하기 어려웠다. 더욱이 서구 근대주체의 '이성'이란 동일성의 원리는 비이성의 역사인 비서구를 배제하는 원리였으며, 유럽적 보편주의를 비서구지역에 강제하는 차별적 폭력으로 작동하였다. 따라서 박은식은 서구와 마주하면서도 결핍된 타자로서의 자기 인식을 넘어설 수 있는 주체가 요구된다고 파악하였다. 하지만 이성적 주체의 배제와 폭력을 넘어설 수 있는 한국 근대주체는 이성이란 동일한 원리

내에서는 생성될 수 없었다. 박은식은 양지를 폭력적 이성과 마주할 주체성으로 정립하였다. 도덕적 보편성을 지닌 진아는 서구적 보편성과 차원을 달리했으며, 민족적 위기에 직면하여 시대문제를 명확히 인식하고 해결할 수 있는 역사성을 담지하였다. 유학은 관계맺음에 관한 탁월한 사유체계로서, 유학에서 강조하는 인仁이나 충서忠恕 내지 오륜五倫은 모두 사람 사이의 관계성을 규정하는 덕목들이다. 양지 역시 고립되고 개별화된 개인에 국한될 수 없는 개념이다. 박은식은 시비판단의 준칙과 실천성을 담보한 양지의 근대적 구현체인 진아眞我를 한국 근대주체로 상정하였다.

3) 인仁과 구세주의救世主義

박은식은 유학의 본지를 구현해야 한다는 입장을 수미일관하게 견지한 한국 근대 유학자이다. 따라서 유학의 본지인 인을 근대라는 삶의 맥락에서 어떻게 구현할 것인가를 문제 삼았다. 인은 시중지도로서 삶의 맥락 속에서 실제적으로 구현되어야 할 이념이지, 형이상학적 담론에 갇혀 형해화形骸化 되어서는 안 된다고 판단하였다. 그는 성리학이 이론적 체계에 치중함으로써 삶과 괴리되었다고 비판하고, 급변하는 현실에 대한 즉각적인 판단과 구체적인 실천을 통하지 않고서 유학적 본지를 구현할 길이 없다고 하였다. '유학이 편벽되고 마른 나뭇등걸처럼 되었다.'는 인식은 바로 이것을 말한다.

> 근세에 이르러 유가의 법도가 편벽되고 침체되는 병통을 면하지 못하니 어째서인가? 주공은 '재주가 많고 기능이 많다.'고 했고, 공자는 "나는 소년시절 미천하여 비천한 일을 많이 할 수밖에 없었다."고 했다. 기예와 일은 성인도 또한 많고도 능하다고 하였다.

> (중략) 오늘의 우활迂闊한 선비들은 눈을 감고 단정히 앉아 성정性情을 함양하는 일을 철두철미한 공부로 여기고 사물을 도외시하며 몸을 흙인형(塑像)처럼 만들고 마음을 시들어 마른 나뭇등걸이나 식은 재처럼 만든다.[52]

우활한 선비들이 성정 함양에만 몰두한다는 것은, 현실을 직시하지 못하고 시대적 급무인 실용적 학문을 도외시하고 있다는 비판이다. 그는 근대 학문에서 중요한 실제적인 실천과 실습이 없이 추상적인 천리 체인만을 연구한다면, 이는 인을 실현하는 시의적절한 길이 될 수 없다고 보았다.

> 우리가 천하의 인사와 만물에 대하여 실제적인 실천과 실습이 없이 단지 추상적 연구만으로는 이치를 참으로 알지 못한다. 예를 들어 오이를 반드시 먹어본 후에야 그 오이의 달고 쓴 맛을 참으로 알 수 있는 것이지 미리 단정하는 것은 망상에 불과하다.[53]

박은식은 성리학적 리기론을 철학적 논제로 삼지 않았기 때문에, 형이상학적인 심성론과 수양론을 벗어나 양지를 지금 여기에서 실제적으로 확충해나가는 지행합일을 강조했다.

> 오늘날은 모든 사업이 다 실행시대이다. 한갓 독서만 하는 지선후행이 어찌 오류가 아니겠는가? 지행합일이 학자가 추구해야 할 최선의 방책이라고 생각한다.[54]

---

52) 『朴殷植全書』 中 「學規新論」 11-2쪽.

53) 『朴殷植全書』 下 「孔夫子誕辰紀念會講演」 60쪽.

그는 인간 주체가 처한 실제적인 삶 속에서 정심正心하는 사상마련이야말로 '실행시대'에 적합한 수양론이라고 하였다. 그리고 자신의 경우를 예로 들었다.

> 가령 본인(박은식)이 현재 맡고 있는 논설인이란 직책을 예로 든다면 기사나 논설을 쓸 때, 대중의 훼방 때문에 경솔히 분노를 일으켜 공박을 심하게 하지 않는다. 또 애증의 관계로써 사심을 이용하여 헐뜯거나 찬양하는 일을 하지 아니한다. 즉 사람에 대한 평가는 개인적 애증관계가 기준이 되어서는 안 된다. 혹 서로 주고받는(酬酌) 것의 번거로움 때문에 싫어하고 권태롭게 여기는 마음으로 구차히 여기거나 중도에 그만두지 않는다. 또 주변사람의 말에 따라 자기의 권형權衡이 왜곡되도록 하지 않는다. 이와 같은 것이 곧 정심正心공부라고 할 수 있다.[55]

사심에 얽매이거나 개인적인 감정에 휘둘리지 않고 사태를 판단하고 일을 처리하는 것이 곧 정심공부라고 할 수 있으니, 이것이 본심을 보존하는 공부이며 곧 치양지이다. 치양지致良知는 관념상의 공허한 이념이 아니라, 올바른 현실 판단과 그에 따른 실천이다. 인간의 의념意念은 진위와 이해화복, 그리고 생사영욕에 의해 미혹될 수 있다. 하지만 양지는 자연명각하므로 모든 의념에 대한 시비판단을 명확하게 할 수 있다. 양지의 본심 그대로 직출되기 위해서 필요한 것이 본심을 잘 보존하는 정심공부라고 하였다. 정심공부는 위의 사례에서도 알 수 있듯이 사상마련일 때라야 실효성 있는 공부가 된다.

---

54) 『朴殷植全書』 下 「孔夫子誕辰紀念會講演」 61쪽.

55) 『朴殷植全書』 下 「孔夫子誕辰紀念會講演」 60쪽.

정심공부는 정좌수렴을 통해서도 가능하지만 인사에 응하고 사물에 접하는 데에도 있으니, 심의 영명함은 본디 동정의 구별이 없어 동할 때에도 본심 그대로 직출해야 하고 정할 때에도 본심을 잘 보존해야 한다.[56]

천리인 양지는 체용일원이다. 그러므로 정좌수렴도 하나의 공부방법이다. 하지만 동정의 구분 없이 본심이 안정(定)되도록 하는 것이 중요하므로, 함양공부가 정좌와 같은 정적인 수양론에 그쳐서는 안 되며, 본심이 인사와 만물에 직출될 수 있도록 해야 한다고 강조하였다.

학자가 정좌수렴을 함양공부로 여겨 정靜한 상태를 기뻐하고 동動한 상태를 싫어하는 습관이 생겨서, 실제적인 마음 쓺이나 구체적인 일의 변화에 대응하는 과정에서 함양하지 못하면, 이것은 쓸모없는 학문이다.[57]

박은식은 주체가 처해 있는 '지금 여기'에 응대하는 사상마련에 의거하지 않고 양지를 확충하고자 한다면, 그것은 유학을 무용한 학문으로 만들 수 있고, 또 대본大本을 세우지 못하게 되어 속학俗學의 상태를 벗어나지 못할 것이라고 하였다. 그러므로 본심을 보존하는 '정심'공부란 선험적 천리를 체인하는 내재적 방향보다는, '지금 여기'에서 구체적인 인사와 사업을 성취하는 과정에서 함양할 때라야 참된 공부가 된다고 보았다.

시비와 선악을 판단하고 분별할 수 있는 양지는 범응불체하기 때문

56) 『朴殷植全書』 下 「孔夫子誕辰紀念會講演」 60쪽.

57) 『朴殷植全書』 下 「孔夫子誕辰紀念會講演」 60쪽.

에, 어느 상황에서든지 막힘없이 널리 응할 수 있는 역동성을 갖는다.[58] 그러므로 양지에 근거하여 당 시대를 고찰한다면 고정불변의 강상綱常만을 고집할 것이 아니라 시대변화를 제대로 인식하고 그에 대한 적절한 판단과 실천이 필요하다는 판단이 가능하다. 시비선악은 고정불변한 것이 아니라 시대와 상황에 따라 달라질 수 있다. 그러므로 사상마련이 중요한 것이다. 박은식은 유림들이 성리학적 리기론과 심성론을 절대화하여 묵수하기만 한다면 근대적 격변을 제대로 인식하고 대처하는 것에 한계가 있을 것이고, 이것은 인의 실현을 어렵게 하는 길일뿐만 아니라 남의 노예로 전락하는 지름길이 될 수 있음을 지적하였다.

> (한국 인사들은) 육대주가 서로 교통하고 열강이 패권을 다투는 이 시대에 편견만을 고집하고 지키면서 스스로 현명하고 옳다고 여긴다. 묵은 책상에 눈이 쏠려서 이를 연구하기에 몰두하고 시의時宜를 강구하지 않으면서 부질없이 의리를 담론하며, 실리적인 경제문제에 대해 어두워 아는 것이 없다. 선진 각국의 이용후생의 신학문이나 새로운 제도를 원수처럼 여겨 적극 배척한다. (중략) 이와 같이 고루한 습성을 묵수하는 것은 마침내 동포들을 남의 노예가 되게 할 것이다.[59]

중화주의가 붕괴되고 유럽이 오대양 육대주의 새로운 중심으로 자리잡아가는 근대적 '지금 여기'를 도외시한다면, 우리가 서 있는 자리를 제대로 파악할 수 없게 된다. 변화된 현실에 대한 이해 없이 즉물

58) 『朴殷植全書』 中 「王陽明先生實記」 48-49쪽.

59) 『朴殷植全書』 中 「學規新論」 13쪽.

궁리적인 천리 체인만을 고집한다면, 국권 상실의 위기를 구제할 실용 학문에 도움이 되지 않는 진부한 것일 뿐이라고 진단하였다.

> 한국 사람의 학문은 한갓 진부한 말(陳言)만 가지고 따질 뿐 새로운 의리를 연구하지 않으며, 국한된 소견만을 지키고 시의時宜에 어둡다. 그러므로 아비가 그 자식에게 권하고 형이 아우에게 권하는 것이 종이 위에 있는 헛소리에 지나지 않아, 즉물궁리하여 실용의 학문에 도움이 되는 일은 마치 여름벌레에게 얼음이야기를 하는 것과 흡사하다. 그러니 현재 세계에 새로운 학문과 새로운 지식과 새로운 사업은 마음에 두지도 않는다.[60]

성리학적인 세계관에 사로잡혀 현재적 시의를 판별할 수 없다면, 학문이 모두 '종이 위의 헛소리'에 불과할 뿐 실용적인 학문은 결코 될 수 없을 것이다. 박은식은 성리학적 경전 해석에 얽매이지 말고 실지학문實地學問에 힘써야 한다고 보았다.

> 양명의 양지는 다만 경전에서 얻어진 것이 아니니, 온갖 고난을 경험하고 고초를 맛본 결과로 철오徹悟할 수 있었다. 이것은 유학 혁명에 위대한 광명이 비춘 것이니, 비상한 사업은 반드시 비상한 노고를 요구한다. 학계 제군은 마땅히 이를 증험하여 학문과 사업을 해나가는 데 있어 먼저 비상한 노고를 받아들여 한순간의 진퇴와 성패의 미혹됨에 빠지지 말아야 할 것이다.[61]

---

60) 『朴殷植全書』 下 「務望興學」 84쪽.

61) 『朴殷植全書』 下 「學의 眞理는 疑를 좇아 求하라」 199쪽.

양지에 대한 철오徹悟는 현실을 외면하고 유학 경전을 암송하거나 견문지적 이해에서 얻어지는 것이 아니라, 실제적인 삶의 맥락에서 양지를 구현하려는 실행과 체인을 통해 가능하다. 그러므로 유학적 본지를 구현하고 양지를 철오하기 위해서는 실제적인 학문과 사업에 집중할 필요가 있다고 강조하였다.

따라서 박은식은 수시변역의 뜻을 깊이 이해하여 시대에 맞는 조치를 강구할 것을 촉구하였다. 수시변역이란 때에 따라 변화하지만, 그러한 변화가 시의적절한 시중지도를 벗어나지 않는 것이다. 그가 수시변역을 강조한 것은 성리학 맹종에서 벗어나 근대적 격변을 직시하고 그에 응대해야 한다는 시대적 요청과 일맥상통한다.[62] 그런 맥락에서 박은식은 서양 신학문新學問[63]을 보다 적극적으로 수용하고 그들의 장점을 배워 자강 자립의 기초를 닦고 실지實地를 익히는 학문을 할 것과, 선진국가에 유학할 것을 적극 권유하기도 하였다.[64] 서양의 발전이 곧 신학문의 발전에서 비롯하였다고 평가하면서, 학문의 발전과 교육이 국운과 직결된다고 하였다.

> 문명의 효과는 지혜가 나날이 열리고 사업이 나날이 발전하며 인민이 부강해지는 것이니, 나라도 이를 따라 부강해진다.[65]

---

62) 『朴殷植全書』 中 「王陽明先生實記」 52쪽.

63) 박은식은 서양은 보통교육을 기초로 하여 천문 地誌 물리 화학 정치 법률 史學 산술 光學 전기 聲音 兵 農 工 商 의학 광물 汽學 등의 전문교육을 실시하고 있다고 소개하였는데, 이것이 바로 신학문의 구체적인 내용이다. 「學規新論」 論普通 及專門 139쪽.

64) 『朴殷植全書』 中 「學規新論」 15-6쪽.

65) 『朴殷植全書』 中 「興學說」 396쪽.

박은식은 신학문을 수용하여 국가적 부강을 도모해야만 국권 상실의 위기를 극복할 수 있다고 보았다. 서구 근대적 문명의 효과를 인정하고 그들의 장점을 받아들이는 것이 급선무라고 판단한 것이다. 그러나 신학문과 문명화의 수용 및 자강론이 양지적인 판단을 벗어나서는 안 된다는 점 역시 분명히 하였다.

진아는 마음의 본체인 양지가 인욕에 의해 엄폐당하지 않고 주재성을 유지하는 주체이다. 그러므로 어떤 사태에 직면해서도 시비선악을 명확하게 판단할 수 있다.

> 이 주인의 정신이 청명하고 근기가 견고하면 천하의 시비선악과 공사사정公私邪正을 명확하게 판단할 수 있으며, 이해화복利害禍福과 생사영욕生死榮辱이 혼란스럽지 않아 미혹됨이 없다. 그래서 천만인 속에서 막대한 사업을 하는 것도 어려움이 없다. 만약 이 주인이 혼탁하고 근기가 경천輕淺하면, 일체의 마장魔障에 엄폐당하거나 환상에 현혹되어 참된 인간이 되지 못한다.[66]

유학의 본지를 구현하기 위해서는 양지의 본능이 직출될 수 있도록 하는 것이 가장 근본적인 일이다. 격변기일수록 무엇이 옳고 그른지 명확하게 인지하는 일이 결코 쉽지 않고, 사회적 위기가 격화할수록 무엇을 어떻게 해야 할지 몰라 혼란스러울 수 있다. 이해화복과 생사영욕을 판단 근거로 삼지 않고 본심을 그대로 직출하는 일이 어려울수록 사상마련을 통한 치양지가 더욱 절실해진다.

'심외무물心外無物'은 '양지의 명각을 벗어난 존재가 없다.'는 뜻으로, 진아의 모든 판단과 행위가 궁극적으로는 인의 구현을 지향해야

66) 『朴殷植全書』 下 「告我學生諸君」 49쪽.

한다는 것을 의미한다. 그러므로 박은식은 양명학의 만물일체지인이 곧 인이라고 하였다.

> 양명선생의 학문은 본심의 양지를 확충하여 만물이 일체가 되는 것을 인으로 삼는다. 그렇게 하면 군신 부자 친구 사이 등의 사회관계가 참되어 진실하게 된다. (중략) 이른바 측은지심이 충만하면 인을 이루 다 쓸 수 없다.[67]

양지의 자연명각은 진성측달眞誠惻怛과 측은지심을 확장하고자 한다.[68] 이것은 계몽이성이 탈주술화와 세속화 그리고 과학적 인식을 통해 단독자로서의 개인을 추구하는 것과 근본적인 차이점이다. 양지의 진성측달은 극진히 하는 대상이 부모라면 효가 되고 형제라면 제悌가 된다. 나의 인함을 군신 부자 등의 사회적 관계에서 진실무망眞實無妄하게 구현한 것이 각득기소이다. 양지의 명각은 비단 인사人事에 국한되지 않는다. 관계맺음하는 대상에 양지가 그대로 직출하면, 존재자는 그 존재자가 마땅히 있어야 할 자리를 얻게 되고 진아의 실제적인 행위는 하는 일마다 인仁이 된다. 만물을 일체로 삼을 수 있느냐 없느냐는 자기의 사리사욕을 극복하느냐 아니냐에 달려있다.[69]

> 사람다운 사람은 천지만물을 일체로 여긴다. 가령 하나의 물이라도 마땅히 있어야 할 자리를 잃으면 곧 나의 인이 다하지 못한

---

67) 『朴殷植全書』 中 『王陽明先生實記』 63쪽.

68) 眞誠은 純一無雜하다는 뜻이며, 惻怛은 측은과 동의어이다. 蔡仁厚 『왕양명 철학』 서광사 1996, 46쪽 참조.

69) 『傳習錄』 下 「黃省曾錄」 285조목 : 仁者以萬物爲體, 不能一體, 只是己私未忘. 全得仁體 則天下皆歸於吾仁.

부분이 있는 것이다.[70]

모든 존재자의 각득기소가 곧 인의 구현이며 만물일체지인이다. '지금 여기'의 변화를 제대로 이해하고 있어야 할 자리에 온전히 있지 못한다면, 각득기소는 불가능하다. 인을 실현하는 근본을 효제孝悌라고 한 것은 태어나 처음 관계맺음하는 것이 부모 형제이기 때문이다. 제자리에서 그들과 온전한 관계를 맺는 것이 곧 효제이며, 이것이 '나다운 나'가 되는 첫걸음이다. 나는 나답게 나의 자리에 있어야 하고 너는 너답게 너의 자리에 있어 각자 자기다움을 실천할 때 인은 실현된다. '다움'의 관계맺음이 사회적으로 더 확장되면 오륜과 애민愛民이 된다.

박은식은 각득기소를 통한 인의 실현을 위해서는 실제적 삶의 맥락에 대한 정확한 인식과 대응이 필요하다고 판단하였다.

> 성인의 마음은 천지만물을 일체로 삼으니 천하사람을 보는 것이 내외內外와 근원近遠의 차별이 없고, 혈기 즉 생명 있는 것은 모두 형제와 자식처럼 본다. 그들을 천지만물을 일체로 생각하니, 천하사람의 마음이 본디 성인과 다름이 없었다. 그런데 사욕과 물욕에 가리워져 틈이 생겼다. 마음이 큰 사람은 작아지고 툭트인 사람은 막혔다. 그리하여 사람마다 각기 마음이 달라 자신의 부모 자식과 형제까지도 원수 보듯 한다. 그래서 공자가 만물일체지인을 미루어 천하를 가르쳐, 사람에게 사욕을 극복하고 물욕의 가리움을 제거하여 마음의 본래 같음을 회복하도록 하였다.[71]

---

70) 『傳習錄』 上 「陸澄錄」 89조목 : 仁者以天地萬物爲一體. 使有一物失所, 便是吾仁有未盡處.

각득기소가 되지 않으면 만물이 일체가 되는 인은 구현될 수 없다. 인이란 저마다 자기 자리에서 자기답게 있는 것이기 때문이다. 인의 구현은 효제로부터 시작하지만, 결코 가족 간의 친애에 국한되어서는 안 된다.

> 뿌리가 없다면 어디서 싹이 돋겠는가? 부자父子와 형제간의 사랑은 곧 인심의 생의生意가 발단하는 곳으로 나무가 싹을 틔우는 것과 같다. 친친으로부터 다른 사람에게 어질게 대하고 만물까지 사랑해 나가는 것이니, 바로 줄기가 나오고 가지와 잎이 생기는 것에 비유할 수 있다. (중략) 효제는 인을 행하는 근본이니, 인의 이치가 거기로부터 생겨나온다.[72]

만물일체지인은 맹자가 말한 '친친親親 인민仁民 애물愛物'과 같으니, 나의 인한 본성을 점진적으로 확충해나가는 과정에서 이루어진다. 친친에서 애물의 단계까지 확장해나간다는 것은 곧 인이 구세주의를 지향하는 것을 의미한다. 박은식은 치양지를 제대로 할 수 있는 진아는 개인적 차원에서 도덕성을 견지하는 데 그쳐서는 안 된다고 하였다. 그러므로 치양지를 통한 구인求仁은 자신의 도덕적 본성을 개인적 관계맺음은 물론, 제가 치국 평천하라는 관계망에서도 그대로 실현되어야 한다. 이러한 성선의 동심원적인 확장을 바로 방법적 차별애라고 한다. 박은식은 공자가 천하를 변화시키고자 한 것이 곧 구세주의라고 평가하고, 유학이 보다 적극적으로 구세적 이념을 제시하

---

71) 『朴殷植全書』 中 「王陽明先生實記」 153쪽.

72) 『傳習錄』 上 「陸澄錄」 93조목 : 無根便死. 無根何從抽芽? 父子兄弟之愛, 便是人心生意發端處. 如木之抽芽, 自此而仁民, 而愛物. 便是發幹生枝生葉. (중략) 孝弟爲仁之本. 卻是仁理從裏面發生出來.

고 실천하는 방안을 모색할 필요가 있다고 주장하였다.[73)]

박은식은 유학의 방법적 차별애와는 달리 무차별적 겸애설을 주장했던 묵자墨子를 구세주의의 모범적 사례로 제시하기도 하였다. 묵자가 춘추전국시대의 시대적 혼란을 해결하기 위해 '모든 사람은 평등하다.'는 것을 전제로 무차별적인 사랑을 실천했던 것처럼, 박은식은 당대를 국가경쟁과 제국주의 침략으로 인한 근대적 폭력을 해결하기 위한 구세적 이념과 실천이 절실하다고 하였다.

> 구세주의에 필요한 모범은 묵자의 역사이다. 그 사적私的인 자신을 잊고 세상을 구제하고자 하는 마음과 일신의 편안함을 버리고 수고로움을 행하는 고행, 그리고 강자를 억제하고 약자를 돕는 의로움이 바로 철저한 '이념의 실행'이다.[74)]

박은식은 묵자가 구세주의 이념과 함께 이념의 실행을 위해 힘썼던 점을 높이 평가한 것이다. 그러나 그는 묵자의 극단적인 전제주의專制主義로는 평등적 사랑을 구현할 수 없다는 점을 분명히 밝혔다. 이것은 박은식의 핵심사상인 인도주의적 대동사상을 통해서도 검증된다.

> 나는 묵자의 학문에 대하여 의문이 있다. 묵자의 겸애와 상동주의尙同主義로써 그 문도들이 거친 옷을 입고 힘써 일했고 약국弱國을 도와 강국의 침략을 막았던 것은 최근 사회공산주의社會共産主義와 비슷하다. 그러나 정치방법을 논한 것은 극단적인 전제로 정책적인 간섭을 하는 것이다. 현재 레닌의 행정사行政史를 보더

---

73) 『朴殷植全書』 下 「儒敎求新論」 46쪽.

74) 『朴殷植全書』 下 「學의 眞理는 疑를 좇아 求하라」 200쪽.

라도 극단적 전제를 행하는 것은 이상과 실행이 상반되는 것인가, 진행의 단계를 밟아가는 것인가? (중략) 나는 묵학의 철저한 정신은 구세주의의 모범이라고 본다.75)

육징은 일찍이 양명에게 유학의 만물일체지인과 묵자의 겸애의 차이에 대해 물었다. 양명은 인의 구현은 맹자가 말한 친친 인민 애물과 같이 방법적 차별애를 통한 동심원적 확장임에 비해, 묵자의 무차별적인 사랑은 각득기소의 자기 자리를 제거하는 방식을 취한다고 답하였다.

친친으로부터 백성을 어질게 대하고 만물을 사랑하니 나무의 줄기가 나오고 잎이 싹트는 것과 같다. 묵자의 겸애는 차등이 없어서 나의 부모 형제를 길거리의 일반사람과 똑같이 여기니, 그것은 스스로 발단처를 없애버린 것이다. 싹이 트지 않으니 그것에 뿌리가 없음을 바로 알 수 있다.76)

유학의 구인求仁은 개인적 차원에서는 '나는 나답게, 너는 너답게'로써 서로 윤리적 관계맺음을 하는 것이며, 가족적 차원에서는 효제의 실천이 된다. 국가적 차원에서는 일차적으로 국가적 위기에 대한 대응책으로 자본주의 발전과 애국 및 근대적 교육 등에 힘쓸 수 있다. 당대는 국가경쟁시대이므로 국권 상실과 망국의 위기에 대한 대응 역시 치양지의 작용일 수 있다. 그러나 그는 모든 자강운동과 민족적 위기의식의 발로가 양지에 위배되어서는 안 된다는 점을 강조하였다.

---

75) 『朴殷植全書』 下 「學의 眞理는 疑를 좇아 求하라」 200쪽.

76) 『傳習錄』 上 「陸澄錄」 93조목 : 自此而仁民而愛物, 便是發幹生枝生葉. 墨氏兼愛無差等, 將自家父子兄弟與途人一般看, 便自沒了發端處. 不抽芽, 便知得他無根.

그것이 민족국가의 위기를 극복하기 위한 참된 실천인지 면밀하게 물어야 한다고 보았다. 근대적 격변기에 자강을 위한 교육과 경제적 발전을 말하는 지식인은 많지만, 그것이 모두 양지에 근거한 판단과 주장은 아니라고 보았다.

> 요즘 한국사회에서 모두들 애국과 교육과 식산을 말한다. 그러나 애국을 말하는 자가 애국의 의무를 실행하지 않으면 애국을 참으로 안다(眞知)고 할 수 없고, 교육과 식산을 말하지만 교육과 식산의 사업을 실행하지 않으면 교육과 식산을 참으로 안다고 할 수 없다.[77]

문명화나 자강운동 등이 제국주의 침략이라는 근대적 폭력에 대한 대응책이어야지, 사욕을 충족시키거나 정치권력을 얻기 위한 수단이 되어서는 안 된다는 점을 분명히 한 것이다. 자강운동에 참여했던 많은 지식인들이 친일로 귀결되었던 것은 개인적인 부귀영화를 위한 사욕 때문이기도 했다.

> 유학이 한갓 궁리窮理에 대해 논쟁만 일삼고 구체적인 실행을 하지 않는 것을 어찌 참된 앎(眞知)이라고 할 수 있겠는가. 오늘날은 모든 사업이 다 실행시대이다. 한갓 독서만 하는 선지후행先知後行이 어찌 오류가 아니겠는가? 지행합일이 학자가 추구해야 할 최선의 방책이라고 생각한다.[78]

---

77) 『朴殷植全書』 下 「孔夫子誕辰紀念會講演」 61쪽.

78) 『朴殷植全書』 下 「孔夫子誕辰紀念會講演」 61쪽.

박은식은 실행시대일수록 모든 사유와 행위가 본심이 그대로 직출되도록 하는 정심이 중요하다고 강조하였다. 또한 추상적인 궁리는 실제적인 삶의 맥락을 놓치지 쉽기 때문에 진지가 되기 어렵다는 차원에서 지행합일적인 사상마련을 강조하였다. 이런 치양지는 개인의 차원에서 뿐만 아니라 사회 국가적 차원에서도 반드시 필요하다고 보았다.

2. 진아의 시의적時宜的 현현顯現

1) 평등시대의 무문자無文者와 지행합일

'나'는 언제나 지금 여기에 있다. 그러므로 지금 여기에 대한 이해는 나를 인식하는데 필요한 조건이다. 지금 여기의 역사적 경험이 다르기 때문에 자기 이해 역시 시공에 따라 달라질 수 있다. 또한 시공을 초월한 보편성을 담지한 이념일지라도 지금 여기란 특수한 맥락 속에서 이해되고 구현되어야 할 것이다. 양지란 누구에게나 언제든지 인간 주체가 서 있는 그 자리에서 시비선악을 판별하고 실행할 수 있다는 보편성을 담고 있다. 양지가 인간이면 누구에게나 성선이 본유本有한다는 것을 전제하고 있다면, 계몽이성 역시 인간을 이성적 동물이라고 이해함으로써 동물과 구별되는 인간의 정체성을 이성으로 간주한다. 양지대로 하지 않으면 불인不仁이 되고, 유학에서 불인한 사람은 참다운 사람이 아니다. 계몽이성 역시 합리적인 사유를 하지 못하는 미성숙한 상태의 인간은 계몽의 대상이 되며, 이성적인 판단과 실천이 가능할 때 비로소 자유로운 개인이 된다. 양지와 이성은 인간에 대한 철학적 해명으로, 도덕성과 합리성이라는 보편성을 지향하는데,

이러한 보편성은 지금 여기란 맥락을 벗어나서 구현될 수는 없다. 박은식의 양지학은 근대적 삶을 마주하고 있었으며, 한국 근대주체 진아는 도덕적 보편성과 한국근대의 경험이 투영된 시대적 특수성을 동시에 담보하였다. 그렇다면 양지를 본유한 주체는 근대 한국의 역사적 상황에서 무엇을 문제 삼았으며, 무엇을 구현하고자 하였는가?

신분제 해체는 근대의 획기적인 변화 가운데 하나였다. 유럽 국가들은 근대 국가체제를 확립하는 과정에서 시민의 권리를 분명히 제시하였다. 프랑스 시민혁명을 통해 국민주권과 천부인권 및 시민권[79]과 같은 근대적 평등이 구체적으로 지목되었고, 인간의 자유와 평등은 가장 중요한 근대적 이념으로 자리 잡았다. 근대는 자유와 평등, 그리고 천부인권이란 가치를 발견했다는 점에서 긍정적이다. 박은식 역시 이러한 근대적 가치를 수용하였다. 그는 성선과 양지의 도덕적 평등성이 개인의 수양 차원을 넘어서서 사회적 자유와 평등으로 확장되어야 한다고 보았다.

> 오늘날 세계는 평등주의로 향해가는 시대이다. 하등사회가 상등사회로 나아가게 하는 것은 천지간天地間의 이치인 진화 발전에 순응하는 것이다.[80]

---

79) 시민권은 첫째 개인의 자유, 언론 사상 신앙의 자유, 소유권과 유효한 계약을 체결할 권리, 사법권과 같은 시민적 권리 둘째 선거권 공직에 진출할 권리와 같은 정치적 권리 셋째 최소한의 경제적 복지와 안전에 대한 권리에서부터 사회적 유산을 완전히 공유하고 사회의 일반적인 표준에 따라 문명화된 삶을 살아갈 권리까지 포함한 사회적 권리를 의미한다. 장문석 『민족주의 길들이기』 지식의 풍경 2007, 135쪽.

80) 『朴殷植全書』 中 「夢拜金太祖」 251쪽.

박은식은 당대는 신분제에 기반한 왕조체제를 벗어나 평등주의를 지향하는 시대이며, 평등과 인도주의를 실현하려는 것이 인류 역사의 발전 방향이라고 단언하였다. 이것은 양반 계층의 사회적 특권과 성리학적 세계관의 해체와 직결된 문제였다.

조선 후기 호락논쟁에서 보여준 바와 같이 조선 성리학은 천리의 보편성을 근간으로 인간의 평등성을 도덕적 차원에서 인정하고, 누구나 요순이 될 수 있다고 하였다. 다만 탁박濁駁한 기질을 교정하여 기氣가 리理의 주재성을 그대로 드러낼 수 있어야 한다. 호락논쟁의 주요 당사자였던 남당 한원진은 기질로 말미암아 만물의 본성은 차이가 있다는 '인기질因氣質'의 성을 제창하여, 기질 속에 타재墮在한 이후라야 본연지성을 말할 수 있다고 하였다. 한원진과 같이 인기질의 차원에서 본연지성을 해명하고, 현상세계에서 천리의 발현을 실현하고자 한다면, 기질 문제에 집중하는 것이 옳다. 하지만 현실적으로 탁박한 기질을 청수淸粹한 기질로 변화시키는 것은 매우 어려운 일이다. 누구나 요순이 될 수는 있지만, 현실적으로 요순이 되는 것은 요원한 일이다.

모든 존재자에게는 보편적인 리가 내재되어 있으며, 기는 모든 존재자와 현상의 차이와 다름을 해명하는 개념이다. 그래서 기는 보편적이며 초월적인 리와 달리 국한성을 갖는다. 그런데 한원진은 기국氣局이 현실의 차이를 설명하는 기제라는 측면에 천착하여, 기질의 청탁수박淸濁粹駁을 사회적 문제와 직결시켰다. 즉 기국은 소인과 군자에 대한 도덕적 판별이 곧 당파적 구분 및 신분적 차이를 인정하는 문제와 연계된다고 본 것이다. 군자과 소인, 양반과 상민, 군자당과 소인당을 비롯하여 중화와 이적, 조선과 청의 차이는 곧 청탁수박한 기질의 차이를 벗어날 수 없기 때문이다.[81] 그러나 박은식은 성리학적 세계관이 해체된 근대는 평등을 지향하는 시대이므로, 리기론적 세계관을 고집하여 인간과 금수, 군자와 소인 그리고 상등자와 하등자의 차이를 해명하는 것이 무의미하다고 보았다. 그리고 성선설을 계승하면서도 성리학적 세계관을 견지하지 않는 길, 양지학을 통한 근대주체를 모색하였다.

박은식은 맹자의 성선설과 민본주의를 시대적 맥락에서 시의적절하게 실현할 방안을 모색할 필요가 있다고 보았다. 조선왕조의 정치이념이었던 성리학은 양반과 같은 특권계층의 전유물이었다. 그러나 평등시대에는 양반의 신분적 특권은 용인될 수 없었다. 그는 양반 중심의 성리학에서 벗어나 민중 중심의 유학으로 거듭나야 한다고 보고, 유학적 이념을 실현할 주체로서 민중을 부각시켰다.

> 대개 상등자는 소수이고 하등자는 다수이다. 상등자는 습기習氣가 이미 심하여 불변의 세를 견고하게 가지고 있는 반면, 하등자는 지식을 갖추고 있지 않아 풍기를 바로잡는 것이 매우 쉽다. 상등자는 스스로 옳다고 여기기 때문에 마음을 움직이기가 매우 어렵고, 하등자는 듣지 못한 것을 열어주어 마음을 동요하게 하는 것이 신속하다. 새로운 풍기風氣를 열고자 한다면 먼저 하등인에게 치중해야 할 것이니, 다수인 하등인이 이미 진화進化하면 소수자가 진화를 따르지 않고자 하여도 결코 그렇게 할 수 없다.[82]

81) 박정심 「朝鮮 後期 南塘과 茶山의 人物性異論 - '성선의 구현'을 위한 서로 다른 시선」 『한국민족문화연구』 한국민족문화연구소 제39집 2011 참조.

82) 『朴殷植全書』 下 「清報護載後識」 76쪽.

박은식은 유생은 신분제 사회에서는 상등지위를 점령했지만, 신분제가 해체된 당대에는 하등사회와 상등사회란 신분적 차별에서 벗어나 평등사회로 나아가야 한다고 주장하였다. 그는 성리학적 식견과 함께 문자 해독력을 갖춘 상등계층과 문자 해독력은 떨어지지만 성리학적 구습에 얽매이지 않아 근대적 변화에 신속히 적응할 수 있는 하등계층을 구분하였다. 그리고 하등자 혹은 무문자無文者와 같이 성리학적 지식체계에 얽매이지 않으면서도 양지를 본유하고 있는 새로운 계층에 주목하였다. 전근대사회에서 유학은 지배계층과 지식인을 중심으로 전유專有되고 피지배계층은 교화의 대상으로 존재했다. 그런데 그는 민중 혹은 무문자를 유학이념을 실현하는 역동적 주체로 정립함으로써 양반의 특권의식과 우민관으로부터 벗어났다. 이는 유학이념의 실현주체가 전환되었다는 점에서, 매우 획기적인 일이었다. 박은식은 1920년대 저술인 『한국통사韓國痛史』에서 의병활동과 평민혁명의 주체로서 민중개념을 더욱 확고히 정립하고, 이들이 제국주의의 야만적 폭력에 항거한 것을 긍정적으로 평가하였다.

피지배계층이면서 성리학적 지식체계를 익히지 못했던 민중을 유학이념을 실현할 주체로 정립할 경우, 그 실천이 어떻게 가능할 것인가를 철학적으로 제시할 필요가 있었다. 박은식은 양명학의 핵심개념인 양지를 토대로 이를 논증하였다.

> 이 양지는 성인과 어리석은 사람을 막론하고 차이가 없으니, 천하고금의 인간에게 동일하다.83)

83) 『朴殷植全書』 中 『王陽明先生實記』 50쪽.

박은식이 양지의 특성 중 하나로 '성우무간聖愚無間'을 제시하였는데, 이것은 누구나 성선의 양지를 본유하고 있다는 도덕적 평등성의 의미도 있지만 평등시대에 일반 대중들의 역할과 중요성에 주목한 것이라고 할 수 있다. 그가 새로운 근대사회를 모색함에 있어서 일반 대중의 역할과 중요성을 강조한 것은 무엇보다 유학이 평등시대를 이끌어가는 이념으로서 거듭나야 한다는 주장과도 상응한 것이다.[84)]

> 누구에겐들 이 양지의 밝음이 없겠는가? 다만 마음에 가려진 것이 있어서 그 밝음을 잃은 것이다. 이 양지는 선천적으로 타고난 성품에 근거한 것이므로, 비록 마음이 어둡고 생각이 꽉 막힌 사람이라 할지라도 이것이 없을 수 없다.[85)]

'누구에게나 양지가 있다.'는 것은 '성선의 본유'를 뜻하기도 하지만, 양반만이 성선을 구현하는 주체가 되는 것은 아니며, 유학경전을 읽지 못하는 무문자나 민중도 단순히 교화의 대상이 아니라 성선을 구현하는 주체라는 주장을 담고 있다고 하겠다. 이것은 곧 성리학적인 즉물궁리를 탐구하지 않더라도 시비선악에 대한 판단과 실천이 가능함을 뜻한다. 그렇다면 문제의 핵심은 '어떻게 누구나 치양지가 가능한가'를 입증하는 것이다.

---

84) 박은식이 우민관을 벗어나 민중을 역사의 새로운 주체로 인식한 것은 탁견이었다. 독립협회와 대한자강회를 이끌었던 尹致昊 같은 경우, 조선인을 문명성이 부재한 결핍된 주체로 판단하였고, 따라서 조선인이 근대적 사회변화와 문명을 창조해나가는 것은 불가능하다고 단정지었다. 그 결과 우리보다 앞서 문명화를 이룩한 서구와 일본의 문명지도를 받아 그들처럼 되기를 좇는 것 이외에 다른 길이 없다는 열등의식과 패배감에 사로잡혀 친일을 하게 되었다.

85) 朴殷植全書』 中『王陽明先生實記』 49쪽.

주자는 모든 존재자에게 리가 내재해 있기 때문에 나의 지知를 지극히 하고자 한다면 사물에 있는 이치를 궁구해야 한다는 즉물궁리를 주장하였다. 그러나 양명은 주자의 즉물궁리가 선지후행先知後行을 지향하기 때문에 지와 행이 분리되는 문제가 발생한다고 보았다. 양명은 선지후행이 실없는 구이口耳 명물名物 책자冊子 형적形迹 상에서의 지식 탐구에 치중하게 되어 결과적으로 인욕을 조장하는 혼란을 조성하게 된다고 비판하였다.86) 즉 주자의 즉물궁리는 도덕 주체 밖에서 천리를 구하는 것이므로 잘못된 공부라는 것이다.

> 지는 심의 본체이다. 심은 자연히 판별하고 알 수 있다. 부모를 마주하면 자연히 효를 알고, 형제를 마주하면 자연히 제를 알고 어린아이가 우물에 빠지는 것을 보면 자연히 측은함을 안다. 이것이 바로 양지이므로, 밖에서 구할 필요가 없다.87)

심의 본체인 양지는 시비선악을 판별하고 실천할 수 있는 자연명각한 특성이 있으므로 외부의 사물에 대한 이치를 탐구하는 방법으로 천리를 체인할 필요가 없다. 즉 '밖에서 구할 필요가 없다.'는 것은 주자의 즉물궁리적인 천리 체인에 대한 비판이다. 그리고 사태에 대한 주체적 인식과 실행에 중점을 두어야하며, 견문지적인 공부가 시비선악을 판별하고 실천하는 데 결정적인 역할을 하지 않는다는 점을 강조한 것이다.

박은식도 견문을 통한 지식의 축적보다 허령명각한 양지 그대로의

---

86) 송하경 「왕양명의 지행합일설」 『왕양명 철학 연구』 청계 2001, 243쪽.

87) 『傳習錄』 上 「徐愛錄」 8조목 : 知是心之本體, 心自然會知. 見父自然知孝 見兄自然知弟 見孺子入井父自然知惻隱, 此便是良知, 不假外求.

직출을 강조하였다. 박은식은 한국의 근대주체를 정립하는 데 가장 중요한 관건은 치양지를 제대로 실행하는 진아가 되는 것이라고 보았다. 인욕의 엄폐로 인하여 양지의 보편성이 제대로 발현될 수 없다면, 정결淨潔한 지성至誠을 실천할 수 없다. 양지는 사념과 인욕이 없는 심의 본체로서, 곧 천리이다. 천리는 곧 인이다. 유학은 인을 지향한다. 양지는 항상 발현하여 모든 판단과 행위를 주재하므로 모든 시비선악과 진위득실眞僞得失 등이 자연명각한 양지의 판별을 벗어날 수 없다. 양지는 배우거나 사려하지 않아도 본심으로서 인간에 내재하기 때문에 양지 그대로 실행한다면 삶의 준칙은 저절로 보존되고 인욕은 자연히 제거된다. 따라서 박은식은 주자학의 즉물궁리와 같은 견문지적인 공부나 사유를 통하지 않고도 도덕적 실천이 가능하다는 차원에서 치양지는 간이직절하다고 평가하였다.

> 사람의 마음에 생각이 일어날 때 그것이 선하고 악한지를 양지가 스스로 알 수 있으니, 이 양지는 나의 신성한 주인이요 공정한 감찰관이다. 이 양지의 명령에 따라서 선을 확충할 때는 강물이 넘쳐 둑을 무너뜨리듯이 해야 하고, 악을 막을 때는 도적을 뒤쫓듯이 해야 한다. (중략) 이 학문의 성격이 진실로 간이簡易하고 절실切實하다.[88]

박은식이 양명학을 간이직절하다고 한 평가는 주자학의 즉물궁리가 지리멸렬하다는 비판과 대응된다. 양명은 주자의 즉물궁리처럼 낱낱의 존재자에 내재되어 있는 객관정리를 지리멸렬하게 궁구한다면, 모든 사물의 이치를 궁구한다는 것은 불가능하다고 보았다. 더욱이

88) 『朴殷植全書』 中 『王陽明先生實記』 59쪽.

이러한 즉물궁리는 밖에서 이치를 구하는 것이므로 성의誠意와는 멀어지는 결과를 초래한다고 하였다.

> 선유(先儒 : 주자)는 격물을 해석함에 있어서 천하의 사물을 궁구한다고 하였다. 그러나 어떻게 천하의 모든 사물을 궁구할 수 있겠는가? 또 '한포기 풀이나 한 그루의 나무에도 리理가 있다.'고 하였는데, 이것을 어떻게 다 궁구할 수 있겠는가? 설령 초목을 궁구한다 하더라도 어떻게 그것을 되돌려 자신의 의념을 참되게 할 수 있겠는가?[89]

즉물궁리와 같은 견문지에 의존하지 않더라도 치양지가 가능하다는 것은 성리학적 경전해독이나 지식체계를 반드시 갖추고 있어야 도덕실천이 가능한 것은 아니라는 의미이기도 하였다.

조선왕조의 양반 계층은 한글이 창제되었음에도 이를 언문이라 하고, 한문을 진문眞文 혹은 화문華文이라고 우대하면서 한문으로 지식과 정보를 독점하였다.[90] 한문으로 된 지식과 정보를 독점한 것은 양반이 권력을 안정적으로 유지하는 하나의 수단이 되었다. 그러나 근대에는 언문으로 취급되었던 한글이 국문의 지위를 갖게 되었다. 국한문혼용체나 한글로 지식이 전달되었으며, 새로운 지식과 정보를 담고 있는 신학新學은 유학경전을 통해 얻은 지식과는 무관한 지식체계를 생성하였다. 자연히 성리학적 지식과 지식 전달수단인 한문을 고

---

89) 『傳習錄』 下 「黃以方錄」 317조목 : 先儒解格物爲格天下之物, 天下之物何格得? 且謂一草木一木亦皆有理, 今如何去格? 縱格得草木來 是如何反來誠得自家意?

90) 김영환 「구한말 전통적 동문의식의 변화」 한국민족문화』 한국민족문화연구소 제50집 2014 참조.

집하는 것 자체가 현실적인 실효성을 가질 수 없게 되었다. 그럼에도 불구하고 사회적 상등자였던 유생들이 유학경전에 대한 성리학적 지식과 사회적 기득권을 고수한다면, 새로운 지식과 정보를 습득하여 근대국가를 건설하는 것은 불가능하게 된다.

박은식은 그래서 성리학적 지식을 묵수하는 양반 유림보다는, 본연한 양지를 지닌 무문자無文者가 근대적 치양지를 보다 더 잘 실행할 수도 있다고 보았다. 허령명각한 양지는 모든 사사물물에 대하여 판별하고 응대할 수 있기 때문에 견문지적인 학습에 의탁할 필요가 없다. 양지를 본유한 무문자는 때에 따라 시의적절하게 양지를 구현할 수 있는 반면, 옛 문화를 묵수하는 자는 신문화新文化와 충돌할 가능성이 많다고 보았다. 따라서 박은식은 왕조체제를 고수하려는 유림보다는 허령한 양지를 본유하면서 구습에 젖지 않은 일반민중의 근대적 자각과 실천에 주목하였다.[91)]

> 양지는 견문이 많을수록 엄폐될 가능성이 더욱 크기 때문에 무문자가 (본지를 구현하기가) 쉽다. (중략) 근대 신문화 역시 마찬가지이다. (중략) 옛 학문에서 익힌 견문이 더욱 저항하도록 만들어 무문자가 신문화를 쉽게 받아들이는 것조차 용납하지 못한다.[92)]

박은식은 '때에 따라 묘응妙應하는 양지'를 강조하면서, 단지 옛 문화로 세상을 밝히고자 하는 자는 도리어 신문화와 충돌하여 사회변혁으로 나아가기(開進)가 어렵다고 보았다. 그래서 그는 옛 문화를 견

---

91) 『朴殷植全書』 中 「王陽明先生實記」 61쪽.

92) 『朴殷植全書』 中 『王陽明先生實記』 60-61쪽.

지堅持하려는 자보다는 무문자가 오히려 쉽게 새로운 문화를 받아들여 발전시킬 수 있다고 보았다.[93] 이것은 성즉리性卽理를 유일한 보편으로 간주하고 묵수하는 위정척사론에 대한 비판이기도 하였다.

박은식이 무문자에 주목할 수 있었던 것은 양지의 범응불체泛應不滯한 특성과도 관련이 있다. 허령명각하고 범응불체한 양지는 언제 어디서나 시비와 선악을 판단하고 분별할 수 있으며, 어느 상황에서든 막힘없이 모든 변화에 역동적으로 대처할 수 있다. 그러나 보편적 진리는 시공을 초월해서 존재하지 않고 언제나 지금 여기란 시공간에서 드러나듯이, 양지는 현재성現在性과 시중성時中性을 가진다. 그러므로 양지는 주체가 처한 상황에서 막힘없이 시비를 판단하고 실천할 수 있다. 외재적인 타율이나 형식을 행위의 준거로 삼지 않고 내재적인 양지에 근거할 때 천하의 절목節目과 시변時變에 대해서도 자유자재로 대응할 수 있다.[94] 그러므로 박은식은 보편적 양지가 주재성을 발휘한다면 무문자라고 할지라도 근대적 사회 변화에 역동적으로 대처해 나갈 수 있을 것으로 전망하였다. 그는 이천만 동포가 전근대적 구습(舊染)에서 벗어나 근대적 도덕(新德)을 함양하여, 문명적 발달을 이룰 뿐만 아니라 자유권리를 갖기를 희망하였다.[95]

하등자 혹은 무문자가 본유한 양지를 직출할 수 있기 위해서는 지행합일이 중요한 관건이다. 양명은 '지는 행의 시작이고 지는 행의 완성이다.'고 하여, 지와 행은 별개의 두 가지 일로 보아서는 안 된다고 주장하였다.[96] 진절眞切한 지는 무엇을 행해야 할지를 분명하고

---

93) 『朴殷植全書』 中 『王陽明先生實記』 61쪽.

94) 『傳習錄』 中 「答顧東橋書」 139조목 : 夫良知之於節目時變, 猶規矩尺度於方圓長短也.

95) 『朴殷植全書』 下 「新年祝辭」 6쪽.

정확하게 아는 것이며, 정밀하게 알면 곧 실행하지 않을 수 없다. 그러므로 독실한 행은 지의 완성이다. 지행을 선후로 구분하여 선지후행이 되면, 지는 실행으로 옮겨질 수 없고 행은 나아갈 방향과 목적이 분명치 않아 옳은 행이 될 수 없는 위험이 있다. 지행합일은 참된 앎은 실행의 원천이며 실행을 수반하지 않으면 참으로 안다고 할 수 없다는 것이다. 즉 앎과 실행이 분리되어서는 치양지를 제대로 할 수 없다는 의미이다.

지행의 단절은 지와 행의 본체인 양지가 사욕에 엄폐되었기 때문이므로 지행의 본체인 양지를 회복하는 것이 요구된다. 악취를 맡은 경우(知) 악취를 싫어하는 것(行)은 실제적으로 악취를 맡았을 때 이미 스스로 자연히 악취를 싫어하는 것이지, 악취를 맡은 마음과 악취를 싫어하는 마음이 다른 두 개의 마음이 아니다.[97] 지행은 본래 합일되어 있으며, 사욕에 엄폐당하면 양지를 확충할 수가 없다. 지행합일이 된다는 것은 곧 치양지가 된다는 것을 뜻한다. 참으로 안다면 독실하게 실행하지 않을 수 없으니, 선지후행처럼 앎의 단계를 실행의 단계 앞에 두어 지식적인 차원에 치중한다면 실행에 소홀할 우려가 있다.

역사적 격변기에는 무엇보다 시대를 제대로 판단하고 올바름을 실

---

96) 『傳習錄』 上 「陸澄錄」 26조목 : 知者行之始. 行者知之成. 聖學只一箇功夫. 知行不可分作兩事.

97) 『傳習錄』 上 「徐愛錄」 5조목 : 先生曰此已被私欲隔斷, 不是知行的本體了. 未有知而不行者. 知而不行, 只是未知. 聖賢教人知行, 正是要復那本體, 不是著你只恁的便罷. 故 『大學』 指箇眞知行與人看, 說如好好色, 如惡惡臭. 見好色屬知, 好好色屬行. 只見那好色時, 已自好了, 不是見了後, 又立箇心去好. 聞惡臭屬知, 惡惡臭屬行. 只聞那惡臭時, 已自惡了. 不是聞了後, 別立箇心去惡. 如鼻塞人雖見惡臭在前, 鼻中不曾聞得, 便亦不甚惡, 亦只是不曾知臭.

행할 수 있는 역사적 주체를 필요로 하기 때문에, 박은식은 지행합일의 실천을 절실히 강조하였다. '치'는 지와 행의 의미를 포괄하는 것으로 선악에 대한 앎이 참된 판단이라는 것과 판별한 앎이 곧 구체적인 실제 행위로 실천되는 것을 포함한다. 그러므로 지행은 하나의 공부이며, 지행합일이 되지 않았다는 것은 곧 사욕에 의해 양지가 엄폐당한 것을 뜻한다. 지행합일은 의념이 발동하는 그 자리에서 바로 선악을 판단하고 실천하는 것이다. 그러므로 박은식은 양명이 "가장 옳다고 하는 앎도 행하지 않으면 앎이 아닐 뿐이다."고 한 말이, 지행합일의 으뜸가는 요점이라고 하였다.[98] 또 그는 불선을 알아차리고 제거하는 것이 곧 지행합일이라고도 하였다.

> 사람의 일념이 발동한 곳에 불선한 싹이 있으므로 그것을 이기고 제거해야 악에 빠지지 않으니, 지행합일의 가르침이 어찌 진실하고 절실하지 않겠는가?[99]

> 세상에는 단지 알면서도 행하지 않는 사람만 있지 완전히 무지한 사람은 결코 없다. 그러나 행하지 않으므로 앎이 되지 못할 뿐이다.[100]

박은식은 알고도 행하지 않는 폐단을 지적하면서 지행합일의 중요성을 일깨웠다. 여기서 안다는 것은 단순히 유학 경전에 대한 해독능력이나 지식을 의미하기보다는 역사적 현실에 대한 시비판단과 유학

98) 『朴殷植全書』 中 『王陽明先生實記』 64쪽.
99) 『朴殷植全書』 中 『王陽明先生實記』 64쪽.
100) 『朴殷植全書』 中 『王陽明先生實記』 64쪽.

적 문제해결에 더 가까웠다.

> 선생(양명)이 경계하여 말하기를 "오늘날 사람들의 학문은 지행이 두 가지로 나뉘었다. 그러므로 일념이 발동할 때 비록 이것이 불선이라도 아직 실행하지 않았기에 제거하거나 금지하지 않는 경우가 있다. 지금 내가 말하는 지행합일을 실행하면 일념이 발동한 곳이 곧 행해야 할 곳임을 깨닫고, 발동할 때에 불선이 있으면 장차 불선한 생각에 나아가 극복해야 하니, 모름지기 철두철미해야 그 일념의 불선이 내 마음에 남아있지 않게 된다. 이것이 나(양명)의 종지이다."라고 하였다.[101)]

박은식은 양명의 종지를 계승하여 일념의 발동처에 불선이 있으면 곧 그것을 제거하여 불선이 남아있지 않도록 하는 것이 지행합일이라고 강조하였다. 마음에 불선이 남아있지 않다는 것은 곧 본심을 회복한 것이다. 박은식은 양명학에 대해 "양지의 학은 본심本心을 직지直指하므로 성인이 되는 길이고, 지행합일은 심술心術의 은미함을 성찰하는 방법이 긴절緊切하며, 사물事物 응용應用에 있어서는 과감력果敢力이 활발하다."고 평가하였다.[102)]

박은식은 근대라는 새로운 사회적 변화에 대응하여 양반 계층의 신분적 특권을 해체하고 무문자를 치양지의 주체로서 정립하였다. 기존 사회의 하등자나 무문자를 유학이념을 실현할 주체로 상정한 것은 유학이 평등시대를 이끌 시대정신으로 거듭나야 한다는 그의 주장과 맞물려 있다. 또한 무문자는 단순히 이론적인 차원에서만 논의되어서

101) 『朴殷植全書』 中 『王陽明先生實記』 64쪽.

102) 『朴殷植全書』 下 「儒教求新論」 47쪽.

는 안 되며, '지금 여기' 한국 근대사회에서 실제적으로 역사적 주체로 자리매김해야 한다고 보았다.

한편 그가 지향했던 '평등'은 전근대적 불평등의 해체에서 더 나아가 근대체제의 불평등에 대한 저항을 담고 있었다. 이는 유럽과 다른 역사적 지평에서 근대사회를 맞이했기 때문이기도 했다. 유럽의 근대국가는 시민적 평등주의를 지향하면서 국민국가와 그 이데올로기로서 민족주의를 발전시켜 나갔으며, 동시에 대외침략을 정당화하는 강한 팽창적 국가주의 성향을 띠었다. 이는 비서구지역에 대한 제국주의 침략을 통해 더욱 확고하고 강건한 체제로 구축되기도 하였다. 민족주의는 국가적 정체성을 공고히 하는 과정에서 성장하였지만, 제국주의적 팽창을 정당화하거나 아니면 제국주의적 팽창에 대한 저항을 담는 이데올로기가 되었다. 제국주의 침략에 직면했던 한국 민족주의는 대내적으로 국가체제를 어떻게 구축해나갈 것인가 하는 문제보다는 대외적으로 제국주의 침략에 어떻게 저항할 것인가에 더 치중할 수밖에 없었다. 박은식은 개인의 권리 차원보다는 제국주의적 폭력성을 비판하는 차원에서 평등성을 집중 논의하였다. 이는 제국주의 침략을 제어하지 않고서 근대국가를 건설하는 것이 불가능했던 국제정세에 대한 비판을 담고 있었지만, 국가적 차원에서 시민적 권리를 논의하는 것 자체가 불가능했던 현실을 반영한 것이기도 하였다. 국가적 차원에서 식민지인이 누릴 수 있는 것이라곤 일본제국의 법치 즉 식민 지배에 순응하는 것밖에 없었기 때문이었다. 박은식은 당대가 비록 제국주의가 극렬해지고 있지만, 불평등한 강권주의를 해체하고 평등주의로 나아가야 한다고 보았으며, 유학 역시 평등시대에 적합한 시중성時中性을 갖추어야 한다고 보았다.

2) 자강기 민중의 역할

치양지는 개인적 차원의 도덕수양론이 아니다. 진아는 대내적으로는 왕조체제의 붕괴와 성리학적 세계관의 해체라는 역사적 격변에 직면하여 유학이념을 새롭게 정립해야 했고, 대외적으로는 국가를 단위로 하는 근대체제에서 민족국가적 생존을 도모할 수 있는 방안을 모색해야 하는 중층적인 문제에 부딪쳤다. 진아는 한국 근대가 처한 이러한 중층적 문제에 대하여 시중지도로써 대응했다.

박은식은 근대사회에서 유학이 쇠퇴한 원인 가운데 하나로 유교의 정신이 제왕 측에 있고 인민사회에 보급할 정신이 부족했다는 점을 지적하였다.[103] 그는 순자荀子의 존군론尊君論과 한대漢代의 관학화官學化에서 비롯된 제왕중심적 유학보다는, 공자의 대동사상大同思想과 맹자의 민위중설民爲重說을 중심으로 인민에게 보급할 정신을 모색할 수 있다고 보았다. 따라서 공맹유학의 도덕진리에 근거하여 인민사회에 보급할 민지를 개발하고 민권을 신장시킬 수 있는 방책을 강구하자고 촉구하였다. 즉 근대사회에서 전근대적 사유체계를 묵수하며 변통할 생각을 강구하지 않는 것은 옳지 않으며, 민지民智와 민권民權을 증진할 수 있는 방향으로 전환해야만 유학이 발전할 수 있다고 진단한 것이다. 박은식은 이것이 공맹유학의 본지와 어긋나지 않는다고 하였다.[104]

한편 박은식은 근대의 사회적 변화를 이해하기 위해서는 서구 근대학문의 수용도 필요하였다. 또 여느 자강사상가와 같이 사회다윈주의를 수용하였다. 그가 당대를 국가경쟁시대로 규정하고, 자강의 필요

103) 『朴殷植全書』 下 「儒教求新論」 44쪽.

104) 『朴殷植全書』 下 「儒教求新論」 45쪽.

성 및 교육과 식산을 강조한 것은 사회다윈주의의 영향이었다. 사회다윈주의는 다윈의 생물학적 진화론을 인간과 사회에 적용한 이론으로서 약육강식과 적자생존을 이론적 특징으로 한다. 사회다윈주의자들은 인간 또한 다른 생물과 마찬가지로 환경 변화에 의한 도태(내지 선택)를 통해 진화한다고 파악했다.[105] 그런데 이들은 진화 자체를 진보와 동일시했다. 진화 자체를 진보로 파악한 스펜서는 인간 본성과 인간사회를 포함하여 일체의 것이 언제나 좋은 방향으로 나아간다고 믿었다. 따라서 자연이건 인간사회건 생존경쟁을 통한 진화는 곧 진보로 환원되었으며, 이런 생각은 1880년대에 절정에 달했다. 다른 생물과 마찬가지로 인간사회도 적자생존 법칙이 통용된다면, 사회적으로 우월한 자는 환경에 더욱 잘 적응해 진화한 결과일 것이고 반대로 열등한 자는 멸종하도록 내버려두는 것이 자연법칙에 순응하는 길이었다.[106] 따라서 열등한 인간이 사회적으로 불평등한 대접을 받거나 멸망하는 것 또한 정당하다. 사회의 불평등을 의식적 행동으로 제거하거나 약자를 동정하는 것은 자연도태를 방해하거나 늦춰 결과적으로 사회발전을 저해하는 일이 되며, 사회적 불평등과 착취는 과학적 법칙에 부합한다고 보아 사회적으로 용인되었다. 이러한 적자생존 원리는 개인적 차원에 국한되지 않고 국가적·세계적 차원에도 적용되었다. 생물적 진화와 사회적 진보를 동일시했던 19세기 후반 사

105) 진화론에서 진화는 외부적 환경에 대한 적응과정을 의미했다. 그런데 사회다윈주의자들은 진화론을 인간사회에 적용할 때, 진화를 곧 역사적 진보로 인식하여 진화와 진보를 구분하지 않게 되었다. 현대 사회생물학에서는 진화와 진보를 별개로 보고 있다.

106) 정연교 「진화론의 윤리학적 함의(含意)」 『철학적 자연주의』 철학과 현실사 1995, 277쪽.

회다윈주의는 자연스럽게 제국주의와 군국주의를 지지했다.

한국에서 사회다윈주의는 약자인 현 상태를 잘 파악할 수 있는 과학적 이론으로 받아들여졌다. 자강사상가들은 당대를 국가 간 생존경쟁의 시대로 인식하고 경쟁원리를 곧 부국강병의 원리로 이해했다. 사회다윈주의는 '열등한 약자'라는 자기 인식을 통해 이른바 '강자되기 프로젝트'를 진행하는 동력으로 작동했다. 즉 약자가 자강을 도모하고 부국강병을 추구하는 것은 국가적 생존이란 대의명분에 합당하다는 판단이었다. 자강사상가들은 20세기는 격렬한 생존경쟁 시대이므로 '경쟁은 진보의 어머니'이며, 경쟁심은 근대화와 독립을 위해 가져야할 필수적인 가치라고 인식했다.[107] 그들은 단순히 사회다윈주의만 수용한 것이 아니라 서양의 근대 학문 및 과학기술을 폭넓게 받아들여 근대국가를 건설하고자 했다. 또한 일본과 중국을 통해 근대사상을 받아들였지만 두 나라와는 다른 사상적 특징을 보여주는데, 이는 두 나라와 달리 망국에 직면했기 때문이었다. 즉 자강사상은 보호국에서 식민지로 전락하는 역사적 위기에 직면하여 국권을 회복하게 해줄 사상과 구체적 방안을 모색한 것이었다. 우승열패優勝劣敗와 적자생존 원리를 삶의 준거로 받아들인다면 강자의 침략과 수탈은 정당한 것이므로, 약자일 수밖에 없는 현실을 자각하고 우리도 그들처럼 강자가 될 수 있는 길, 즉 '자강自强'을 모색하였다.[108]

박은식도 여느 자강론자들처럼 사회다윈주의를 수용하여 당대를 국가경쟁시대로 규정하였다. 당시대는 농업사회에서 벗어나 공상시

---

107) 박정심 『한국근대사상사』 6장 「사회다윈주의 수용의 파장」 천년의 상상 2016, 157-180쪽 참조.

108) 박정심 『한국근대사상사』 7장 「생존경쟁에서 살아남기 - 자강론」 천년의 상상 2016, 183-213쪽 참조.

대工商時代가 되었고 사상적으로도 숭고시대崇古時代가 아니라 구신시대求新時代가 되었기 때문에, 우리도 새로운 시대적 변화에 맞춰 진화하지 않으면 생존할 수 없다고 단언하였다.[109] 이것이 생존경쟁을 자연스러운 전개(天演)라 하고 약육강식弱肉強食을 보편법칙(公例)이라고 하는 시대[110]에 맞는 적절한 대응방식이라고 판단한 것이다. 그는 "다윈이 강권론強權論을 주창함으로써 소위 제국주의가 세계의 유일한 기치가 되어 나라를 멸망시키고 종족種族을 멸망시키는 것을 당연한 보편법칙(公例)으로 삼아 경쟁의 재앙이 점점 참극慘劇함이 극도에 도달하였다.[111]"고 보았다. 열강列強은 대포와 거함巨艦으로 선봉先鋒을 삼아 우매愚昧하고 열약劣弱한 민족의 소유지를 겁탈하는 제국주의 침략을 감행하고 있기 때문에,[112] 우리도 부국강병을 이룩하여 이에 대응해야 한다고 보았다. 그는 민족국가를 제국주의 침략에 대응하는 범주로 인식하고, 제국주의와 국가 간의 생존경쟁이 치열한 시기에 민족의 성쇠盛衰와 국가의 존망은 지식의 명매明昧와 세력의 강약強弱에 따라 결정된다고 하였다.[113] 교육과 식산殖産은 바로 부국강병과 독립을 이룩하는 기초라고 판단하였다. 즉 지식 개명을 담당하는 것이 교육이요, 세력 강성을 담당하는 것이 실업이다. 그러므로 지식을 계발하기 위해서는 교육을 진흥하고, 세력을 증강하기 위해서는 식산을 발달시켜야 한다고 주장하였다.[114]

---

109) 『朴殷植全書』 中 「夢拜金太祖」 217쪽.

110) 『朴殷植全書』 下 「自強能否의 問答」 68쪽.

111) 『朴殷植全書』 中 「夢拜金太祖」 309쪽.

112) 『朴殷植全書』 下 「本校의 測量科」 98쪽.

113) 『朴殷植全書』 下 「教育이 不興이면 生存을 不得」 86쪽.

114) 『朴殷植全書』 下 「大韓精神」 67쪽.

민족국가의 국권 회복을 위한 교육과 식산을 추진할 새로운 근대 주체가 절실히 요구되었다. 박은식은 구습에 젖은 양반이 아니라, 무문자에 주목하여 이러한 역사적 난국을 극복하고자 하였다. 근대적 유학이념과 평등을 실현할 수 있는 구체적 장이 국가였기 때문에 진아는 '신국민新國民'이 되어야 한다고도 하였다. 박은식이 제창한 양지의 주재성을 확보한 '진아眞我'는 자강기에는 신국민으로 체현되었다. 그는 성리학적 구습에 사로잡혀서는 신국민이 될 수 없으며, 을사오적처럼 일본의 작위를 받았던 관료 및 유림 등 친일세력도 신국민이 될 수 없다고 단언하였다. 도덕성을 근간으로 한 진아는 자강기에는 애국과 식산을, 그리고 식민기에는 독립을 위한 희생을 실천할 수 있는 주체였다. 국권 상실과 망국에 직면한 민족의 현실에 대한 올바른 판단과 실천이 곧 양지의 현실태였다.

진아는 전근대적 특권의식과 지식에 매몰된 상등자가 아니라 새로운 시대적 변화에 수시변역으로써 응대할 수 있는 새로운 정신과 실천이 가능한 주체였다.

> 새로운 정신이 머릿속에 들어가지 않은 것은 곧 옛날 근성이 남아 있기 때문이니 그러한 사람은 신국민新國民의 자격이 없다.115)

그런 차원에서 성리학적 지식을 묵수하여 폐쇄적 삶을 고집하는 유림보다는 새로운 사회를 이끌어갈 동력으로서 견문과 식견을 갖춘 청년에 주목하였고, 이들을 교육하여 신국민을 양성하는 것이 효율적이라고 판단하였다.

---

115) 『朴殷植全書』 中 「夢拜金太祖」 295쪽.

조국과 민족의 앞날을 위하여 바라는 것은 오직 청년青年을 교육하여 신국민新國民을 양성하는 것이다.[116)]

청년은 장래 사회의 대표요 국가의 필수必需인데, 만약 청년을 불선不善으로 인도하여 사회적 인재로 배양하지 못한다면 그 부형된 자는 사회와 국가의 죄인이니, 어찌 개인적인 불행에 그치리오. 오호라, 부형되는 사람들은 폐쇄시대의 부패한 인물로 국가사상도 없고 문명교육도 받지 않아 늙도록 이룬 바가 없는 데다 그 자식까지 똑같이 배우지 않아 무능한 사람이 되어 생각이 비열하고 문명한 상태로 나아가지 못하면, 사천 년 동안 전래해온 종족種族의 역사가 동양 반도에 존재할 수 없게 될 것이다. 부형된 자들이 비록 학식이 없고 지려智慮가 짧을지라도 견문이 오늘날의 형세와 닥쳐올 영향에 대해 어찌 감각이 없을 수 있는가?[117)]

박은식은 국권 상실과 경술국치로 치닫는 국가의 현실에 대한 올바른 판단과 대응이 곧 양지의 구현이며, 이를 실천하는 이가 곧 근대민족국가를 건설할 신국민이라고도 하였다. 그리고 교육과 식산의 실천이 곧 수시변역의 차원에서 양지를 구현하는 하나의 방법이라고 생각하였고, 그 중심에 청년을 자리매김하였다 .

그는 성선의 양지를 본유하고 있는 하등자 혹은 무문자에 대한 교육이 절실하다고 보고, 한문보다는 한글로 된 신문 등을 확장하여 하등사회의 지식을 계도할 필요성을 강조하기도 하였다.[118)] 양지가 주

---

116) 『朴殷植全書』 中 「夢拜金太祖」 264쪽.

117) 『朴殷植全書』 下 「告爲人父兄者」 100쪽.

118) 『朴殷植全書』 下 「淸報護載後識」 76쪽.

자학적인 견문에 의뢰하지 않아도 사상마련과 수시변역을 통해 시대적 격변에 대응할 수 있다고 하면서도, 박은식이 교육을 강조한 것은 왜일까? 양명학에서는 견문지적인 지식에 치중하여 실제로 실행해야 할 도덕적 실천을 하지 못하는 측면을 비판했던 것이지, 삶에 필요한 지식을 습득하지 않아도 된다는 주장은 아니었다.

> 한국인을 타인의 노예로 만들고 국가사상이 없게 하려고 하면 하는 수 없지만, 한국이 독립의 광영을 회복하고 한국인이 자유의 권리를 잃지 않게 하려면 오직 교육에 힘써 민지를 발달하게 하는 것이 가장 시급한 일이다. 오호라, 교육의 힘이여! (교육은) 끊어진 국운을 회복시키고 빈사상태에 빠진 인민을 소생하게 하는 것이다.[119]

교육의 대상은 일차적으로 폐쇄사회의 상등자인 양반보다는 아니라 구신시대를 창조해나갈 청년과 무문자이며, 교육내용 역시 성리학적 경전 암송이나 즉물궁리를 의미하지 않았다. 교육의 목표는 치양지의 작용으로서 근대적 삶의 양식을 창조할 수 있는 민지 발달과 근대적 주체성 함양을 통한 국권 회복이었다. 근대적 지식의 습득은 민족성쇠 및 국가존망과 관련된 매우 중요한 문제로 인식하였으니, 특히 우승열패의 생존경쟁이 치열한 당시에는 지식의 명매明昧와 세력의 강약이 민족국가의 생존과 직결된다고 파악하였다. 그래서 근대국가의 문명 부강은 신학을 통한 문명화의 효과에 달려있다고 보고, 근대적 지식의 습득과 자본주의적 경제활동의 중요성을 강조하였다.

---

119) 『朴殷植全書』 下 「務望興學」 83쪽.

누가 승자가 되고 누가 패자가 되는가? 지식이 많은 자는 이기고 지식이 보잘 것 없는 자는 패한다. (중략) 인류가 금수를 이기고 번식하면서 금수가 인간의 삶의 영역에서 멀어진 까닭은, 사람이 지식이 있고 또 기계를 다뤄 경제적 이용을 생산하기 때문이다. (중략) 세력은 지혜에서 나오고 지혜는 학문에서 나온다. 그러므로 현 세계 문명 부강한 국민이 된 것은 각자 학업에 힘써 그 지식을 기른 효과이니, 달리 무엇을 구하겠는가? 지금 우리 대한 동포는 이러한 시대를 당하여 처한 지위는 과연 어디인가? 지식과 세력으로는 이미 우등한 지위를 잃었다.[120]

박은식은 한국이 비록 서구열강과 같이 우등한 지위를 점유하고 있지는 않지만, 고루한 구습에서 벗어나 신학新學에 종사하고 신지新智를 개발할 수 있다고 예견하였다. 영각한 양지에 따른다면, 당대의 급무를 파악하고 이에 매진하는 것 역시 가능하기 때문이다.

참으로 영각지성靈覺之性을 본유하고 있다면 어찌 홀연히 깨닫지 아니하며 분발하여 이루지 않으리오.[121]

그는 학생을 국가의 기초라고 정의하고 의무교육의 중요성을 강조하였다. 문명 부강이란 목표는 국권 상실의 위기를 극복하기 위한 방편이었으며, 교육은 문명 부강을 이루는 기초로서 중요하게 생각하였다.[122] 교육은 양반과 같은 특권계층에게만 실시되어서는 안 되고,

120) 『朴殷植全書』 下 「教育이 不興이면 生存을 不得」 86-7쪽.

121) 『朴殷植全書』 下 「教育이 不興이면 生存을 不得」 87-8쪽.

122) 『朴殷植全書』 下 「祝義務教育實施」 90-1쪽.

하등자와 무문자도 교육대상으로 포괄할 수 있는 '보통학문'과 '보통지식'이어야 한다고 강조하였다.

> 우리 전국 사회에 상류와 중류 하류를 막론하고 교육을 받아 보통학문과 보통지식이 발달하지 않음이 없는 날에 우리는 '자유'를 획득할 수 있고, 우리나라의 '자립'을 회복할 수 있다. 아! 교육을 권면할 것을 생각하라.[123)]

근대 교육에 의한 지식과 민지 개발은 근대적 자유를 향유할 수 있는 밑거름이 될 뿐 아니라 국가의 부강을 도모하여 자립할 수 있는 토대가 된다고 보았다. 즉 교육의 목표가 근대국가를 건설할 주체를 양성하는 것이라면, 반드시 다수를 대상으로 하는 보통지식이어야 한다는 것이다.

> 우리 일반의 지식 정도를 관찰해보면 일반 민족의 보통지식의 보급이 지배적이라고 인정할 수 없으니, 지식의 능력은 소수의 특별지식보다는 다수의 보통지식이 더욱 위대한 것이다. 보통지식이 전 민족에 파급되게 하는 것이 언론계의 책임이다.[124)]

따라서 그가 주로 활동했던 서우학회도 매월 잡지를 발간하여 취학 연령이 지난 사람들이 볼 수 있도록 공급하여 보통지식을 깨우치게 하고자 하였다.[125)]

---

123) 『朴殷植全書』 下 「勞動同胞의 夜學」 97-8쪽.

124) 『朴殷植全書』 下 「祝詞」 196쪽.

125) 『朴殷植全書』 下 「西友學會趣旨書」 209쪽.

물론 진아는 근대식 교육을 통해서만 정립되는 것은 아니다. 양명이 견문지도 양지의 작용과 무관해서는 안 된다고 보았듯이, 박은식은 근대적 지식 개발 못지않게 근대적 공덕을 강조하였다. 근대적 인간은 근대적 삶의 공간 즉 국가체제를 벗어날 수 없다. 국가와 사회가 성립하지 않으면 무문자나 민중이 삶을 제대로 영위하는 것은 불가능하다. 따라서 근대적 의미의 공덕과 공리에 힘쓰는 것이 천리의 본연이라고 보았다.

> 국가와 사회가 무엇으로 성립하느냐면, 공덕公德과 공리公利에 의뢰한다. 공덕과 공리의 성질은 사덕과 사리에 상반된다. (중략) 사덕을 중시하고 사리에 힘쓰는 것이 인간의 항정恒情이라고 할 것이다. 그러나 사덕은 협소하고 공덕은 광대하며, 사리는 단소短少하고 공리는 장원長遠하니, 공덕과 공리는 국가와 사회를 보전하게 하여 자신과 가정도 복락을 누리게 하는 큰 이익이다.
>
> 그러므로 대인은 타인 보기를 자신과 같이 하고 국가를 자신의 가정과 같이 하며, 동포의 질통을 자신의 질통으로 여기고 동포의 굶주림을 자신의 굶주림으로 느낀다. (중략) 이것이 곧 천리天理의 본연本然이요 인도人道의 당연當然이다.126)

박은식은 사덕과 사리를 추구하는 것이 인간의 일반적인 마음이지만, 그것을 인간다움의 본질로 삼지 않았다. 그는 사욕私慾을 추구하는 자가 많은 현실을 탄식하면서, 공덕심과 공리심을 실천하기에 힘써야 한다고 주장하였다. 생존경쟁이 극렬한 국가시대이기에 더욱 그렇다고 생각하였다.

---

126) 『朴殷植全書』 下 「賀利原遮湖父老」 51쪽.

> 인류의 생존경쟁이 매우 극렬한 시대이다. 국가와 사회가 존재하지 않으면 개인과 가정도 생활을 영위할 수 없으며 서식할 곳도 없게 된다. 그러므로 세계에서 문명한 민족은 공덕을 중시하고 공리에 힘써 국가와 사회에 헌신하고 힘쓰는 것이 곧 자신을 보전하는 방책임을 안다. 아! 우리 한민족에게 가장 결핍된 것이 공덕심과 공리심이다. (중략) 개명시대에 오직 신사상新思想이 없는 자는 공익을 숭상해야 하는 의무를 전혀 알지 못한다.[127]

근대사회에 필요한 공덕심과 공리심을 갖춘다는 것은 미성숙한 야만의 상태가 아니라는 차원에서 근대적 시민의식으로도 읽을 수 있다. 하지만 이것이 서구 근대 시민과 반드시 일치하는 것은 아니다. 양지는 삶의 맥락의 변화에 응하여 성숙한 시민의식으로 구현될 수 있으며, 사욕의 엄폐되어서는 공덕심과 공리심을 갖출 수 없다. 그러나 그것이 타자를 근본적으로 배제하는 계몽이성과는 다르다. 양지는 주체가 처한 상황과 의념의 대상으로 마주하고 있는 대상과의 관계성을 기반으로 도덕적 판단을 하기 때문이다.

박은식은 유학의 병폐는 알면서도 행하지 않은 것에 근원하며,[128] 알면서 행하지 않는 것은 참된 앎이 아니요, 시대변화 속에서 옳음을 자각하고 그것을 실천함으로써 현실 문제를 해결해 나갈 수 있다고 하였다. 근대적 맥락에서 그것은 교육과 식산이란 사업을 실행하는 자강운동이기도 하였다. 그러한 구체적인 실행뿐만 아니라 인격적 수양도 필요하다고 보았다. 그러므로 자강운동과 국권회복운동이 모두 양지에 의거하지 하지 않으면 안 된다는 측면을 강조한 것과 함께,[129]

---

127) 『朴殷植全書』 下 「賀利原遮湖父老」 51-2쪽.

128) 『朴殷植全書』 中 「王陽明先生實記」 64쪽.

한민족에게 필요한 근대적인 공덕심과 공리심도 치양지의 구현태로 보았다.

사회다윈주의가 자강사상 형성에 끼친 영향은 결코 과소평가할 수 없다. 적자생존과 경쟁의식을 중요시 한 자강사상은 근대적 삶과 양식이 생성되는 지점에서 문명화를 통해 그들처럼 강자가 되어 약육강식의 세계에서 생존하려는 열망을 드러냈다. 그런데 문명화는 그들처럼 되기를 강제했다는 측면에서 그들과 다른 주체의식을 자극하기도 했다. 자강기 사회다윈주의의 파고로부터 자유로운 사상가는 많지 않았다. 그러나 문명화와 자강이 근대 국가체제 확립을 위한 선행조건이라면 민족적 정체성 보지保持는 자강보다 상위의 목표가 된다. 문명화가 급무이지만, 그것은 궁극적인 목표라기보다는, 민족국가의 국권회복과 독립을 위한 하나의 수단이어야 한다. 또 맹목적인 문명화는 곧 동일화전략에 매몰되는 위험이 내함되어 있었다. 실제로 윤치호나 이광수의 경우 근대적 지식을 누구보다 잘 이해했지만, 유럽중심주의와 동양주의에 매몰되어 친일의 길을 걸었다.

박은식이 문명화를 시무로 인정하였으면서도 맹목적인 문명화에 매몰되지 않을 수 있었던 근원根源은 '양지'에 있었다. 양지는 지금 여기 나의 삶에 맥락에서 문명화가 어떤 가치와 의미가 있는지 물을 수 있는 주체적 시선을 제공했던 것이다. 박은식과 신채호도 사회다윈주의를 수용했지만 타자 중심적 시선에 사로잡히지 않고 민족적 주체성 문제에 주목했으며, 이에 기초해 제국주의 침략의 폭력성을 되물을 수 있는 새로운 시선을 발견하였다.

특히 박은식은 사회다윈주의를 차용하여 친일행위를 하거나 사욕

---

129) 『朴殷植全書』 中 「夢拜金太祖」 266쪽.

을 채우는 자강운동가들에게 도덕적 반성을 요구하고 진아로 거듭날 것을 촉구하였다. 당시 사회다윈주의는 일본의 강권주의를 인정하고 우리보다 문명적으로 우월한 일본의 지도를 받는 것을 용인하며, 더 나아가 약육강식의 원리에 따라 일본 침략이 정당하다는 논리로 차용되기도 하였다.[130] 박은식이 부국강병을 이룩하기 위한 문명화와 단체결성을 부정하는 것은 아니다. 그러나 박은식은 그 모든 행위가 국가 구성원 각자의 주체적 자각과 강한 도덕성 및 능동적 실천에 기초하지 않으면 제대로 이루어질 수 없다는 측면을 강조하였다. 이러한 양지 해석은 당시 유림을 비롯한 지식인 계층에게 현실 타계를 위한 적극적 실천과 민족적 양심의 자각을 요구한다.[131] 지행합일에 대한 강조는 경술국치 이후 독립을 위한 희생적 실천으로 더욱 심화되었으니, 독립을 위한 사심 없는 실천이 곧 양지의 구현이라고 보았다. 개인적인 영욕화복을 기준으로 삼지 말고 진성眞誠을 기준으로 하여 충국애족할 것을 촉구하였다.

> 충국애족忠國愛族하는 자들이 참화慘禍를 입고 매국화족賣國禍族하는 자들이 복락福樂을 누리는 것 같지만, 실은 천리天理와 인욕

130) 朴泳孝는 문명의 시혜란 미명으로 영국의 인도 지배를 합리화했을 뿐만 아니라, 문명의 파급을 위해서는 야만의 상태인 아시아 여러 민족의 자립 정권보다는 문명국인 서구 열강의 식민지 지배를 받는 편이 차라리 낫다고 주장하였다. 그리고 윤치호는 청일전쟁 후에는 청국의 지배보다 일본에 의한 문명화를, 러일전쟁 후에는 백인종인 러시아보다는 황인종인 일본에 의한 문명화를 주장하였다(우남숙, 「박은식의 자강 독립사상 - 이론적 구조를 중심으로」 『한국정치학회보』 제31집 제2호 81-82쪽 인용). 이는 문명화의 내용과 기준을 무엇으로 삼느냐의 문제이기도 하지만, 당시 문명화와 독립의 방법에 대응하는 지식인의 현실인식의 명징성 및 도덕성의 문제이기도 했다.

131) 『朴殷植全書』 下 「孔夫子誕辰紀念會講演」 61쪽.

人欲의 대소大小를 분별하지 못하고 영혼과 육체의 경중輕重을 가리지 못한 것에서 오는 오해이다. 또 영욕화복榮辱禍福의 관념으로 선을 행한다면 그것은 이미 선이 아니라 위선僞善이다. 진성眞誠으로 선을 행하는 자는 도리어 영욕화복의 관념이 없다.[132]

민족의 독립을 쟁취하고 일제에 항거하기 위해서는 제국주의 침략의 부당성과 그에 대한 저항의 정당성을 자각해야 한다. 국권 상실과 경술국치로 치닫는 민족의 현실에 대한 올바른 판단과 대응이 곧 양지의 현실태이다. 민족독립을 위한 자각과 실천의 근간이 되는 것은 애국심과 대한정신과 같은 정신력이며, 애국심과 대한정신으로 국가의 독립을 이루는 것이 바로 양지의 실현이라고 할 수 있다. 그러나 국가적 발전이 팽창주의적 국가주의로 귀결되거나 제국주의 침략으로 귀결되어서는 안 된다. 그것은 뭇 생명을 살리고자 하는 생생지리生生之理의 원리에 위배되는 불인不仁이기 때문이다.

3. 자가정신自家精神의 확립과 국혼國魂

1) 주체적 정체성과 평등주의

자기정체성은 '나는 나이다.'를 스스로 인식하는 것이므로 자신에 대한 주체적인 이해에 기반하지만, 동시에 나에 대한 너의 시선, 즉 자신에 대한 타자의 시선과 견해에 영향을 받기도 한다. 개인적 차원의 정체성이 기본적으로 '나'에 대한 자기 이해이나 그것은 개인이 속

132) 『朴殷植全書』 中 「夢拜金太祖」 210쪽.

한 사회나 문화 그리고 시대적 조류의 영향을 받는다. 또 사회적 차원에서 정체성은 자기동일성을 확보함으로써 사회적 안정감과 내적 동질성을 공유할 수 있는 측면이 있지만, 타자에 대한 배제의 원리로 작동하기도 한다. 박은식은 계몽이성과 다른 자기 이해로서 '치양지'를 정립하였고, 치양지와 함께 진아의 주체적 자기의식인 자가정신을 중요시하였다.

양지가 그대로 직출되는 도덕성과 주체적 정체성은 불가분의 관계에 있다. 치양지는 곧 인을 실현하는 길인데, 인이란 각득기소를 통해 체현된다. 즉 나는 나답게 나의 자리에, 너는 너답게 너의 자리에서 자기의 직분을 다하는 것이 인이다. 『논어』의 군군君君 신신臣臣 부부父父 자자子子가 바로 그 예이다. 만약 내가 나의 자리에서 나의 직분을 다할 수 없다면 나의 인은 구현될 수 없다. 만약 너가 나의 자리와 직분를 제거하거나 대체한다면 나는 나답게를 구현할 수 없고, 따라서 너도 너답게를 구현할 수 없다. 군신 부자관계에서 임금이나 부모가 상대적으로 우월한 지위를 가지고 있다고 생각하기 쉽지만, 신하가 없다면 임금이 될 수 없고 자식이 없다면 부모가 될 수 없기에 관계맺음하는 사이는 근본적으로 평등하다. 그러므로 자가정신은 중화주의와 유럽중심주의 그리고 동양주의와 같은 타자중심주의와는 양립할 수 없다. 즉 한국의 진아가 중화의 오랑캐나 비문명의 야만 혹은 열등한 조센징이라는 타자에 의해 단재된 부정적 인식과 동일한 지반에 서 있을 수는 없다.

타자의 역사적 경험과 사유는 나와 관계맺음을 해야 하는 인식의 대상으로서 의미가 있다. 나의 나다움을 지금 여기에서 구현하기 위해서는 타자가 강제한 보편성을 비판적으로 성찰할 수밖에 없다. 특히 근대는 계몽이성을 비롯한 서구 근대문명이 새로운 보편으로 자리잡던 시기였다. 서구적 시선에 따르면 우리는 이성과 문명성이 결핍된 야만상태였다. 그러나 타자의 시선으로 자신의 정체성을 규정하는 것은 스스로 타자화되는 것이며, 결핍된 타자로서의 자기의식은 열등의식과 자기부정을 초래하였다.

한편 이러한 주체성의 위기는 스스로 자신의 정체성을 깨닫고 발견할 수 있는 계기가 되기도 하였다. 서구와 다른, 그들과 구분되는 나를 되물음으로써 새롭게 자신을 이해하고 규정하려는 시도는 서구중심적 시선과 다른 관점에서 자기정체성을 인식하는 것이었으며, 이는 보편타자의 동일화전략에 맞설 수 있는 저항적 정체성으로 확립되기도 하였다. 동일화전략과 타자화는 자가정신을 부정하여 진아 되기를 불가능하게 할 위험이 있었다. 역사적으로 그것은 제국주의 침략과 망국이란 위기로 구체화되었고, 진아는 치양지와 자가정신을 통해 타자중심주의의 파고 속에서 한국의 지금 여기라는 역사적 삶의 현장을 지켜내야 했다.

정체성은 개인적 차원도 있지만, 사회적 혹은 민족국가적 범주에서도 성립할 수 있다. 박은식은 제국주의 침략이란 민족국가적 위기에 직면했기 때문에, 민족국가적 정체성에 주목하였다. 이것은 왕조체제에서 국가체제로의 전환에 따라 국가구성원을 새롭게 정립하는 문제와도 맞물려 있었다. 근대는 서구세력을 중심으로 한 만국공법체제가 도입되었다. 개항 이후 자본주의체제에 편입되기 시작한 한국 또한 만국공법체제를 따랐다.[133] 만국공법체제란 국가 간 주권의 평등성

133) 한국에서 만국공법은 1864년 무렵부터 전래되었다고 추정되나 본격적으로는 2차 수신사 김홍집이 가져온 『朝鮮策略』과 鄭觀應의 『易言』을 통해 만국공법의 필요성이 확대되었다. 초기에는 만국공법을 합종연횡의 방책으로서 강대국 사이의 세력균형을 통해 국권을 유지할 수 있는 방책으로 이해하였다. 만국공법

을 전제로 국가 간의 행위영역에서 국제공법 질서를 따른다고 했지만, 실상은 열강의 통상과 이권 확보를 위한 제도적 장치였다. 서구열강은 대외적으로 만국공법 질서를 공표하였지만 그 이면에는 문명과 미개란 문명적 계서의식階序意識이 내재되어 있었으며, 그것이 인종주의 및 사회다윈주의와 결합하면서 제국주의 침탈의 정당성은 더욱 강화되었다. 세계자본주의체제의 거대한 동력에 의해 움직였던 만국공법체제는 만국주권萬國主權의 동등성을 전제하였지만, 19세기 동아시아에 적용되었던 서구의 만국공법은 문명(civilization)의 개념과 결합하면서 국제정치의 양면성을 드러냈다. 즉 서구의 공법은 법으로 국가 간 행위를 규제하고 도모할 수 있는 일정 수준의 문명화에 도달한 국가 사이에만 적용되는 규칙이었지, 야만적인 미개국은 만국공법의 주체가 아니었기 때문에 당연히 만국공법의 권한을 누릴 수 없었다.

이러한 양면성 때문에, 한국은 만국공법체제에 편입되었으나 만국공법체제를 단순히 긍정만 할 수 없는 처지였다. 또 명치유신을 성공한 근대화라고 평가한다면 일본은 우리에게 또 하나의 전범이 된다. 그렇다면 서구나 일본처럼 문명화해야 한다는 것과 그 문명이 지닌 야만성을 극복해야 한다는 과제가 모순되지만 중층적으로 공존하게 된다. 특히 일본은 만국공법 원리를 적극 수용하면서, 유럽이 비서구지역을 침략했던 것처럼 이른바 동양지역의 패권을 장악하고 이에 대한 일본의 영향력을 확대하고자 하였다. 동아시아지역의 패권은 중국에서 일본으로 옮겨갔고, 한국은 일본의 식민지로 전락하는 위기에

을 이처럼 긍정적으로 인식했던 것은 당시 한국의 주요 관심사였던 균세 자주 자립 국권 군권 등의 내용을 포함하고 있어서 시의적절하게 활용할 수 있다고 믿었기 때문이다. 김기정 「세계자본주의체제와 동아시아 지역질서의 변동」 『동아시아의 지역질서』 창비 141쪽 참조.

직면해 있었다. 유럽과 일본의 사례에서 볼 수 있듯이, 당시 만국공법 체제는 인도적 평화이념과는 거리가 멀었다. 따라서 서양 문명이라고 해서 무비판적으로 받아들일 수 없는 것이 한국의 상황이었다. 이것은 사회다윈주의를 수용하여 문명화해야 한다고 주장하면서도 한편 도대체 '문명화'란 것이 우리에게 무엇인지를 묻는 것과 궤를 같이한다. 민족국가의 생존은 중국중심주의나 유럽중심주의로는 해결할 수 없는 과제였다.

박은식은 다시 물었다. 동국東國이 아닌 대한大韓이란 무엇인가? 동국은 동이족이란 의미도 있었지만, 중국을 지리적 중심으로 생각했을 때 중국의 동쪽이란 의미도 있었다. 근대에는 중화주의적 세계관에서 벗어나 국가의식이 높아지면서 동국보다는 '대한' 혹은 '아한我韓'이란 표현을 사용하기 시작하였다.

> 우리 대한이란 무엇을 이름인가? 대한은 삼천리 금수강산이란 국토와 이천만 혈족이란 인민으로 구성되어 있으며, 단군과 기자 조선 이래 사천 년 동방예의지국이란 역사를 가지고 있다. (중략) 세상의 운수(世運)가 변천하고 천원지방天圓地方이란 천하적 세계에서 벗어나, '지구'로서 소통하는 지구적 세계란 큰 무대에 우리는 열약劣弱한 상태로 고립되어 있으니 보존하기를 어찌 바랄 수 있겠는가?[134]

천하의 구성원이 아니라 독립된 국가로서 '대한'은 세계적 차원에서 새롭게 인식되어야 할 것이었는데, 지구적 세계 속의 대한은 열약하고 국권이 위태로운 상태라고 판단하였다. 국권을 회복하여 독립된

134) 『朴殷植全書』 下 「大韓精神의 血書」 71쪽.

국가가 되기 위해서는 국가의식을 가지는 일도 중요한 과제였다. 근대 한국적 자가정신自家精神은 민족국가적인 정체성을 정립하는 차원에서도 중요한 문제였지만, 서구 문명 수용문제 및 한국 독립의 나아갈 방향을 모색하는 데도 중요한 준거가 되었다. 박은식은 유럽중심주의적 서구 문명이 보편으로 자리잡아가는 상황에서 민족국가적 주체성을 확립하고 근대국가로 성장하기 위해서는, 무엇보다 주체적인 자가정신의 확립이 선행되어야 한다고 보았다. 그는 조선의 역사를 되돌아보면서, 주체적 정체성을 준거로 시대적 상황을 인식하고 대처하지 못했던 점을 비판하였다. 성리학자들이 한학漢學에 매몰되어 자가정신을 잃어버리고 배청주의排淸主義를 부르짖고 교류를 막았기 때문에 문화·경제적으로 막대한 손실을 입었다는 것이다.

> 오늘날은 외래문화와의 접촉이 매우 빈번한 시대이다. 문화적 변화와 교류에 순응하고 흡수해야 우리도 그들처럼 진보 발달할 수 있다. 다만 우리 선배가 한학漢學에 매몰되었던 것처럼 우리의 고유한 문화를 스스로 버리고 자가정신을 잃어버리는 폐단이 있을까 염려한다. 일상생활의 물품도 자국의 제조가 없고 타국의 제조에 의뢰하면 생활의 자주는 영원히 얻지 못한다. 그러므로 우리가 사천 년 역사를 집성輯成하여 국민교육의 교재로 사용하고 세계 민족에 대하여 우리의 고유한 문화를 표명하는 것이 우리 학계의 책임이다.[135]

박은식은 서구 근대문명을 수용해야 하지만 자가정신에 기초하여 새로운 문화를 주체적으로 수용하는 것이 바람직하다고 보았다. 그는

---

135) 『朴殷植全書』 下 「四庫全書에 대한 感想」 201쪽.

일용의 물품을 예로 들어보아도 자국의 제조가 없이 타국의 제조에만 의지하면 생활의 자주를 영원히 얻을 수 없는 것과 마찬가지로, 자가정신이 없으면 새로운 문명신화文明新化를 이룩하는 일은 불가능하다고 하였다. 그가 국권 회복을 위한 경제활동을 강조하면서 동시에 국혼과 민족역사 교육을 강조한 것도 이 때문이다. 박은식은 자가정신을 상실하면 곧 고유의 문화와 정신마저 상실하게 되어 결국은 독립된 근대국가도 건설할 수 없다고 판단하였다. 그는 그동안 한국이 중국의 예속적 위치에 있어 평등한 지위를 잃고 자가정신이 제대로 확립되지 못한 탓에, 국권 상실의 위기에 제대로 대처하지 못한 문제가 있다고 보았다.

박은식이 강조한 자가정신이 민족국가적 정체성의 성향이 강했지만, 그것은 국권 상실과 망국의 위기에 대처할 수 있는 정신적 측면을 강조한 것이었지, 팽창적 국가주의를 지향한 것은 아니다. 즉 자가정신의 정립이 자국중심주의로서 타자를 배제하거나 차별하기 위한 수단은 아니었다. 자가정신은 치양지를 벗어나 정립될 수 없는데, 치양지에 근거한다면 타자는 배제하거나 차별할 대상이 아니라 나와 올바른 관계맺음을 해야 하는 다른 주체이기 때문이다. 그가 대한의 정체성과 독립이 '인도人道의 평등주의平等主義'를 벗어나서는 안 된다고 주장한 것은 곧 치양지를 국가적 차원에서 해석한 것이다. 또 그가 한국이 다른 나라와 같이 평등한 지위를 향유해야 한다는 주장 역시 인도의 평등주의를 근간으로 한 것이다. 현실적으로 자행되고 있는 비인도적이며 불법적인 압제 또한 평등주의에 위배된다는 차원에서 비판하는 것은 당연하다. 이러한 견해는 당시 만국공법체제를 비롯한 서구 문명의 폐해에 대한 이해와도 깊은 관계가 있었다. 한국은 러일전쟁 이후 보호국으로 전락하면서 외교권이 박탈되었고, 이를 시작으로 근대적 법치의 운영 주도권이 일제로 넘어갔다. 그가 근대국가의 주체로서 진아와 민중을 강조하면서도 그에 대한 법치적 차원은 거의 다루지 않았는데, 이것은 당시 법치가 압제의 수단이 되는 현실을 목도했기 때문이다.

> 조선은 이미 오래전부터 다른 나라에 예속된 위치에 있어왔기 때문에 평등한 지위를 잃어버리고, 오늘날과 같은 망극한 치욕과 무한한 고통을 겪게 되었다. 그러므로 마땅히 뜻이 있고 혈기가 왕성한 남자가 나라를 구하기 위한 신념으로 동포들에게 인도人道의 평등주의平等主義를 널리 알림으로써, 동포로 하여금 하등의 지위에서 벗어나 상등의 지위로 나아가게 하는 데 온 힘을 쏟아야 할 것이다. (중략) 조선 동포로 하여금 세계의 우등한 민족과 평등한 지식과 자격을 갖추게 한다면, 부도불법不道不法의 강력한 압제에서 벗어나 그들과 같이 평등한 지위를 차지할 능력도 가질 것이다.[136]

박은식은 한국인은 하등 지위에서 벗어나 상등 지위로 나아가야 한다고 하였는데, 상등 지위는 신분적 계층을 의미하는 것이 아니라 사회적 평등을 강조한 것이다. 보다 구체적으로는 성리학적 지식을 묵수하거나 구습에 얽매이지 않지만 치양지할 수 있는 무문자이다. 물론 치양지가 된다면 계층이나 나이 성별에 상관없이 곧 진아이다. 치양지와 자가정신을 갖춘 진아가 된다는 것은 각득기소를 통한 인의 체현이기도 하다. 인은 불법부도한 압제나 폭력을 지향하지 않으므로, 진아가 구인求仁을 추구한다면 그것은 인도주의를 지향하는 것이

136) 『朴殷植全書』 中 「夢拜金太祖」 232쪽.

다. 이것은 그가 유학이 평등을 실현할 수 있는 이념으로 거듭나야 한다는 주장과도 일치한다.

그런데 유학적 평등은 법치주의 차원의 평등이나 묵자의 겸애주의적 평등과는 다르다. 유학적 평등주의는 불평등한 차별애를 평등의 방편으로 선택할 수 있다. 나의 부모와 너의 부모를 모두 어른으로서 공경해야 하지만, 나의 부모를 친애하는 것과 남의 부모를 공경하는 것이 동일할 수는 없다. 그러나 이러한 차이는 관계와 상황 등에 따라 적절하게 응대하는 것이 다를 뿐, 애인정신愛人精神과 어른에 대한 공경이라는 마음가짐은 같다. 이것이 모든 인간을 동등하게 사랑해야 한다는 묵자의 겸애설과 차이점이다. 법치주의의 평등은 만인의 인권과 자유, 그리고 평등을 전제하였지만 만국공법이나 근대 조약에서 경험하였듯이 강권자를 위한 도구로 전락하였다. 박은식이 주창한 유학적 평등주의는 인간의 본유한 도덕성과 그에 기반한 인도주의를 사상적 토대로 하여, 개인의 도덕적 사회적 평등과 함께 국가 간의 관계 또한 대동적大同的인 관계를 지향하였다. 만약 자가정신이 인도주의와 평등주의에 근거하지 않고 배타적 국수주의로 변질된다면, 일본의 군국주의에 대한 저항과 독립운동의 정당성은 확보하기 어렵다. 그러므로 그가 인류 전체가 보편적으로 추구해야 할 이념을 근간으로 하여 자가정신을 제창한 것은 주목할 필요가 있다. 즉 보편이념을 토대로 한국적 주체성을 정립함으로써 그 정당성을 확보한 것이며, 더 나아가 보편과 특수를 아우를 수 있게 된 것이다.

2) '지금 여기'의 중요성과 중화주의 비판

중국중심적 천하는 이미 해체되었고, 중화문명은 근대적 차원의 '지금 여기'를 이해하는 지리적 문화적 준거가 될 수 없었다. 그럼에도 불구하고 여전히 중국을 문명의 중심으로 여기고 성리학적 세계관과 신분적 특권의식에서 벗어나지 못한다면, 새로운 '지금 여기'를 건설할 수 없다. 예치禮治와 조공朝貢에 의해 유지되었던 중화문명은 현실적으로 존재하지 않는 '지난' 이념이었다. 반면 물 건너온 '새로운' 만국공법체제는 현실을 지배할 뿐만 아니라 사상적으로도 따라야 할 전범으로 다가왔다.[137] 중화문명은 가고 만국공법체제가 도래한 것이다. 만국공법체제와 중화문명이 지닌 근본적인 문제는 그것이 유럽 혹은 중국을 지리적 문화적 중심으로 상정함으로써, 한국은 그들의 타자 혹은 주변부가 된다는 점이었다. 그래서 그들의 역사적 경험과 이념을 유일한 보편으로 강제하는 중심주의를 비판적으로 성찰하지 않고서 주체적인 자가정신을 정립한다는 것은 불가능하였다.

주체와 타자의 관계는 역동적이기 때문에 단선적으로 평가하기는 어렵다. 예를 들면 조선 후기 중국에 대한 중화주의는 사대주의인가 아니면 문화적 민족주의라고 보아야 하는가? 중화적 천하질서는 명청 교체기에 중요한 국면을 맞는다. 문화적 이념인 화이華夷와 경제적 질서체제인 조공, 그리고 정치 · 군사적 산물인 사대事大가 불일치하면서 중화적 천하질서에 대한 새로운 해석이 요구되었다. 조선은 명에 대한 중화적 사대관념을 기반으로 청을 배척하였으나, 현실적으로 청은 조공 · 사대의 대상이었다. 이에 성리학자들은 중화의 요소 가운데 종족적 문화적 요소와 지리적 대상을 분리시켰다. 즉 한족漢族인

---

137) 중화질서 붕괴는 1842년 난징조약의 체결로 촉발되었으며, 1895년 러일전쟁 이후 일본이 동아시의 지역적 패권을 장악하면서 중화주의 해체는 종결되었다. 만국공법에 근거한 난징조약은 청국황제는 외국군주와 법적으로 동등하므로 공문서에 '夷'字의 사용을 금지하였다. 동아시아 관계에서 만국공법을 가장 적극적으로 활용했던 나라는 일본이었다.

명이 망한 이후 종족적으로 한족이 아니지만 조선이 중화문명의 정수를 보유하고 있다고 자평하였다. 성리학자들은 조선을 소중화라고 주장한 것이다. 관념적이지만 명 중심의 중화질서 내에서라야 소중화로서의 존립이 가능하고, 소중화의식이 유지되어야 청에 대한 우월성을 주장할 수 있었다. 조선중화주의는 문화적 차원에서 자타 인식을 재조명한 결과였으니, '문명'한 중국인 명과 현실적 중국인 '청'을 구분함으로써 종족적 중화주의를 해체한 셈이다. 그런 측면에서 송시열宋時烈의 소중화의식은 문화적 화이관에 근거하여 문화민족의 정체성을 드러낸 것으로 평가할 수도 있다. 그러나 그것 역시 명이라는 대중화大中華를 전제했을 때라야 가능하다면 과연 문화적 민족주의라는 평가가 온당한지는 다시 물을 수 있다. 반면 북학론은 18세기 대청관계가 안정되면서 관념적으로는 청을 배격하지만 현실적으로는 청이 주도하는 지역질서에 편입되어 가면서 제기되었다. 북학론 또한 종족적 중화의식을 탈피하여 중국중심주의에 대한 주체적 반성을 했기 때문에 가능한 것이었다. 홍대용의 역외춘추론域外春秋論에서 알 수 있듯이 지리적 중심개념으로부터도 자유로웠다. 우리 민족의 정체성을 찾으려 했다는 차원에서 본다면 북벌론이든 북학론이든 그 논점은 다르더라도 모두 사상적 발전이었다고 할 수 있다.

그렇다면 중화질서의 붕괴를 경험하고 만국공법체제로 편입되는 역사적 현실에 한국지식인은 어떻게 대응하였을까? 정권의 정통성이 취약할수록 조공체제에 의한 국제적 정권 보장에 더 의존하는 경향을 보였다. 19세기 세도정권은 지지기반이 취약했기 때문에 대청외교의 중요성을 더욱 크게 느꼈다. 고종도 1880년대 중국의 변질된 조공체제와 원세개袁世凱의 내정간섭에서 벗어나기 위해 '자주독립외교'를 꾸준히 추진했지만, 정작 갑오농민전쟁으로 정권에 위협을 느낀 순간

청군 진압을 요청하는 형태를 취하고 말았다. 당시 병조판서 민영준은 원세개를 방문하여, "상국上國과 소국小國은 고통을 같이하는 사이이므로, 위급한 처지에서 오로지 원세개의 원조만을 믿고 있다."고 하였고, 이에 원세개는 리홍장에게 "파병하여 대신 진압해줄 것을 요구하니 이것은 조선이 청의 보호하에 들어오는 것이고, 상국의 체면으로도 물리칠 수 없다."는 의견을 덧붙였다. 여기서 상국과 소국 관념은 전근대적인 조공체제에 근거한 것이다. 근대국가 간의 세계적 질서였던 만국공법체제와 조공체제가 상존할 수 없는 현실에서 조선은 만국공법체제에 의지한 일본과 조공체제에 의지하여 조선에 대한 우위를 점유하려던 청국 세력에 자신의 운명을 맡기는 결과를 초래했다.[138] 아편전쟁 이후 조공무역의 경제 질서가 붕괴되었지만, 성리학자들에게 중화주의는 여전히 실재했다.

만국공법을 내세운 서구 열강의 통상 요구는 불평등조약의 강요를 기초로 단계적인 이권 침탈과 영토 분할에 뒤이은 식민지화의 단초였으며, 그들의 전령사 역할을 했던 선교사를 비롯한 기독교의 전파는 동아시아 전통문화를 개종시키지 않을 수 없는 이교異教로 단정한 독선적인 서구문화 또는 백인우월주의의 발로이기도 하였다. 때문에 양이攘夷는 주체적인 반제국주의 또는 전통문화 수호의 의미를 가질 수 있고, 실제로 외세에 저항하는 정신적 지주가 되기도 하였다.[139] 그러나 당시 이미 내적 모순으로 전반적인 변혁을 요구하는 체제의 해체위기에 직면하여 성리학자들이 그토록 자부하고 유지하고 싶었던 중화의 가치는 더 이상 체제를 효과적으로 유지하는 원리가 될 수 없었

138) 정용화 「주변에서 본 조공체제」 『동아시아의 지역질서』 창비 2005, 110-1쪽.
139) 이성규 「중화사상과 민족주의」 『철학』 제37집 한국철학회 1992, 31-67쪽 참조.

으며, 그들 앞에 나타난 낯선 오랑캐도 기존 체제를 수호하는 것으로는 대적할 수 없는 조직적이고 강력한 물리적 힘을 동원할 수 있는 하나의 '문명文明'체제를 갖추고 있었다. 이질적인 타자와 새로운 관계를 맺기 위해서는 중화주의에 대한 평가가 선행되어야 할 것이며, 문화적 중화사상으로부터 일정부분 자유로울 필요가 있었다. 아편전쟁 이후 중화주의가 실제로 해체된 것도 영향을 미쳤다. 박은식의 관점에서 본다면 중화주의에 매몰된 성리학자는 근대적 자가정신을 가진 진아일 수 없다. 중화주의는 자신의 지금 여기를 보편타자의 시선과 자리에서 판단하고 그들을 보편으로 상정하기 때문이다.

근대적 자가정신의 정립은 중국중심주의에 대한 반성에서 출발하였고, 박은식은 중화주의가 자가정신의 소멸을 초래하는 것이라고 판단하였다.

> 조선 유생이 주창하는 중화주의는 무엇을 말함인가? 세계 만국의 모든 사람이 모두 자기 나라를 존중하는 것을 의리로 삼는 까닭에 중국인은 존화양이를 주장한다. 그런데 오늘날 조선인은 자기 나라가 아닌 다른 나라, 즉 중국을 존중하는 것으로 큰 의리로 삼으니 이는 자국自國의 정신을 소멸케 하는 것이 아니고 무엇인가?140)

박은식은 세계 모든 나라 사람이 자국을 중심으로 세계를 이해하고 대처해나가기 때문에, 우리도 중국 중심의 지역적 중화주의에서 벗어나야 한다고 보았다. 그는 지구설에 근거하여 중국은 지역적 개념에 지나지 않다고도 주장하였다.

---

140) 『朴殷植全書』 中 「夢拜金太祖」 230-231쪽.

지구는 우주 가운데 한 행성이며 중국은 지구 가운데 한 구역입니다. 다 같이 하늘 가운데 있으니 어느 곳이 안이고 어느 곳이 밖이며, 다 같은 사람인데 누가 존귀하며 누가 비천하겠습니까? 옛사람이 말하는 존왕양이尊王攘夷는 오늘날의 지역주의地域主義와 같습니다.[141]

박은식은 지리적으로 중국은 더 이상 천하의 중심이 아니며 여러 나라 가운데 한 나라에 지나지 않는다고 하여 중국중심주의를 부정하였다. 그는 성리학에서 말하는 존왕양이도 오늘날의 지역주의와 같은 것에 불과한데, 이와 같은 폐쇄적 지역주의는 대동시대에는 적합하지 않다고 보았다.[142] 또 중국은 존귀비천의 가치개념을 내포하고 있지 않을 뿐만 아니라 모든 사람이 동등하게 존귀하므로 중국인을 높일 필요가 없으며, 천하天下와 사이四夷의 구분은 폐쇄적 사회의 잘못된 인식에 지나지 않는다고 하였다. 특히 존화양이처럼 지리 문화적으로 지역을 중심과 주변으로 이분화하는 것은, 유학의 대공무사이념大公無私理念에 위배된다고 판단하였다.

유가에서 공자의 저술인 『춘추春秋』에 근거하여 존화양이를 주창하는데, 『춘추』의 뜻으로 말하자면 오랑캐가 중국에 들어가면 중국으로 대우하고 중국이 오랑캐가 되면 오랑캐로 대우하는 것을 이르는 것이니, 어찌 그 땅에 존양의 뜻이 있겠는가? 만일 땅의

141) 『朴殷植全書』 下 「上雲人先生」 243쪽 : 地球爲天空中之一行星 中國爲地球上之一區域 同處天中 孰內孰外 同是人類孰尊孰卑 古人所謂存養主義 直如今人所謂地方觀念者.

142) 『朴殷植全書』 下 「上雲人先生」 243쪽 : 以宋儒論宗教 則以闢異爲主 論國際則以存養爲義 只合於昔日閉鎖時代 以不合於今日大同時代.

> 내외로써 구별이 있으면 어찌 성인의 대공무편주의大公無偏主義라 할 수 있겠는가? (중략) 설령 공자의 『춘추春秋』에 존왕양이의 뜻이 있을지라도 공자는 중국 사람이니 그 뜻을 지속함이 오히려 옳을 수도 있으나 동방은 중국을 기준으로 보면 해외의 사람인데도 불구하고 그 뜻을 지니고 있음은 무슨 연유인가?[143)]

박은식은 춘추정신이 단순히 지역적 의미만을 내포하는 것은 아니지만, 그것 또한 공자가 중국인이었기 때문에 춘추정신을 지속하고자 한 것으로 보았다. 춘추정신이 지역적 내외 구분과 무관하지 않다면 그것 또한 대공무편주의에 위배된다는 분석이다. 따라서 중국인이 아닌 한국인은 춘추정신이 지닌 대공무편의 보편성을 무시할 필요는 없지만 단순히 춘추정신에 함몰되어서도 안 되며, 중국 중심의 존양설을 기준 삼아 세계를 이해하는 것도 잘못이라고 하였다. 그는 맹목적인 존양설이 자가정신을 상실하게 하는 폐해가 있음을 신랄하게 비판하였다.

박은식은 기존의 문화적 지역적 중화주의를 비판하면서 중화주의에 매몰되면 중국과 다른 우리나라의 문화유산을 발전시킬 수 없을 뿐만 아니라, 세계의 신문화도 수용할 수 없다고 보았다. 중화를 기준으로 세계를 인식하지 않는 것은 곧 타자와 마주한 주체에 대한 새로운 물음 앞에 서 있는 것을 의미한다. 박은식은 중화주의에 매몰된 당시 유림을 신랄하게 비판하였는데, 이는 성리학을 시대정신으로 삼았던 당시 사회 인식에 대한 비판적 검토를 통하여 근대사회가 나아가야 할 방향을 제시하려는 의도였다.

---

143) 『朴殷植全書』 中 「夢拜金太祖」 231-232쪽.

3) 국혼과 대한정신

박은식은 조선 후기 주요 논쟁이었던 예송논쟁과 사문난적의 예에서도 알 수 있듯이 성리학의 근본적인 문제는 학문적 경직성이라고 파악하였다.[144] 이러한 맹목적 경직성은 주자학이 절대적인 법문이 되어, 주자학과 한 글자라도 다르면 사문난적이라 하여 엄격하게 통제하는 교조적인 학문 풍토와도 관련이 있다고 보았다. 유학은 중국에서 발원했다는 지역적 특성도 있지만, 인류가 함께 공유할만한 보편성도 가지고 있었다. 박은식이 양명학을 통해 근대를 읽고자 한 것은 왕양명사상을 이해하는 데 목적이 있었던 것이 아니라 그가 처해 있는 자리에서 유학적 보편이념을 재성찰함으로써, 유럽중심주의와 다른 맥락에서 자신과 삶을 말하고자 함이었다.

보편이념을 자신의 삶의 맥락에서 그 함의를 다시 물을 수 있는 힘의 원동력이 자가정신이다. 타자와 자신의 다름을 알아차리고, 그들과 다른 주체적인 자기 이해를 통해 정립된 자가정신은, 그들과 다른 역사적 경험을 바탕으로 한다. 그가 자가정신과 함께 국혼과 대한정신을 중요시한 것은 당연한 귀결이었다.

> 존화를 내세워 노예학문을 전승해온 것이 국인으로 하여금 국성國性이 쇠약해지고 국수國粹가 마멸되는 데 이르게 하였으니, 어찌 개탄하지 않겠는가![145]

---

144) 『朴殷植全書』 中 「王陽明先生實記」 148쪽 : 당시 한국 유림의 폐단은 첫째 心性理氣論爭이요 둘째 禮說의 다툼이니, 政爭을 제거하지 않으면 예의 근본을 회복할 수 없다.

145) 『朴殷植全書』 下 「讀高句麗永樂大王墓碑謄本」 42쪽.

박은식은 존화주의를 내세워 주자학을 맹종하는 노예학문은 국가적 정체성과 국수를 마멸하게 만든다고 개탄하였다. 여기가 없다면 지금도 없고, 나도 생존할 수 없다. 만약 보편타자에 동화되어 그들과 구별되는 주체성을 상실한다면, 주체는 설 자리를 잃게 된다. 민족적 정체성 정립은 주체의 시공적 기원基源을 근대적 맥락에서 재성찰하여, 그들과 '다름'을 확립하려는 것이었다. 또 타자와 구별되는 '다름'은 주체의 정체성을 형성하는 중요한 토대가 되기도 한다고 인식하였다. 근대 국가체제에서 민족적 정체성을 정립하는 일은 어느 국가라도 중요하게 생각한다고 보았다. 예를 들어 독일의 비스마르크가 독일주의를 교육한 것이나 일본이 대화혼大和魂을 강조하는 것 역시 자연스러운 것이라고 하였다.

> 오호라 국혼이여. 어느 국가이든 국혼이 없는 국가가 없다. 그러나 우리가 요구하는 대한혼은 황급히 삼백 여개의 군을 찾아다녀도 묘연하여 찾을 수가 없다. (중략) 대한정신이여! 대한정신이여! 마땅히 끝내 사라질 수는 없다. (중략) 오호라, 동포여! 너는 스스로 실력을 기르고 대한정신을 구하라.[146)]

그는 다른 나라와 구별되는 특유한 민족정신이 한국에도 있으니, 그것이 바로 대한정신 · 대한혼[147)] 또는 국성(國性) · 국수(國粹)[148)] 등이라고 하였다. 그리고 비록 국백[149)]이 제국에 포획당했을지라도

---

146) 『朴殷植全書』 下 「大韓精神의 血書(續)」 73-4쪽.

147) 『朴殷植全書』 下 「大韓精神의 血書(續)」 72-73쪽 참조.

148) 『朴殷植全書』 下 「讀高句麗永樂大王墓碑謄本」 42쪽.

149) 國魄은 錢穀 · 卒乘 · 城池 · 艦船 · 器械 등과 같은 제도와 문물로 구성된다. 『朴

국혼[150]을 유지한다면 망국의 위기를 극복할 수 있다고 예견하였다.

그는 사천 년 동안 국맥을 유지할 수 있었던 것은 국혼이 있었기 때문이라고 평가하면서, 유학적 전통도 국혼의 중요한 요소라고 강조하였다.[151] 국혼은 역사적 · 문화적 동질성을 토대로 계승되고, 새로운 역사적 장을 만나면서 발전해온 것이다. 그가 유학을 국혼의 중요한 요소라고 평가한 것은, 유학이 오랫동안 한국인의 삶 속에서 시대적 물음과 호흡을 같이하면서 발전해왔기 때문이다. 그러므로 한국 유학은 중국 유학을 맹종하여 중국적 삶을 모방하려 했던 것이 아니다. 한국적 삶과 생존을 가능하게 했던 국맥의 차원에서 보면 한국 유학은 중국 유학과 구별될 뿐 아니라 특수한 보편성을 담지한다고 평가할 수 있다. 자가정신이란 민족적 주체성과 국혼이란 문화적 정체성이 조화를 이룬 한국 근대의 민족적 주체인 진아는 근대란 시공간에서 존재한다는 측면에서는 역사적 주체였지만, 도덕적 본성인 양지를 실현한다는 측면에서는 보편적 주체이기도 하였다.[152]

> 국사는 국가의 정신이다. (중략) 야만부락이 아니라 국가의 제도를 갖추고 국민의 자격생활을 영위하는 국가는 모두 역사를 존중한다. 국민이 문명할수록 역사를 더욱 존중하고, 역사를 존중하

殷植全書』 上 「韓國痛史」 376쪽 : 錢穀卒乘城池船艦器械 魄之屬也.

150) 國魂은 國教 · 國學 · 國語 · 國文 · 國史 등과 같은 문화적이고 정신적인 요소로 구성된다. 『朴殷植全書』 上 「韓國痛史」 376쪽 : 蓋國教國學國語國文國史 魂之屬也

151) 『朴殷植全書』 上 「韓國痛史」 263쪽 : 蓋吾族以吾祖神聖之化 篤守倫教 崇尙禮義 忠烈之血不絶於史 苟無是者何以維四千餘年之國脈乎.

152) 박정심 「양명학을 통한 眞我論의 정립 : 한국 근대주체의 생성」 『陽明學』 제33집 한국양명학회 2012, 106쪽.

는 것이 곧 애국사상이다. (중략) 아한은 사천여 년 동안 문명을 유지해온 오래된 국가(文明舊國)이니, 사천 년의 역사의 광휘光輝가 밝은데도 자국의 역사를 발휘하지 않고 타국 역사 배우기에 골몰해서는 안 된다.[153]

근대체제가 일차적으로 성리학적 이념을 실현할 장을 해체시켰지만, 유학은 민족, 그리고 국가체제 속에서 정치적 이데올로기로서 변주되었다. 근대 유학은 민족적 자긍심으로 기억되거나 혹은 국가에 대한 충성을 다하는 국민적 도덕으로서 재정립되어갔다. 근대체제 자체가 기본적으로 종족적 원초성을 기초로 정치적 국가체제를 형성해 가는 과정이었기 때문에, 유학적 유산을 민족국가의 토대로 삼으려는 시도는 자연스러운 발로라고 할 수 있다. 그러나 근대 유학은 다양한 방식으로 향유되었기 때문에 그 지향점과 사상적 지형을 보다 면밀하게 살필 필요가 있다. 대동학회大東學會는 유학적 이념을 표방했지만 그것은 친일행위를 은폐하기 위한 수단에 불과했다. 또 경학원經學院[154]에서 추진했던 수신제가와 인의충효와 같은 도덕덕목을 비롯하여, 중추원中樞院[155]에서 식민정책의 일환으로 실시했던 '미풍양속' 강

---

153) 『朴殷植全書』 下 「讀高句麗永樂大王墓碑謄本」 42쪽.

154) 經學院은 1887년 조선 최고의 교육기관이었던 성균관을 개칭한 교육기관으로, 1894년 폐지되었다. 경술국치 이후 조선총독부가 천황의 하사금으로 다시 경학원을 설립하였는데, 경학원은 유학정신을 교육하기보다는 유학적 언어로 식민정책을 돕는 활동을 하였다. 이런 과정에서 일제에 대한 충성을 강요하는 皇道儒學이 대두되었다. 총독부 정책을 홍보하는 《경학원잡지》를 발행하기도 하였다.

155) 中樞院은 1910년 조선총독부가 설립한 조선총독 자문기관이었지만, 실질적인 정책심의나 의결기능은 없었다. 애초에 중추원은 국권 찬탈에 저항하지 않은 친일세력을 회유하기 위해 만들어졌고, 중추원 참의는 한국인이 할 수 있는 최고의 직책으로 친일유지나 '귀족'들에게는 선망의 대상이었다. 2005년 친일반

화는 모두 유학과 향약에 기반한 것이었다. 그러나 친일 유림들은 인의와 충군애국과 같은 유학적 보편성을 차용하여 일본의 문명지도론文明指導論과 동문론同文論에 동조함으로써 제국주의 침략을 문명화로 환원해버렸다. 그들이 유학적 개념과 사상을 주장했지만 그 실상은 반유학적이었으며, 폭력을 문명으로 오인하거나 사적 욕망을 충족하는 데 유학을 차용한 것에 불과했다.

또한 다카하시 도루(高橋亨 1878-1967)와 이광수(1892-1950) 등은 조선 유학에 대한 부정적 왜곡에 근거하여 열등한 '조센징' 만들기와 유학망국론을 합리화하는 데 열중하였다.[156] 다카하시는 조선에 '철학'이라고 할 만한 것은 주자학밖에 없는데, 이는 사상적 고착성과 종속성 및 형식주의의 결정체라고 평가절하하였다.[157] 이광수는 이러한 다카하시의 유학관을 고스란히 재생산하여 민족 파산을 선고하였다. 그는 조선 유학이 중화주의를 맹종했기 때문에 독창적인 철학과 문화가 부재하다고 파악하였다. 즉 조선 유학자들이 타자의 보편성에 매몰되어 정신없는 주체가 되었다고 단언하였다.

> 유학이 조선문학 발달을 저해한 죄는 영원히 소멸치 못할 것이다. (중략) 소중화라는 부끄러운 명칭은 중국인이 미련한 조선인에게 하사한 것이다. 이 명칭을 받은 날이 조선인이 아주 조선을 버린 졸업일이다. 이때에 조선인은 죽었다.[158]

민족행위진상규명위원회는 "중추원 부의장, 고문, 참의로 활동한 자"를 '친일반민족행위자'로 규정하고, 2006년 姜敬熙 등 18명, 2007년 姜秉鈺 등 46명을 '친일반민족행위자'로 결정하였다.

156) 박정심 「식민기 부정적 주체의식과 유학 인식에 대한 비판적 성찰」『동양철학연구』 제83집 동양철학연구회 2015 참조.

157) 高橋亨 저 구인모 역 『조선인』 동국대출판부 2010, 57쪽.

이광수는 조선 유학을 통해 증명되듯이 조선은 타자에 동화되어 주체성을 상실했기 때문에 '조선인은 죽었다.'는 주체파산 선언을 하였다. 이광수에게 조선 유학은 열등한 조센징 및 주체적 정신이 부재한 '죽은' 조선민족을 논증하는 기제였다.159)

근대는 국가체제였기 때문에 박은식의 진아론과 유학 인식 역시 국가 그리고 민족의식과 무관할 수 없었다. 그러나 박은식은 진아론을 통해 주체적 정체성을 정립함으로써 이광수와 달리 타자중심주의에 매몰되지 않았으며, 유학적 본지에 투철함으로써 제국주의의 불평등한 폭력성을 비판할 수 있었다. 물론 진아 혹은 무문자가 근대사회의 주체로서 신국민이 된다고 한다면, 양명학은 국가 이데올로기의 성향을 띨 수밖에 없었다. 일본 양명학이 충군애국이념으로서 천황에 대한 충성과 그 실천을 강조했던 것도 하나의 예이다. 그런데 양명학을 비롯한 유학적 사유가 근대적 폭력을 재생산하는 이데올로기였다면, 그것은 인仁에 위배된다. 천황과 제국주의에 대한 맹목적인 충성을 강요했던 황도유학皇道儒學이 폭력과 침략을 지향하는 부도덕이었다는 점에서 유학의 본지와는 거리가 멀다. 유학의 인륜성은 제국주의의 폭력성을 인정하고 강화시키는 도구가 될 수 없기 때문이다. 이에 반해 박은식의 진아론은 팽창적 국가주의로 단순 환원되지 않았다는 데 큰 시사점이 있다.

---

158) 이광수 『李光洙全集』 제17권 「復活의 曙光」 31-2쪽.

159) 박정심 「이광수의 근대 주체의식에 대한 비판적 성찰」 『한국철학논집』 제45집 한국철학사연구회 2015 참조.

Ⅲ

식민기 유학담론의 지형과 대동사상

1. 유학의 근대적 변용과 타자화他者化된 주체

1) 동문론同文論과 요청된 타자

인도주의人道主義와 애인愛人의 이념인 인仁은, 지금 여기 나의 삶의 맥락에서 구현되어야 한다. 실제로 삶의 토대가 안정적이지 않다면 도덕을 아무리 강조한들 실천을 기대하기는 어렵다. 춘추전국시대는 계속된 전란으로 기본적인 의식주도 해결할 수 없는 상황이었다. 그래서 맹자는 성선의 삶을 가능하게 하는 출발점으로 정전제井田制를 통한 항산恒産 유지를 강조하였다. 경제적인 분배 정의는 도덕적 삶을 지향하는 왕도정치의 토대이다. 그가 정전제를 통해 항산을 보장해주지 않고 오륜을 말할 수 없다고 본 것도 같은 맥락이다. 그러므로 인은 형식적인 도덕을 주창하는 것보다는, 시대 변화와 삶의 문제를 깊이 성찰하고 대응하는 과정을 통해 구현된다.

앞서 살핀 바와 같이 왕조체제 해체는 삶의 양식 전반에 걸쳐 큰 변화를 가져왔으며, 국가는 근대적 삶을 규정짓는 가장 구체적이고 실질적인 범주가 되었다. 근대적 삶은 개인의 자유와 평등이란 인간 해방을 추구하였는데, 그것을 구현하는 실제적인 장이 국가였다. 박은식은 근대적 인은 양반 계층 중심의 전근대적인 정치이념에서 벗어나 무문자의 도덕성 및 주체성과 함께 평등의 가치를 실현하는 것이라고 인식하고, 인도의 평등주의를 이념적 토대로 삼아 구세주의로 구체화해나가야 한다고 보았다.

경술국치는 국권 상실의 위기에 직면했던 자강기와는 차원이 달랐다. 망국민이 된 박은식의 삶과 유학적 문제의식은 새로운 국면에 접어들었다. 박은식은 망명길에 올라 독립운동에 매진하였다. 그는 식민 경험이 경제적 정치적 수탈에 그치지 않고 타자화된 주체의식을 내면화하는 것을 심각하게 받아들였다. 신채호와 박은식은 이러한 부정적 주체의식을 사상적으로 깊이 문제 삼았다는 점에서 주목할 만한 근대사상가이다. 신채호의 지적처럼 근대적 주체 즉 아我는 타자 즉 비아非我를 전제하지 않고는 성립할 수 없었다는 점에서 타자와 마주선, 그리고 관계맺음하는 주체였다. 그래서 신채호는 아의 역사적 정체성을 바탕으로 비아와 어떻게 관계맺음할 것인가를 철학적 주제로 삼았다. 이처럼 주체의식의 정립을 물었던 것은, 유럽중심주의가 세계적으로 확산되었을 뿐만 아니라 공고화되던 시기였기에 더욱 큰 의미가 있었다. 근대는 유럽중심주의가 세계적 보편이념으로서 강제되어, 유럽중심적인 주체의식과 문명의식이 유일한 준거로 작동되기 시작했다. 세계는 이성적 주체와 야만적인 타자로 이분화되고, 이성의 역사가 없는 비서구는 열등하고 미성숙한 자연상태로 규정되었다. 미성숙한 타자는 주체와 동등한 인간 주체가 아니라, 계몽의 대상일 뿐이었다. 계몽이성적 주체는 타자의 이야기를 들을 필요가 없었다. 한국 근대 역시 예외가 아니었다. 그러나 신채호는 아와 비아는 마주

선 주체들로서, 투쟁적 관계로 맞서든 아니면 보편가치 실현을 위해 연대하든지 간에 서로 관계맺음하는 존재들임을 분명히 하였다. 아가 참된 아가 되는 것은 비아와 마주 서기 위한 전제이면서 출발지점이기도 하였다.[1] 신채호가 아의 역사적 정체성을 사상적 기반으로 이성과 마주하였다면, 박은식은 유학적 맥락에서 근대를 통찰하고 치양지의 진아를 통해 근대의 폭력성을 비판하였다.

동아시아의 근대주체는 민족국가 건설을 위한 국민 만들기와 밀접한 관련 속에서 정립되었으며, 서구적 근대문명 수용이란 자장 속에서 생성된 탓에 서구적 근대를 재생산하는 측면이 강했다. 특히 아시아의 영국이 되고자 했던 일본은 유럽처럼 식민지를 개척하는 과정에서 스스로 아시아 맹주라고 자임하고, 그것을 문명지도론과 동양평화론으로써 정당화하였다. 식민기(1910-1945)는 유럽중심주의와 그를 재생산한 일본주의가 보편적 타자들로서 작동하였다. 아시아 '밖'의 유럽은 지리적으로도 멀었지만 문화와 인종적 차이 역시 분명해서, 그들이 낯선 타자라는 것은 굳이 해명할 필요조차 없이 명확하게 알아차릴 수 있었다. 그들이 가져온 문명(civilization)과 유럽중심주의도 낯선 유럽인의 생김새만큼 우리와 다른 이질적인 것이었다. 그러나 일본은 한국과 다르면서도 유사한 문화적 정체성을 유지해온 친숙한 타자였다.

한편 일본 역시 중국에 대한 낯선 친숙함이 당혹스러웠다. 일본은 오랫동안 중화주의 질서 내에 있었다. 중국의 영향을 받았지만 이제는 그들보다 우월하다는 것을 증명해야만 동양의 새로운 맹주로서 자리매김할 수 있었던 일본은 중화주의적 색채를 희석시키고자 하였

1) 박정심 『단재 신채호 : 조선의 아, 비아와 마주서다』 문사철 2019 참조.

다. 동양 맹주盟主로서의 일본은 중국을 열등한 타자로 만들어야 했지만, 동시에 유럽과 다른 동양적 정체성을 구축해야만 아시아적 공동체 건설을 위한 지역 연대를 설득할 수 있었다. 일본은 동양 문화의 정수精髓를 향유하고 있다고 자평함으로써 내부적 타자를 억압하고 배제하였는데,[2] 특히 유학은 제국 일본의 정체성을 생성하는 주요한 사상적 도구였다. 유학은 친숙한 타자이거나 혹은 우열의 확연한 차이를 확인시켜주는 양면적 기제로서, 제국과 식민 사이의 간극을 넓히거나 혹은 좁히는 데 이용되었다.

맹주 일본은 중화주의 해체 이후 유학담론을 생산하는 주도적 위치에 섰다. 일본은 중국 중심의 중화문명을 부정하는 차원에서 중국을 china의 음역인 '지나支那'라는 지역적 명칭으로 격하시킨 반면, 일본을 지역의 문명중심국으로 격상시켰다. 그리고 천하에 비견되는 '동양'의 중심에 일본을 자리매김하는 동양주의를 제창하였다. 아시아대륙의 황인종으로서 오랫동안 유학적 동문의식同文意識을 공유해왔다는 동주동종동문同洲同種同文論을 내용으로 하는 동양주의는 일본을 맹주로 하여 유럽 백인종의 침략에 대항해야 한다는 연대를 표방하였지만, 실상은 일본팽창주의의 다른 이름에 불과했다. '동양'은 천하를 대신하는 근대적인 지리 개념에 그치지 않고 서구와 다른 하나의 독자적인 문화적 영역으로 간주되었으며, 일본중심주의를 옹립하고자 하는 일본인의 우월한 자의식을 담은 근대 지리적 공간이었다. 특히 중화문명을 대체했던 동문론은 동양주의의 사상적 기반으로서 유학을 근대적 맥락에서 어떻게 자리매김할 것인지와 연관되어 있었다.

일본은 일차적으로 『논어』를 만든 지나와 아편을 피우는 지나를

---

2) 오카쿠라 텐신 지음 정천구 옮김 『동양의 이상』 산지니 2011 참조.

동일한 지나로 설명해야 한다고 여겼다.[3] 나이토 고난(內藤甲南)은 정체停滯된 노대국老大國인 중국은 근대적 변혁과는 무관하여 자기 혁신 시도조차 헛수고로 끝날 것이므로, 오로지 외부(일본)에 의해서만 혁신이 가능하다고 진단하였다. 그는 '지나인을 대신해서, 지나를 위해서'를 주장하면서, 일본 제국주의를 합리화하는 정치적 담론을 전개하였다.[4] 일본중심주의를 확립하기 위한 방편이었던 지나학은 중국의 고전에 대한 문헌학적 비판이 주된 내용이었다. 다케우치 요시오(武內義雄)는 『노자』와 『논어』 연구를 통해 이러한 고전들이 '불확실한' 텍스트에 지나지 않는다고 평가절하하였고, 쓰다 소우키치(津田左右吉)도 『논어』가 불확실한 편찬물일 뿐이라고 결론지었다. 이러한 문헌비판학은 그처럼 믿을 수 없는 텍스트를 만들어내 경전으로서 존숭하고 거기에 넘쳐흐르는 추상적인 해석이나 덧붙이는 것을 자신의 업으로 삼아온 유가, 곧 중국 지식인들에 대한 불신으로 이어졌다. 쓰다는 중국인들은 과거 문화나 정신 형성에 대한 반성과 비판을 수행할 수 없고 학술 발달도 뒤떨어져 있는데, 일본인의 지나학이 그런 반성과 비판을 도와줄 수 있다고 주장하였다.[5]

그러나 한편으로 동양의 문화적 동질성을 공유하고 있다는 동문론

---

3) 고야스 노부쿠니 저 김석근 역 『일본근대사상비판』 역사비평사 2007, 106쪽.

4) 고야스 노부쿠니 저 김석근 역 『일본근대사상비판』 역사비평사 2007, 107-143쪽 참조. 나이토 고난은 1914년의 『지나론』과 1924년의 『신지나론』에서 제국주의적 담론으로서의 일본지식인의 중국인식을 잘 보여주었다. 또 1920년에 창간되어 1947년 폐간되었으며, 교토대학 지나학회의 기관지 역할을 담당했던 〈지나학〉이란 잡지는 중화문명의 중심국으로서의 중국이 아니라 외부의 시각에서 '지나학'의 경전들에 대한 문헌적 가치를 의심하거나 비판함으로써 서구의 중국학에 대항해 일본의 지나학을 확립해나갔다.

5) 고야스 노부쿠니 저 김석근 역 『일본근대사상비판』 역사비평사 2007, 148-9쪽.

을 통해 서구와 다른 아시아적 가치를 보존해야 한다는 주장도 펼쳤다. 일본은 인도의 불교를 비롯하여 중국의 유가와 도가의 유산을 가장 잘 보존해왔을 뿐만 아니라 아시아적 가치에 대한 자각을 할 수 있는 유일한 근대국가라고 주장하였다. 더 나아가 일본의 동양문화는 단순히 일본민족주의를 표상하는 것에 국한되지 않고 아시아를 지도할 수 있는 담론체계를 갖추고 있다고 강조하였다. 즉 동문론은 일본 패권주의를 기존의 역사적 문맥에 재배열함으로써 침략 야욕을 은폐하고 주변국을 설득시키려는 의도의 산물이었다.

이러한 일본의 양면적 의도는 어느 정도 성공적이었다. 한국 근대 지식인들은 몽골제국의 정복사를 황인종의 승리라고 치켜세우면서 옛 제국의 영광을 통해 대리만족을 느꼈다.[6] 《제국신문》은 그런 개념을 더욱 확장시켜 아시아 전체가 황인종의 대륙이라고 했다.[7] 황인종 개념은 한중일을 통칭하던 동양개념과 결합하여 혼용되었다. 《독립신문》에 따르면 한중일 거주자는 같은 대륙에 살면서 종자도 같기 때문에 신체와 모발이 흡사하고 공통의 문자를 사용하며, 수많은 문화적 관습을 공유한다고 했다.[8] 한중일이 같은 황인종이라는 인식은 곧 동양 삼국이 연대하여 서양 백인의 제국주의에 저항해야 한다는 아시아연대론을 긍정적으로 수용하게 했다. 러일전쟁 당시 많은 지식인이 일본의 승리를 기원했던 것과 안중근의 동양평화론에서 이를 확인할 수 있다. 또 자강기 대표적인 친일세력이었던 일진회는 황인종의 단결을 내세워 일본에 협력할 것을 촉구했을 뿐만 아니라, 1909

---

6) 《황성신문》 1900년 1월 2일자 논설.

7) 《제국신문》 1898년 8월 25일자 논설.

8) 《독립신문》 1898년 4월 7일자 논설, 1899년 3월 2일자 논설에서도 일본과 한국을 같은 인종으로 취급하고 있다.

년에는 합병을 요구하는 청원서를 제출하기까지 했다. 일진회만 아시아연대론을 옹호했던 것은 아니었으니, 《황성신문》은 러일전쟁에서 승리한 일본이 침략야욕을 본격화하기 전까지는 동양 삼국 평화론을 지지했다. 《황성신문》은 동양이란 개념을 사용함으로써 이른바 동양 삼국의 문화적 동질성을 바탕으로 한 인종적 연대에 찬성했는데, 아시아를 4억 중국인과 2천만 한국인 그리고 4천만 일본인이 동주同洲에서 동종同種으로서 동문同文을 누리고 살고 있는 지역이라고 하였다.9)

박은식은 《황성신문》 주필로 활동하기도 했다. 그가 직접 쓴 것은 아니지만 《황성신문》은 동양주의에 대해 매우 긍정적인 평가를 게재하였다.10) 이는 신채호가 동양주의를 시대적 오판으로 극렬히 비판했던 것과 대조를 이룬다.11) 박은식이 일본맹주론의 다른 이름인 동양주의를 체계적으로 비판한 것은 1920년대로 보인다. 그는 1919년 「대한독립선언서」에서 이족통치의 억압을 해탈하고 대한 민족의 자립을 선포한다.

> 아, 대중아! 공의公義로 독립한 자는 공의로 진행할지라. 일체방편一切方便으로 군국전제軍國專制를 제거하여 민족평등을 전 지구에 펼칠 것이니 이것이 우리 독립의 제일의第一義이다. 무력겸병을 근절하여 평균천하의 공도를 진행할지니 이는 우리 독립의 본

9) 《황성신문》1899년 5월 24일자 논설.

10) 박정심 「《황성신문》의 '동양(東洋)' 인식에 관한 연구」 『한국철학논집』 59집 2018 참조.

11) 박정심 「신채호의 동양주의(東洋主義) 비평에 대한 연구」 『코기토』 89호 2019 참조.

> 령이다. 밀맹사전密盟私戰을 엄금하고 대동평화를 선전할지니 이는 우리 복국復國의 사명이다. (중략) 이천만 형제자매여! 국민 본령을 자각한 독립인 줄을 기억하며, 동양평화를 보장하고 인류평등을 실시하기 위한 자립인 것을 명심할지라.[12)]

이 글에서 일본이 한국을 합병한 동기는 범일본주의를 아시아에 행하려는 것으로 이는 동양의 적이라고 명시하였다. 이는 그가 일본이 주창한 범일본주의가 일본의 제국주의 침략을 정당화하는 것인 반면, 대한 독립을 구심점으로 한 대동평화야말로 평화적인 지역 연대임을 분별한 것이다. 즉 일본맹주적 동양주의는 군국적 제국주의의 다른 이름에 지나지 않으며 그것은 아시아 혹은 동양의 평화를 구현하는 길이 아님을 명확하게 인지한 것이다. 또 본인이 직접 쓴 선언서는 아니지만 최남선의 선언서를 『한국독립운동지혈사韓國獨立運動之血史』에 실음으로써,[13)] 그가 일본평화론과 동양주의가 제국주의 침략의 정당화에 지나지 않으며, 이를 통해서는 동양평화는 물론 유학의 궁극적 목표인 사해동포주의도 실현할 수 없다는 점을 분명히 인식하고 있었음을 엿볼 수 있다.

동양이란 개념으로 표상된 일본의 근대적 자의식은 근대 일본인의

---

12) 강만길 편 『趙素昻』 「대한독립선언서」 한길사 1982, 11쪽.

13) 『朴殷植全書』 上 「韓國獨立運動之血史」 514쪽 : 양국 병합은 그 주요 목적이 동양평화에 있다고 말하는데 소위 동양평화란 무엇인가? 과연 한인의 국가적 희생과 민족적 불행이 필요한가? 한인의 국가적 생명을 단절함이 과연 동양평화의 영구적인 비료가 된단 말인가? 진정한 동양평화란 으레 공존주의의 기초에 입각하여 확고하게 公義로써 건립되며, 결코 一國의 욕망이나 한때의 세력으로 함부로 남의 나라를 병탄해서 성립되지 아니한다. 세상에 어찌 폭약을 초석에 장치한 건축이 안전하고 견고할 수 있겠는가! 그러므로 양국 병합은 다만 동양평화를 위해 불행할 뿐이다.

주체인식을 관통하고 있었으며 제국주의 침략이 가속화될수록 더욱 체계화해나갔다. 1차 세계대전 이후 유럽중심주의에 대한 비판적 재인식을 통해 유럽과 '다른' 동양을 발견하려는 시도가 근대초극론近代超克論으로 이론화되었다. 근대초극론자들은 세계대전과 제국주의 침략을 통해 유럽의 물질문명과 다른, 일본의 정신문화적 우월성이 입증되었다고 판단하였다. 그리고 이러한 일본의 문화적 우월성이 근대 유럽의 문명을 초극할 수 있다는 자신감으로 표출된 것이다. 세계대전 이후 문명(civilization) 중심의 유럽주의가 붕괴되었고, 물질문명에 치우친 유럽 근대문명은 세계사의 통일적 이념이 될 수 없기에, 이제 일본이 세계사의 새로운 중심으로 우뚝 서야 할 때라고 판단하였다. 따라서 일본은 유럽주의를 대체할 수 있는 세계사의 새로운 이념으로서 동아문화를 주창하고, 세계적이고 정신적인 동아문화의 가치를 발견하고자 하였다. 일본은 만주사변과 중일전쟁을 계기로 일본 만주 중국을 전략적으로 포괄하는 동아연맹과 동아협력체를 구상했다. 동아협력체는 일본의 침략전쟁을 성전聖戰이라고 주장하고, 일본이 정치적 경제적으로 협력체의 지도적 위치에 서 있음을 의심하지 않았다. 성전을 치르고 있는 동양 맹주로서의 일본은 물질문명에 치중한 유럽적 근대를 초극超克하고, 일본정신을 중심으로 한 세계적 차원의 동양적 자기의식을 정립하고자 하였다. 그런데 소화 10년대(1935-1945) 일본 지식인들이 대거 참여했던 근대초극론은 1945년 패전 선언과 함께 순식간에 사라졌다.

계몽이성의 문명적 우월함이 비서구지역의 미성숙한 상태의 열등한 타자를 전제로 했을 때라야 성립할 수 있었던 것처럼, 유럽중심주의를 재생산했던 동양주의 역시 열등한 타자를 필요로 하였다. 근대 일본의 우월적 자의식은 일본적인 것과 열등한 아시아적인 것의 차이를 입증하는 데에 주력하였다. 지나와 조센징(朝鮮人)은 근대 일본의 자의식을 뒷받침해주는 역할을 하였다. 열등한 '조센징'은 군사적 경제적 우위뿐만 아니라 정신문명에서도 일본이 우월하다는 근대 일본의 자의식이 조선 인식에 투영된 것이었다. '조센징'은 유럽중심주의와 일본중심주의라는 중층적 근대중심주의에 근거하여 일본이 생산한 열등하고 결핍된 타자였다. 조선인의 열등성은 곧 일본의 문명성과 침략의 정당성을 입증하는 중요한 기제였으므로, 열등한 조센징 만들기는 더욱 체계화되어갔다.

2) 동양의 열등한 타자, 조센징

조선 유학을 체계적으로 연구했던 다카하시 도루(高橋亨)를 비롯하여 이광수 최남선 등 많은 식민기 한국 지식인들이 동양주의적 세계관에 가세함으로써, 타자중심적 주체의식은 더욱 내면화되고 확산되었다. 다카하시는 조선과 일본이 모두 중국 문명을 수용했지만, 일본은 '조선과 근본적으로 다르다.'는 점을 부각시켰다.

> 조선은 지리적으로 가깝고 민족의 사상이 없었기 때문에 중국 문명 수입 이후 나라 정세는 일본과 전혀 달랐다. 조선은 오로지 자기를 버리고 중국을 모방하는 데에 이르러, 사상적으로 조선의 특색을 잃어버린 채 두 번 다시 되살리지 못하게 되었다.[14]

그는 조선은 한자와 문학 과거제 등 중국제도를 묵수했을 뿐 아니라, 불교는 중국불교사에 비해 소규모에 불과하고 유학은 저급한 주

14) 高橋亨 저 구인모 번역『조선인(식민지 조선인을 논하다)』「조선인의 열 가지 특성 - 사상의 종속」동국대출판부 2010, 73쪽.

자학사라고 단정하였다.[15] 즉 조선은 중국 것을 나의 것으로 동화시키는 능력이 없어 오직 중국 문화와 제도에 몰입한 나머지 제 것을 잃어버리는 지경에 이르렀다고 평가절하하였다.[16] 반면 일본은 중국을 배운 후 일본화하는 데 성공했다고 자평하였다.[17] 또 일본보다 조선이 열등했던 것은 대륙과 연속되어있는 지리적 인접성과 중국에 정치적으로 종속된 점, 독창성과 연구심 부족과 민족의 중심사상 부재가 원인이라고 파악하였다.

> (대륙의 연속인 조선은 중국과 닮아) 섬나라인 일본이 독특한 기후풍토를 향유하여 빼어난 산수와 화목花木이 자라나는 것과 크게 다르다. 또 일본은 독특한 국체國體를 이루고 있어 민족사상에 불변의 중심점이 있고, 외래사상에 종속되지 않았다. 외래사상을 반드시 일본화한 다음에야 그 존재를 인정하였다.[18]

그는 독특한 국체와 사상적 중심점이 있어 중국 문화를 일본화한 일본과 달리, 오랫동안 중국에 종속되었던 조선은 모든 면에서 중국 문명의 아류에 지나지 않는다고 폄훼하였다. 조선인은 주자의 예例에 따라 심리心理를 배우는 등 중국유교를 맹종하였지만 모든 학문 분야

---

15) 高橋亨 저 구인모 번역 『조선인(식민지 조선인을 논하다)』「조선인의 열 가지 특성 - 사상의 종속」 동국대출판부 2010, 74-7쪽.

16) 高橋亨 저 구인모 번역 『조선인(식민지 조선인을 논하다)』「조선인의 열 가지 특성 - 사상의 종속」 동국대출판부 2010, 74쪽.

17) 高橋亨 저 구인모 번역 『조선인(식민지 조선인을 논하다)』「조선인의 열 가지 특성 - 사상의 종속」동국대출판부 2010, 78쪽.

18) 高橋亨 저 구인모 번역 『조선인(식민지 조선인을 논하다)』「조선인의 열 가지 특성 - 사상의 종속」동국대출판부 2010, 79쪽.

에서 중국의 풍부함에 견줄 수가 없을 뿐 아니라, 근대성의 중요한 요소인 과학적 사상도 전무하다고 하였다.[19] 학술 분야는 물론 예술 역시 중국이나 일본과는 현격한 차이가 있다고 하였다.

> 조선의 예술품은 양적으로나 질적으로나 볼만한 것이 없다. 조선 전체를 통틀어도 일본의 가장 큰 한 개의 현縣이 소장한 것만도 못하다. 그나마 가장 진귀하고 값비싼 물건은 중국 것이다.[20]

다카하시는 조선의 예술품은 일본의 한 현이 소장한 것에도 미치지 못할뿐더러, 심미관념審美觀念도 결핍되어 있다고 하였다. 심미관념이 결핍된 것은 유학이 검소함을 이상으로 삼고 실리주의를 추구했기 때문이기도 하지만, 관료들의 탐욕이 큰 원인이었으며, 왕실과 양반이 예술을 숭상하지 않은 탓도 있다고 하였다. 특히 중국에 대한 종속성은 문화적으로 열등할 수밖에 없는 근본적인 원인이라고 파악하였다.

다카하시는 종속성과 함께 근대정신을 소유하지 못한 점 역시 조선인의 열등성을 입증하는 논거라고 주장하고, 열등함에도 불구하고 이를 자각하지 못하는 야만상태가 더 큰 문제라고 지적하였다. 낙천적 성품 역시 문명사회가 되는데 방해가 될 뿐이라고 하였다.

> 조선인의 낙천성이란 생존경쟁이 치열한 문명사회 인간의 눈으로 보자면 마치 세상의 근심을 모르는 듯한 정신 상태를 가지고 있다는 것을 의미한다.[21]

---

19) 조선총독부 편저 김문학 번역 『조선인의 사상과 성격』 북타임 2010, 410-1쪽.
20) 高橋亨 저 구인모 번역 『조선인(식민지 조선인을 논하다)』「조선인의 열 가지 특성 - 審美觀念의 缺乏」동국대출판부 2010, 101-2쪽.

또한 대다수의 조선인은 이미 가난에 길들어져 있어 아무리 일을 해도 부유해질 수 없는 처지에 놓여있다고 하였다.[22] 그는 특히 일본과 조선의 본질적인 차이는 현격한 문명화 정도에서 가장 잘 드러난다고 하였다. 그는 문화적 고유성을 간직한 일본문화는 중국에 종속되지 않았다는 점에서 우월하며, 문화 수준 자체도 조선보다 높다고 단언하였다. 일본과 조선의 문화적 수준 차이는 곧 민족적 우열은 물론 식민통치가 정당함을 입증하는 증거라고 하였다. 즉 문명화된 일본이 문화정치를 통해 야만상태에 놓인 조선을 문명화하는 것이 당연하다는 주장이다. 그는 문화정치 이전에는 전무했던 것들이 총독정치를 통해 가능해졌기 때문에 식민정책이 곧 문명화라고 강변하였다.

> 문화란 인간의 정신적 물질적 생활의 개선과 향상을 의미한다. 일본인이 지닌 문화는 조선인이 지닌 문화보다 훨씬 높은 경지에 있다. 일본인의 높은 문화로 조선인의 문화를 진전시키는 것이 곧 문화이기도 하다. 문화정치란 일본인이 조선인에 비해 우월한 학문적 도덕적 예술적 정치적 경제적 능력으로 조선인을 계몽시키고 조선의 자연을 개척하여 마침내 조선인의 도덕 학문 예술 정치 경제의 능력을 일본과 같아지도록 평준화하고 조선의 자연 생산력을 내지內地(일본)와 같은 수준에 이르게 하는 것이다.[23]

---

21) 高橋亨 저 구인모 번역 『조선인(식민지 조선인을 논하다)』「조선인의 열 가지 특성 - 낙천성」동국대출판부 2010, 135쪽.

22) 高橋亨 저 구인모 번역 『조선인(식민지 조선인을 논하다)』「조선인의 열 가지 특성 - 낙천성」동국대출판부 2010, 137-8쪽.

23) 高橋亨 저 구인모 번역 『조선인(식민지 조선인을 논하다)』「조선의 문화정치와 사상문제」동국대출판부 2010, 191-2쪽.

다카하시는 일본문화가 곧 문화의 전범이며, 그 문화적 우월이 주변국을 문명적으로 지도할 수 있는 지위를 확보해준다고 보았다. 열등한 아시아를 '문명적 진보'로 나아가게 할 수 있는 일본의 원동력은 바로 인도와 중국 심지어 서양과 구별되는 독창적이면서도 동양의 문화적 정수를 실현한 일본의 문화적 자의식이라고 자평하였다.

> 나는 일본이 중국이나 인도의 문화와 문명, 그리고 서양의 문화와 문명에 대해 특수한 문화와 문명을 지니고 있다고 믿는다. 그것은 일본인의 도덕적 특색과 예술적 특색을 통해 알 수 있다. (중략) 오늘날 일본은 서양 문화의 수입과 그것의 일본화를 병행하여 일본문화의 권위를 세워야 한다.[24)]

다카하시는 당시 일본 지식인들이 생산한 동양적 우월의식을 그대로 조선인 인식에 투영하였다. 동양적 우월의식은 곧 열등한 타자를 통해 증명된다고 여겼지만, 그것은 학문적인 엄밀성보다는 일본인의 심상心象에 의거한 것이었다. 그는 조선의 예술과 사상이 모두 중국을 모방한 것에 불과하다거나,[25)] 유학은 물론 불교 역시 독창적인 성격이 결여되어 있다는 평가가[26)] 곧 일본의 문화적 우월성을 입증한다고 하였지만, 이것이야말로 편협한 믿음에 지나지 않았다. 이러한 허구적 믿음이 식민 지배를 정당화하는 논리로 작동했다는 점이 더욱 큰

---

24) 高橋亨 저 구인모 번역 『조선인(식민지 조선인을 논하다)』「조선의 문화정치와 사상문제」동국대출판부 2010, 194-5쪽.

25) 高橋亨 저 구인모 번역 『조선인(식민지 조선인을 논하다)』「조선, 조선인」동국대출판부 2010, 48-9쪽.

26) 高橋亨 저 구인모 번역 『조선인(식민지 조선인을 논하다)』「종교적 고찰」 53쪽 「조선인의 열 가지 특성 - 사상의 고착」동국대출판부 2010, 58-9쪽.

문제였다. 이러한 오류는 단지 다카하시 개인에 그친 것이 아니다. 예컨대 오카쿠라 텐신은 『동양의 이상』[27]에서 인도와 중국으로 대별되는 아시아의 문화적 정수는 곧 일본의 문화임을 천명하고 일본만이 유일하게 아시아의 지도국이 될 수 있다고 하였다.

일본의 우월함을 증명하기 위해 요청되었던 열등한 '조센징'은 식민지 지식인에게 그대로 투영되어 내면화되었다. 이광수는 당시 일본에서 생산된 타자로서의 조선인식과 문화정치를 그대로 재생산하였다. 그는 서양과 일본의 정신적 문명성 혹은 문화적 우월성을 전제로 조선인을 인식하였다. 조선인은 무엇보다 '나는 나이다.'를 자각할 수 없기에 주체적인 판단과 행동이 불가능하며, 스스로 역사를 창조할만한 능력이 없는 비주체적 주체라고 판단하였다.

> '나는 내다'하는 생각과 '내가 이렇게 생각하니까 이렇게 행한다'하는 자각이 없으면, 그 사회에는 번민이나 갈등도 없는 대신에 진보도 향상도 없을 것이다.[28]

이광수는 주체적 자각과 행위를 가능하게 하는 것이 주체적 정신인데, 조선의 정신은 이미 천 년 이상 정지된 상태라고 평가하였다. 따라서 조선이 지향해야 할 문명성은 역사적 유산에서 찾을 수 없기에, 일본으로부터 수용해야만 근대 조선의 신문화를 창조할 수 있다고 주장하였다.[29] 이광수는 자기 정신이 없는 조선은 일본에서 유입된 신문명을 통해 '정신의 소리'를 들을 수 있고, 비로소 정신적인 자각이

---

27) 오카쿠라 텐신 지음 정천구 옮김 『동양의 이상』 산지니 2011 참조.

28) 李光洙 『李光洙全集』 제17권 「復活의 曙光」 36쪽.

29) 李光洙 『李光洙全集』 제20권 「우리의 이상」 156쪽.

가능하다고 하였다.

> 일본문자(日本文)로 발행된 신문 서적 잡지 등도 놀랍게 보급되었고, 최근에 문학 철학 종교 예술 등 고상한 정신문명까지도 향유하려는 청년 계층이 생겨났다. (이러한 청년의 활동을 통하여) 나는 십 세기 동안 생활을 정지하였던 조선인의 정신의 소리를 들었다.[30]

이광수가 조선인의 정신이 일본의 신문명을 통해서야 발견될 수 있다고 한 것은, 조선이 추구해야 할 문명성이 조선의 '밖'에 있다는 뜻이다. 그렇다면 조선의 '안'에 있었던 모든 것은 부정되어야 마땅한 대상이 되어버린다. 그가 '민족'을 사상적 중심과제로 탐색했지만, 그가 말한 조선민족은 주체적 자기 이해가 불가능한, 언제나 보편타자에 의해 말해져야 할 대상에 불과했던 까닭은 근대 조선민족이 들어야 할 정신의 소리와 추구해야 할 문명성이 조선의 밖에 있었기 때문이다. 이것이 바로 '조선주체의 파산선고'이다.

이광수는 조선 오백 년간 조선인은 '우리 것'이라고 할 만한 철학 종교 문학 예술을 가지지 못한 부끄러운 민족이었다고 평가하였다.[31]

> 나는 조선인의 역사를 상고하였다. 부끄러운 말이거니와 우리의 철학이라 할 철학과 우리의 종교라 할 종교와 우리의 문학이라 할 문학이 없었다.[32]

---

30) 李光洙『李光洙全集』제17권「復活의 曙光」34-5쪽.

31) 李光洙『李光洙全集』제17권「復活의 曙光」28쪽.

32) 李光洙『李光洙全集』제17권「復活의 曙光」29쪽.

조선민족의 쇠퇴 원인은 '우리 것'이라고 할 만한 정신성의 부재와 민족성의 타락에 있으며, 그러한 민족성의 근저에는 도덕의 부패가 있다고 보았다.[33] 또 조선인은 이미 나태하고 타락한 민족성을 가지고 있기 때문에 파산상태에 이르렀으며, 멸절할 가능성도 있다고 경고하였다.

> 나는 본론에서 조선민족의 경제적 파산, 도덕적 파산, 지식적 파산을 논하여 현재 조선민족에게 거의 민족적 생활의 능력이 없음을 말했다. 흔히 우리네가 말하는 '조선민족은 이미 쇠퇴가 극에 달하였으니까 이제부터 천운이 순환하여 성운盛運에 들리라.' 고 하는 신념의 오류를 지적하고, 조선민족은 아직도 쇠망의 과정에 있으니 씨도 없이 멸절할 수 있다는 것을 역설하였다.[34]

이광수는 조선민족은 도덕적 타락 때문에 개인이나 민족이나 열패자劣敗者가 될 수밖에 없는 상태라고 진단하였다. 그리고 도덕적 타락과 민족적 열패 즉 망국의 근본적이고 직접적인 원인은 유학에 있다고 지적하였다.[35]

3) 조선 유학을 통한 '열등한 조선' 논증

다카하시는 '조선' 개념을 한민족의 역사와 문화 전체를 통시적으로

---

33) 李光洙『李光洙全集』제17권「民族改造論」192쪽, 202쪽.

34) 李光洙『李光洙全集』제17권「少年에게」251쪽.

35) 이광수의 근대 주체의식과 유학에 대한 부정적 인식의 상관관계에 대해서는 박정심「이광수의 근대 주체의식에 대한 비판적 성찰」『한국철학논집』제 45집 2015 참조.

지칭하는 동시에 조선왕조와 동일시하여 사용하였다. 이것은 조선왕조의 시대정신이었던 유학에 관한 부정적 시각을 통해 조선의 문화와 역사를 통시적으로 부정 왜곡하려는 의도에서 비롯되었다. 그는 성리학에 관한 부정적 평가를 통해 조선 문화와 사상의 원시성과 열등함을 우월한 일본과 대비적으로 논증함으로써 식민통치의 정당성을 확보하고자 하였다.[36] 그는 조선에 '철학'이 전래된 것은 고려 충렬왕 때 『주자대전』이 전해져 태학에서 연구한 것이 처음이며, 순수철학 즉 형이상학의 연구는 주자학 수입을 기원으로 삼을 수밖에 없다고 하였다.[37] 따라서 조선에서 철학이라고 할 만한 것이 주자학 이외에는 없는데, 이마저 사상적 고착성과 종속성 및 형식주의의 결정체라고 하였다.[38]

36) 일본인의 조선 인식이 식민정책과 불가분의 관계 속에서 형성된 것은 비단 그에게 국한된 것은 아니었고, 당대 일본인의 일반적인 인식이기도 하였다. 조선총독부 편저 김문학 번역 『조선인의 사상과 성격』 山縣五十雄 「조선인의 사상변화에 대해」 북타임 2010, 266-7쪽 참조.

37) 高橋亨 저 구인모 번역 『조선인(식민지 조선인을 논하다)』 「조선, 조선인」 동국대 출판부 2010, 50-1쪽.
주자학은 고려 후기에 전래되었지만, 14세기에 들어온 주자학 관련 서적은 『사서집주』 『근사록』 『주자가례』 등 몇 종에 불과했다. 『성리대전』은 세종시대에 들어왔고, 중종 때 金安國이 『주자대전』 『주자어류』 등을 구입해왔다. 현전하는 『주자대전』 판본은 중종38년(1543) 본이다. 퇴계(1501-1570)는 『주자서절요』 서문에서 43세 때 처음으로 『주자대전』을 접했다고 하였다. 그러므로 『주자대전』이 고려 말에 들어왔다고 하는 다카하시의 언급은 사실과 다르다.

38) 이러한 조선 유학 인식은 비단 高橋亨의 개인적 견해에 국한되지 않았다. 《경성일보》(1922년 5월 5일)에는 "유교는 형식적인 종교로서 덕성을 순화하는 데 불과했다. 그런 까닭에 인간 만사 모든 것이 형식으로 치우쳤으며, 繁文縟禮의 폐단이 생겨 아무 일에나 형식만 존중하기에 이르렀다."고 하였으며, "대체로 조선의 도덕교육은 형식적인 유교와 소극적인 유교의 감화력에 있다. 그 결과 형식적인 도의만을 따르는 소극적인 존재가 된다."고 하여 유학을 형식주의로 평가하였다.

조선인의 특성 가운데 첫째는 사상의 고착이다. 조선인은 한번 어떤 사상을 수용해서 이를 자신의 사상으로 삼으면 끝까지 그것을 붙들고 즐기며 그 권위 아래에 있다.[39]

이러한 사상적 고착은 세계사상사에서 매우 드문 사례라고 하면서 조선이 사상적으로 심히 고착되었음을 증명하고자 하였다. 한 왕조가 오랫동안 유지되었던 것 역시 이러한 '고착성'을 증명하는 역사적 실례라고 하였다.

형식주의는 유교의 특색이다. (중략) 조선은 유교의 이점과 폐해 모두 중국 것을 그대로 받아들였으므로, 도덕 또한 예의의 외형을 요체로 하여 인심人心의 심오한 데에 도의의 뿌리가 있다는 사실을 잊고 말았다. (중략) 조선인은 오로지 형식을 좇는 데에만 고심하므로 순수한 도의심의 자연적 표현이 가로막혀 있다는 것을 알지 못한다.[40]

더욱이 사회의 도덕이 쇠하면 형식주의가 만연하게 되는데 조선은 형식만 좇아 도덕의 외형만 유지했다고 하였다. 이러한 성향은 이성理性의 형식주의를 중히 여기는 현상으로도 이어져 새로운 원리 연구나 발명에 뜻을 두지 않으며, 기존의 원리를 믿는 데 만족한다고 하였다.[41] 조선인은 형식적인 도덕성과 고착성으로 말미암아 새로운 변화

조선총독부 편저 김문학 번역『조선인의 사상과 성격』북타임 2010, 395-6쪽 참조.

39) 高橋亨 저 구인모 번역『조선인(식민지 조선인을 논하다)』「조선인의 열 가지 특성-사상의 고착」동국대출판부 2010, 57쪽.

40) 高橋亨 저 구인모 번역『조선인(식민지 조선인을 논하다)』「조선인의 열 가지 특성-형식주의」동국대출판부 2010, 81쪽.

나 과학적 원리 탐구가 불가능하기 때문에 스스로 근대사회를 생성할 수 없고, 따라서 일본의 문명적 지도와 식민주의가 필요하다고 결론지었다.

그는 조선의 열등함은 당쟁사로도 증명되는데,[42] 공사公私의 혼동과 가족주의가 삼백 년 정쟁의 원인이 되었다고 논증하였다.[43] 조선의 정치제도가 퇴폐한 첫 번째 원인은 공사를 혼동하여 공물公物을 사물私物로 왜곡하여 쓰는 데에서 비롯하였다. 두 번째 원인은 조선사회 조직의 가족주의에서 비롯하였다. 세 번째 원인은 중국제도의 결함을 그대로 답습했기 때문이었다.[44] 조선 유학의 고착성은 형식주의와 당쟁 등 부정적 요소와 연동되어 나타났다고 하였다. 특히 정치적 종속보다도 사상적 종속 정도가 더욱 심각한데, 종속성이 심각했기 때문에 그 어떤 것도 조선의 독창적인 사상으로 볼 것이 없다고 하였다.[45]

다카하시는 조선의 사상과 문화뿐만 아니라 역사도 모두 부정적인 것으로 점철되어 있다고 하였다. 그는 기자동래설을 인용하여 오래전부터 조선이 중국의 영향권 아래에 있었으며, 동방예의지국과 소중화의식 역시 사대주의적 발상에 지나지 않는다고 보았다.[46] 이러한 사

---

41) 高橋亨 저 구인모 번역 『조선인(식민지 조선인을 논하다)』「조선인의 열 가지 특성-사상의 종속」동국대출판부 2010, 85쪽.

42) 高橋亨 저 구인모 번역 『조선인(식민지 조선인을 논하다)』「조선인의 열 가지 특성 - 당파심」동국대출판부 2010, 89쪽.

43) 高橋亨 저 구인모 번역 『조선인(식민지 조선인을 논하다)』「문화정치에 반항하는 사상과 운동의 장래」동국대출판부 2010, 226쪽.

44) 高橋亨 저 구인모 번역 『조선인(식민지 조선인을 논하다)』「조선인의 열 가지 특성 - 公私의 혼동」동국대출판부 2010, 115, 117, 119쪽.

45) 高橋亨 저 구인모 번역 『조선인(식민지 조선인을 논하다)』「조선인의 열 가지 특성 - 사상의 종속」동국대출판부 2010, 71쪽.

46) 高橋亨 저 구인모 번역 『조선인(식민지 조선인을 논하다)』「조선인의 열 가지

대주의와 종속성은 순종성이란 민족성을 낳았다고 하였다.

> 국가는 중국의 통제에 순종하여 복종했고, 상류 사대부는 국왕의 권력에 복종했고, 중인과 상민은 계급제도에 순종하여 사대부의 압제에 복종했다.[47]

그는 조선 유학을 통해 증명된 것과 같이 역사 이래 정치적으로는 물론 사상 문화적으로 중국에 종속되어 사대주의를 벗어나지 못했기 때문에, 조선은 주체적인 정체성과 문화를 생성하지 못한 열등한 민족이라고 결론내렸다.

이광수는 일본지식인의 조선 유학 인식을 내면화하여 조선 유학을 통해 무정신의 조선주체를 발견하였다. 이광수는 조선 문자(朝鮮文)로 조선인 자신의 정신을 기록하지 못했을 뿐 아니라 지난 10세기 동안 정신활동이 정지된 상태이기 때문에,[48] 조선인이 정신생활을 할 수 있는 능력이 있는지 의심하였다. 정신적 능력을 상실한 조선민족은 이미 파산한 주체라고 단언하였다.

> 유학이 조선문학 발달을 저해한 죄는 영원히 소멸치 못할 것이다. (중략) 조선 유학자는 소중화라는 노예적 별명에 기뻐하고 감읍感泣하였다. (중략) 이 모양으로 남(他)을 자기(己)에게 동화시키는 대신에 자기가 남에게 동화되었다. 소중화라는 부끄러운 명

특성 - 관용과 위엄」동국대출판부 2010, 125쪽.

47) 高橋亨 저 구인모 번역 『조선인(식민지 조선인을 논하다)』「조선인의 열 가지 특성 - 順從」동국대출판부 2010, 131-2쪽.

48) 李光洙 『李光洙全集』 제17권 「復活의 曙光」 32-3쪽.

칭은 실로 중국인이 미련한 조선인에 하사한 것이니, 이 명칭을 받는 날이 즉 조선인이 아주 조선을 버린 졸업일이라, 이때에 조선인은 죽었다.[49)]

이광수는 조선 유학을 통해 드러나듯이 조선은 타자에 동화되어 주체성을 상실한 몰주체적 주체이기 때문에 '조선인은 죽었다.'고 선언하였다. 그리고 조선 역사는 주체적인 철학과 문화라고 할 만한 것이 없는데, 조선의 독창적인 철학과 문화가 부재한 것은 유학이 중화주의를 맹종했기 때문이라고 파악하였다. 그는 타자에 매몰되어 주체적 자기의식을 갖지 못했던 유학자들 때문에 조선정신이 없게 되었다고 비판하였다.

이광수의 견해에 따른다면 민족 재생의 길은 민족개조를 통한 문명화인데, 이는 공상과 공론이었던 유학과 단절하지 않으면 불가능하였다.

> 조선민족은 적어도 과거 오백 년간은 공상空想과 공론空論의 민족이었다. 그 증거는 오백 년 민족생활에 아무것도 남겨놓은 것이 없음을 보아 알 수 있다. 과학을 남겼나, 부를 남겼나, 철학 문학 예술을 남겼나, 무슨 자랑될 만한 건축을 남겼나, 또 영토를 남겼나, 그네 생활의 결과에는 남은 것이 하나도 없다. (중략) 진실로 근대 조선 오백 년 역사는 민족적 사업의 기록이 아니고, 공상과 공론의 기록이다. (중략) 진실로 근대 조선사는 허위와 나태의 기록이다.[50)]

---

49) 李光洙『李光洙全集』제17권「復活의 曙光」31-2쪽.

50) 李光洙『李光洙全集』제17권「民族改造論」206쪽. 또 그는 "왕양명을 통하여 전한 유교는 일본을 흥하게 하였고, 주희를 통하여 전한 유교는 조선을 쇠하게 하였다."고 하였다.(『李光洙全集』제17권「新生活論」521쪽)

이광수는 사회적 결함의 근본적인 원인이 국문이 아닌 중국문으로 글을 작성하고 소중화란 자의식을 지녔던 유학의 병폐라고 지적하였다. 조선 유학은 우리 정신의 모든 기능을 소모시키고 마비시킨 죄책罪責을 면할 수 없고,[51] 낡고 쓸모없는 전근대적 유산에 지나지 않는다고 평가하였다. 망국의 이념이 된 조선 유학은 사대주의와 정체성 당파싸움 등 부정되어야 할 모든 것이었다. 더 나아가 유학은 근대사회의 중추역할을 할 개인의식을 몰각하게 하는 중대한 문제점이 있었다.

> 유교는 성인의 예법을 지어 서민으로 하여금 무의식적으로 복종케 하는 것이니, 유교도덕은 개인의식을 몰각케 한다. 이 개인의식의 몰각이 사상의 발달을 크게 저해한다.[52]

따라서 유학밖에 모르던 낡은 사유에서 벗어나 기독교를 비롯한 서구 근대사상이란 신사상新思想의 자극을 받아 정신생활을 시작해야 한다고 주장하였다. 기독교가 급속하게 전파된 것 역시 유교가 민족적 신앙과 이상을 완전히 없애버리고 대신할만한 것을 주는 데 실패하여, 민중들을 이상과 신앙이 없는 암흑기에 신음하게 했기 때문이라고 하였다.[53]

다카하시와 이광수의 조선 유학 인식에서 드러난 바와 같이 유학에 대한 부정적 평가가 곧 조선의 원시성과 무정신성을 논증하는 기제로 작동했다는 것은 심각한 문제였다. 성리학이 근대적 격변에 제대로 대처했는가에 대해서는 여러 의견이 있을 수 있다. 유학이 시대정신

---

51) 李光洙 『李光洙全集』 제17권 「新生活論」 521쪽.

52) 李光洙 『李光洙全集』 제17권 「耶蘇教의 朝鮮에 준 恩惠」 19쪽.

53) 李光洙 『李光洙全集』 제17권 「新生活論」 547쪽.

으로서 제 역할을 다하지 못한 부분이 있었기 때문에, 그에 대한 비판은 필요하다. 하지만 유학에 대한 비판적 성찰이 곧 자기비하와 자기부정으로 직결되는 것은 다른 차원의 문제이다. 다카하시처럼 조선유학에 대한 부정적 평가를 통해 열등한 타자를 논증하는 것은 한국의 일본화, 즉 동일화전략의 한 양태에 불과한 것이었다. 이광수의 유학 부정은 주체 파산선고로 직결되었다. 이광수는 이성적 사유가 가능한 인텔리겐치아를 조선민족의 주체로 상정함으로써 서구 근대적 개인에 가장 근접한 조선인을 발견하였다. 따라서 그는 민족을 개조의 대상으로 규정하였으며, 미성숙한 우매한 민중은 이성적 사유가 가능한 중추계급의 지도를 받아야 한다고 주장하기에 이르렀다. 이러한 비주체적 주체성은 곧 제국주의적 침략을 문명적 발전으로 오인하게 하였다. 그가 친일을 문명적 발전으로 인식한 것은 그의 사유에서는 논리적 귀결이었다. 그러나 신채호와 박은식은 전근대적 유학에 대한 비판적 성찰을 통해 근대적 주체를 새롭게 정립함으로써 보편타자에 의해 규정된 열등한 타자화의 문제점을 극복할 수 있었다. 특히 박은식은 치양지를 실현하는 진아를 근대 한국의 주체로 정립하고, 진아를 민족국가적 독립 및 대동평화를 실현해나가는 역동적 주체로 파악하였다.

4) 근대초극론과 황도유학의 폭력성

소화 10년대(1935-45) 일본은 침략전쟁을 '성전聖戰'으로 미화하며 군국주의적 이데올로기를 적극적으로 생산하였다. 일본 정신문화의 우월성을 기반으로 한 근대초극론과 황도유학은 세계대전에 돌입한 일본 지식인의 사상전적思想戰的 성격을 지녔다. 근대초극론이 일본적인 것의 우월성을 전제로 유럽 문명을 비판하면서 근대적 자기 이해를 구축했다는 측면에서 일본 내부의 주류담론이었다면,[54] 황도유학은 대동아공영권과 짝을 이뤄 식민지의 협력을 강제하려는 의도가 있었다는 측면에서 대외적 담론이었다. 서구적 근대를 '초극'한다는 의미인 근대초극론은 서양과 중국 및 아시아와는 구별되면서도 아시아문화의 정수를 온축하고 있는 일본의 정신문화(culture)를 체계화하고 미화하려는 의도를 가지고 있었다. 근대초극론은 1차 세계대전 이후 영국과 프랑스 중심의 물질문명(civilization)적 유럽중심주의를 초극한다고 하는 '저항'적 의미를 담고 있었으나, 그것은 우수한 정신문화를 가진 일본이 그들보다 우월하며 따라서 그들을 문명적으로 지배하고자 하는 야망을 정당화하기 위한 도구에 불과했다. 즉 근대초극론은 서구적 근대성이 지닌 폭력성의 문제를 대면한 것이 아니라 일본중심주의를 더욱 강화함으로써, 일본의 대륙침략을 '성전'으로 미화하는 이데올로기로 창출된 것이다.

일본의 대외적 팽창은 식민권력의 강화를 의미하였다. 식민지 조선에서는 내선일체內鮮一體에 입각한 황국신민화정책에서 더 나아가, 황도유학을 내세워 대동아공영권의 정당성을 확보하고자 하였다. 총독부의 의도에 따라 결성된 조선유도연합회는 경학원과 함께 식민지 유림을 통제하는 대표적인 관변기관이었다. 1939년 결성된 조선유도연합회는 당시 중앙과 지방을 아우르는 최대 유림조직이었다. 각 지역 대표가 참석한 유림대회 자리에서 공표된 선언문은 황도정신에 입각한 유도儒道 진흥 및 충효忠孝와 도의道義의 고양, 그리고 황국신민적皇國臣民的 단결을 담고 있었다. 또 동아신질서 건설이란 국시國

---

54) 나카무라 미츠오 외, 이경훈 외 옮김 『태평양전쟁의 사상 : 좌담회 '근대의 초극'과 세계사적 입장과 '일본'으로 본 일본정신의 기원』 이매진 2007 참조.

是에 따라 유학이 동양문화의 진수임을 천명하고, 이로써 일본 만주 중국 등지에서 영구 평화의 정신적 연계를 만들겠다고도 하였다.[55] 조선유도연합회는 이것을 단순히 선언하는 데 그치지 않고, 각 도별 유도연합회를 결성해나가는 대회에서 문묘文廟 및 신사 참배와 함께 황국신민서사[56]를 제창齊唱하며 천황폐하에 대한 만세삼창까지 하였다.[57]

이러한 총독부의 유림통제정책에 발맞춰 다카하시 도루는 황도유학을 이론화하였다. 황도유학은 만세일계萬世一系의 천황을 정점으로 하는 신도神道와 유교를 결합하여 충효일본忠孝一本을 강조하는 것이 핵심이다. 그가 황도유학을 공론화한 이유는 일본 유도儒道의 요체를 밝혀 조선 유학이 지향해야 할 방향을 제시함으로써, 조선 유학이 동아신질서의 대업에 긍정적인 역할을 담당할 수 있도록 지도하기 위해서였다.[58]

> 오늘 조선에서 진흥해야 할 유교 교화는 (중략) 일본의 국수國粹에 동화하여, 국민정신과 국민도덕을 계발하고 배양하며 함양해 온 황도적 유도이지 않으면 안 된다. 우리는 지나 유교의 정치사상인 역성혁명易姓革命 선양禪讓 방벌放伐 등을 배제하고, 충효불일치 즉 효를 충보다 중시하는 도덕사상을 부인하며, 우리 국체에

---

55) 『經學院雜誌』45 15쪽.

56) 황국신민서사의 내용은 "1)우리는 황국신민이다. 충성으로서 君國에 보답하겠다. 2)우리 황국신민은 信愛協力하여 단결을 굳게 하겠다. 3)우리 황국신민은 忍苦鍛錬하여 힘을 길러 황도를 선양하겠다."는 것이다.

57) 정욱재 「조선유도연합회의 결성과 '皇道儒學'」『한국독립운동사연구』33집 2009 한국독립운동사연구소 233-6쪽 참조.

58) 高橋亨 「王道儒學より皇道儒學へ」『朝鮮』295, 10쪽.

따른 대의명분으로써 정치사상의 근본을 세워 충효일치忠孝一致를 도덕의 골자를 삼아야 한다. 또 지나를 중화로서 숭배하는 것을 폐지하고 우리나라(일본)를 중조中朝로 삼고 우리 국사國史의 정화精華를 존중해야 할 것이다.59)

다카하시는 황도유학이 중국의 왕도정치와 사상적으로 큰 차이가 있으며, 황도유학의 사상적 특징은 국체인 만세일계의 천황제를 통해 논증할 수 있다고 하였다. 즉 황도유학의 핵심은 충효일본으로서 천황에 대한 맹목적인 충성과 일본중심주의를 주변국에 강제하는 것이었다. 그래서 조선에도 중국중심적 중화의식을 버리고 일본을 중조中朝로 삼아 천황의 신민으로서 전장에서 목숨을 바칠 것을 요구하였다. 또 조선은 왕도정치로 표상되는 전근대의 중화문명을 초극하고, 유학적 이념을 주체적으로 일본화하여 그 이념을 실제적으로 구현하고 있는 중조中朝와 황도유학을 존숭하지 않으면 안 된다고 강조하였다. 이는 비단 다카하시 개인의 주장만은 아니었다. 당시 일본 내에서 지나의 왕도정치적 유학과 대비되는 일본적 유학 즉 황도유학의 우월성에 대한 논의가 있었고, 다카하시는 이를 식민지 조선에 이입시킨 것이었다.60)

근대초극론에 참여했던 대표적인 학파인 교토학파의 철학적 과제는 '일본의 자기 이익에 기반한 아시아 진출을 대동아 건설이란 도의적 사명으로 전환할 수 있는 논리를 구축하는 것'이었다. 그들은 일차적으로 주권국가체제와 자본주의 시장경제의 극복을 근대 극복의 과

59) 高橋亨「王道儒學より皇道儒學へ」『朝鮮』295, 27-8쪽.

60) 강해수「'황도유학'과 '도의'담론, 그리고 식민지 조선」『한국학연구』28집 2012 인하대학교 한국학연구소 참조.

제로 삼았다. 더 나아가 서구적 근대를 초극하는 과제를 완수함으로써 서양 역사만이 진정한 역사이며 유럽사가 곧 세계사로 용인되는 것을 극복하고, 일본 중심의 참된 '세계사적 세계'를 출현시키는 것이 일본의 사명이라고 하였다. 이러한 사유의 연장선에서 대동아전쟁은 침략전쟁이 아니라 바로 이러한 새로운 세계질서 구축을 위한 방편이기 때문에 '성전'이라고 윤색했다.[61] 즉 소화10년대 일본의 '도의道義'란 대동아 건설이 도의적으로 정당하다는 것을 의미하는 용어였다.

식민지적 근대성은 황도유학과 도의철학을 정당화하기 위해 퇴계를 호출하였다. 다카하시는 조선 유학을 한국의 사상적 고착성과 종속성을 통해 중국에 대한 사대주의를 상징적으로 보여주는 기제로 평가하면서 그 정점에 퇴계를 위치시켰다. 반면 아베 요시오(阿部吉雄)는 퇴계를 조선 유학의 도의를 지탱하는 근원으로 호출하였다.[62] 그는 퇴계를 도학의 교조教祖이며 도의철학道義哲學의 창시자로 평가하면서, "이제야 조선반도는 황국일본의 일환으로서, 국체의 본의에 투철하고 도의를 확립하는 것을 기본적인 명제로 하여 약진을 이루고 있다."고 하였다.[63] 조선은 퇴계를 중심으로 도의철학을 확립하여 일본천황에 충성을 다하는 도의조선을 건설해야 한다는 것이다. 이는 다케우치 요시오(武內義雄)가 일본은 도의국가道義國家이며, 충효는 도의의 근본이고 황도는 도의의 도달점이라고 한 것과 일맥상통한다.[64] 일본 지식인들이 퇴계를 부정적 혹은 긍정적으로 평가한 것은

61) 김항 『제국일본의 사상』 창비 2015, 210-1쪽.

62) 김경호 「탈식민과 한국 유교」 『유교사상문화연구』 62집 2015 유교문화연구소 109쪽.

63) 阿部吉雄 『李退溪』 文教書院 1944, 강해수 「근대 일본의 이퇴계 연구」 『퇴계학논집』 2집 2008 퇴계학연구원 23-4쪽 재인용.

퇴계철학에 대한 객관적 탐구의 결과가 아니었다. 그들의 조선 유학과 퇴계에 대한 연구는 조선의 열등함과 식민 지배의 정당성을 확보하거나, 일본 천황제에 충성하는 조선인을 양성하기 위한 수단이었다.

식민 지배는 인권과 생존을 유린하는 폭력이기 때문에 유학은 이를 불인不仁으로 판단하고 비판한다. 그런데 친일유림은 식민주의자의 논리를 내면화하여 더욱 정치한 이론으로 발전시켰다. 안인식(安寅植 1883-1969)은 "황도유학이란 국체를 분명히 하고 인도人道를 올바르게 하는 데 있는 것이다."고 정의하여, 황도유학이 인도에 위배되지 않는다고 판별하였다. 심지어 국체를 중심으로 해야만 인륜을 올바르게 할 수 있다고 하면서 국체와 인륜의 상호순환적 관계를 강조하였다.[65] 또 황도유학의 본령은 '도의입국道義立國의 이상'을 발전시키는 데서 시작되었으며, 동아시아는 동양 고유의 정신문화라는 공통된 신념 아래 도의적 세계를 건설할 사명이 있다고 주장하였다.[66] 이러한 시각에 근거하여 안인식은 공자의 대동태평大同太平의 세계관이 대동아공영권의 이념에 합치된다고까지 주장하였다.[67]

황도유학적 관점이 근대초극론과 사상적 궤를 같이 했다는 것은 이명세(李明世 1893-1972)의 주장을 통해서 엿볼 수 있다. 그는 영미문명이 개인주의 유물주의 공리주의로서 개인의 이기적이고 향락적인 욕망을 만족시킬 뿐이며, 만주사변과 지나사변 그리고 대동아전쟁

---

64) 武内義雄『儒教の精神』岩波書店 1939, 강해수「'황도유학'과 '도의'담론, 그리고 식민지 조선」『한국학연구』28집 2012 인하대학교 한국학연구소 21쪽 재인용.

65) 安寅植「皇道儒學の本領」『朝鮮』347, 26쪽.

66) 강해수「'황도유학'과 '도의'담론, 그리고 식민지 조선」『한국학연구』28집 2012 인하대학교 한국학연구소 26쪽.

67) 安寅植「皇道儒學の本領」『朝鮮』347, 28쪽.

은 그들의 죄악을 성토하고 응징하기 위한 전쟁이라고 평가하였다.[68] 그는 대동아전쟁은 인의를 위한 정의로운 전쟁이면서, 서양의 물질주의 대 동양의 정신주의의 대결이기도 하다고 하였다.

> 우리 황군皇軍은 인의仁義를 위하여 싸우기 때문에 무적일 것이다. 인자무적仁者無敵이라고 말한 선현의 격언이 현재 사실로 증명되고 있지 않은가![69]

이명세의 견해에 따르면 일본의 침략전쟁은 인의를 실현하는 성전이며, 인자무적으로 대적할 세력이 없으므로 승리를 예견할 수 있다. 또 조선인은 황도유학을 통해 일본 천황을 위한 삶을 추구함으로써 내선일체를 달성할 수 있다.

아시아문화의 정수인 일본적인 것과 그 정점에 있는 국체로서의 천황제는 유럽의 물질문명과 대비되는 일본 근대 자의식의 핵심이었으며, 전근대적인 중화문명에 대한 대안적 보편주의였다. 소화 10년대의 근대초극론을 통하여 일본은 동양주의를 이념적으로 더욱 체계화하고, 세계대전을 통해 이를 실제적으로 구현해나갔다. 동양주의는 유학이념의 보편성을 유럽과 대비되는 동양 인식의 토대로 삼았고, 황인종이란 인종적 동일성과 유학이란 문명적 동질성을 강조하였다. 동시에 일본이 그러한 문화적 동질성의 정수를 체화하고 있다는 점을 강조함으로써 일본적인 것의 우월함을 정당화하는 담론이었다. 동양주의는 민족적 정체성을 근간으로 한 근대국가체제와 일본주의의 세

---

68) 春山明世「東亜共榮圈王と儒教の役割」『儒道』1, 38쪽. 이명세는 春山明世로 창씨개명을 했다.

69) 春山明世「東亜共榮圈王と儒教の役割」『유도』1, 38쪽.

계적 확장인 제국주의 침략이 결합한 것이었다. 만주사변에서부터 세계대전에 이르는 과정에서 제시된 대동아공영권, 동아신질서, 동아협력체 등의 아시아공동체담론들은 상호존중적 연대나 지역평화를 실현하기 위한 것이 아니라, 일본 우위의 폭력적인 동일화전략에 지나지 않았다. 식민기 황도유학과 도의철학은 이러한 근대적 폭력을 정당화하는 이데올로기로 작동하였다.

'동양'으로 표상된 일본의 우월한 근대적 자의식은 타자를 배제하고 차별하는 근대적 주체성을 그대로 재생산한 것이었다. 문명한 일본은 열등한 조선과 지나를 타자화함으로써 성립 가능했다. 일본은 동양 내지 아시아의 문화의 정수를 유일하게 담지하고 있으면서, 지나와 조선과는 구별되는 아시아적 정신성과 근대적 문명성을 실현한 민족이라고 자부하였다. 이는 신도와 만세일계의 천황제란 역사적 사실을 통해서도 증명된다고 여겼다.

앞서 살핀 바와 같이 식민지 한국은 식민적인 일상 속에서 동양주의를 끊임없이 재생산하도록 강요받았고, 스스로 내면화하기도 했다. 동양적 일본은 자신의 억압성과 침략성을 상기시켜주는 실존적 존재인 조센징을 마주하고 있으면서도 자기 실존의 투영인 조센징을 부정함으로써, 결과적으로 자신을 부정할 수밖에 없는 모순에 직면한다. 일본은 이러한 정체성의 혼란을 자기성찰의 기회로 삼지 않고 더욱 강력한 황국신민화를 추구하였다. 일본에 의해 규정된 조센징이란 부정적 주체의식은 한국인에게도 폭력이었지만, 조센징을 만들어낸 일본인에게도 폭력이었다. 폭력은 또 다른 폭력을 불러왔을 뿐이다. 그런데도 식민기 지식인들은 조센징에게 투영된 동양적 일본을 여과없이 수용하여 일본중심주의를 내면화한 주체를 재생산하였고, 그들의 지배를 합리화하며 협력하는 비주체적 주체를 양산하였다. 식민기 부정적 주체의식과 유학 인식은 우월한 일본인의 자의식의 투영에 불과했다. 타자화된 주체는 보편타자에 의한 동화와 배제의 대상일 뿐 주체적 삶을 영위할 수 없는 허구적 주체였다. 이광수를 비롯하여 식민기 많은 지식인들이 친일의 길을 걸었던 까닭이 여기에 있었다. 허구적 주체 인식이 곧 패배의식으로 귀결되었으니, 역사를 창조하는 '주체적 주체 되기'를 포기한 당연한 결과였다.

아마르티아 센의 지적처럼 단일정체성은 그 자체로 이미 폭력적이다.[70] 근대 주체는 타자를 동화시키면서 동시에 배제하고자 하였다. 비서구 혹은 식민지에 대한 문명화를 내세워 타자를 동화시키는 반면, 타자의 열등성과 야만성을 강조함으로써 그들이 문명한 주체가 될 가능성이 없다고 배제시켰다. 타자에 대한 동화와 배제는 이성과 문명이란 보편이념에 근거했음에도 불구하고 폭력적이었으며, 주체와 타자의 참된 관계맺음을 불가능하게 하였다. 근대 일본에 의해 생성된 민족적 주체의식이 이를 반증한다. 동화와 배제의 폭력적 원리로는 타자와 바람직한 관계맺음을 할 수 없다는 것이 근대사의 교훈이다. 그러나 부정적 주체의식에 대한 또 하나의 반동으로 민족이나 조선 유학에 대한 무한 긍정은 신화적 민족주의를 양산할 위험이 없지 않다. 단일한 민족적 정체성을 공고화하기 위한 전략은 타자를 배제하는 기제로 작동할 수 있다는 점에 유의할 필요가 있다.

조선 유학에 대한 의도된 왜곡에서 드러나듯이 근대 유학은 국가주의와 밀접한 관련 속에서 이해되어왔다. 이는 한국에 국한된 문제는 아니었다. 지나의 한학漢學과 구별하고자 했던 일본 유학 역시 천황에 대한 충군애국의 이념으로서 국민 만들기에 동원되었다. 최근 중국의

---

70) 아마르티아 센 지음 이상환 김지현 옮김 『정체성과 폭력』 바이북스 2009 참조.

민족주의 또한 중화문명의 우월성과 유학의 종주국이란 인식에 기대어있다. 그렇다면 한국에서 근대 유학에 대한 성찰은 두 가지 문제와 관련하여 물어져야 할 것이다. 일차적으로 한국 유학에 대해서 '지금 여기 한국인'의 주체적 정체성을 보다 잘 해명할 수 있는 기제인지 물어야 할 것이다. 그것은 한국 유학이 한국이 직면한 여러 문제를 해결하는 철학적 이념을 제시할 수 있어야 한다는 것을 의미한다. 또 유학적 보편성이 국경을 초월하여 아시아 연대와 평화에 기여할 수 있는 이념을 제공할 수 있는지 물어야 할 것이다. 유학이념의 보편성을 강조하다 보면 초역사적인 보편성만 강조하게 되어 현실적인 맥락을 놓칠 수 있고, 만약 국가주의를 강화하는 수단으로 전락한다면 근대와 마찬가지로 유학은 포스트근대를 성찰할 새로운 이념으로서 일정한 역할을 담당하기 어렵다. 근대 이후 생성된 유학에 대한 부정적 인식이 지닌 함의에 대한 비판적 성찰과 함께 포스트근대란 시대적 맥락을 유학은 어떻게 읽을 것인지에 주안점을 두어야 할 것이다. 박은식의 대동사상은 이러한 지점을 성찰할 수 있는 계기를 제공한다는 점에서 큰 의의가 있다.

2. 대동사상大同思想의 제창

1) 동화와 배제 '사이'

제국과 식민 사이에는 좁혀질 수 없는 간극이 존재했다. 황국신민화와 같은 동일화전략은 일본과 조센징의 거리와 차이를 좁히는 것처럼 보이지만 사실은 그 간극을 더욱 넓혔다. 일본은 침략에 대한 저항을 억제하기 위해서는 식민지인을 동화시킬 필요가 있었지만, 또 그 지배를 강화하기 위해서는 제국과 식민의 본질적인 차이를 드러내야 하는 모순에 직면하였다. 반대로 조선은 그들처럼 되기를 열망하기도 하였지만 결코 그들이 될 수 없는 처지에 놓였다. 이러한 모순은 그들과 다른 정체성을 발견해야만 주체로서 설 수 있다는 것을 더욱 분명하게 각인시켰다.

다카하시가 학문적으로 조선인을 탐구하게 된 계기를 제공한 것은 삼일운동이었다. 그는 전혀 예견하지 못했던 삼일운동을 경험하고, '조선을 어떻게 이해해야 할 것인가'란 문제를 문화정치의 맥락에서 해명하고자 하였다. 그는 기본적으로 사회는 경제 도덕 종교 정치 및 지식적 힘이 균형과 조정 과정을 거치면서 발전한다는 진보사관을 가지고 있었다. 조선과 같이 문명수준이 낮은 사회는 다양한 발전 요소들이 균형을 유지하지 못한 채 어느 한쪽만 우월적인 역할을 할 뿐이라고 하였다. 이처럼 한편으로 치우친 우월한 동력이 사회조직을 약화·정체시키고 부패와 동시에 다른 동력까지 쇠퇴하게 함으로써, 사회가 전체적으로 진보할 수 없다고 하였다. 미개한 조선은 세계적 수준의 개조에는 들어가지도 못했으므로 스스로 개조하겠다는 의견을 개진하지 않은 것이 마땅하며, 대신 일본이 조선을 개조하는 것은 정당하다고 보았다. 일본은 정치적 편향성을 조정하여 사회 모든 활동력이 독자적인 역량을 갖추도록 조선을 지도해야 한다고 주장하였다.[71)]

---

71) 조선총독부 편저 김문학 번역『조선인의 사상과 성격』高橋亨「조선종교사에 나타난 신앙의 특색」북타임 2010, 309쪽 : 첫째 조선인을 구성하는 각 사회활동의 능력이 자체의 가치를 자각함으로써 그 가치를 드높여 사회활동을 더욱 왕성하게 하고 다방면에서 그들의 모든 동력을 갖추게 하고 동시에 그 동력이 정체되지 않게 한다. 둘째 조선인이 구성하는 사회를 情實의 누습으로부터 구해 실력경쟁의 사회로 만든다.

다카하시는 원시적 상태인 경제적 학문적 수준은 일본의 문명적 진보와 극명한 차이를 보여준다고 주장하였는데, 조선 유학을 이러한 문명적 차이의 근본적 원인으로 지목하였다.[72] 그는 문명적 차이를 극복하는 길은 일본에 의한 문명적 동화라고 하였다. 또 원시적인 조선사회는 자존 자립할 능력이 부재하기 때문에, 문명적 동화를 위해서는 정신적 개조가 선행되어야 한다고 보았다.[73] 문명 정도가 현격히 차이 나기 때문에 오랜 세월이 걸릴 수밖에 없지만,[74] 일본은 조선인을 동화할 충분한 자격을 지니고 있다고 자부하였다. 문명적 동화는 내선일체론으로 구체화되었고, 천황이 제시한 일시동인은 내선일체를 사상적으로 뒷받침해주었다.

> 작년(1919년) 천황은 '일시동인一視同仁'으로 조선민족을 애무해 민중의 힘을 발전시키고 복리를 증진시킬 은혜로운 조서를 발표했다.[75]

---

72) 高橋亨 저 구인모 번역 『조선인(식민지 조선인을 논하다)』「조선 개조의 근본문제」동국대출판부 2010, 169-178쪽 요약.

73) 高橋亨 저 구인모 번역 『조선인(식민지 조선인을 논하다)』「조선 개조의 근본문제」동국대출판부 2010, 178-9쪽.

74) 高橋亨 저 구인모 번역 『조선인(식민지 조선인을 논하다)』「조선인의 특성에 대한 보론」동국대출판부 2010, 148쪽 : 문명정도가 낮은 민족이 정도가 높은 민족과 접촉할 때 단점을 취하는 경우가 많은 것은 문명정도가 높은 민족의 장점은 오랜 세월에 걸친 수양과 노력의 결과이기에 하루아침에 모방할 수 없는 까닭이다.

75) 조선총독부 편저 김문학 번역 『조선인의 사상과 성격』「어느 조선인의 감상」북타임 2010, 322-3쪽. 조서내용은 일본인과 조선인 차별 철폐와 교육의 보급 및 위생기관 확장, 그리고 경찰력을 확충하고 笞刑을 폐지하는 것이었다. 그리고 이것을 '문명정치'라고 칭했다.

내선일체를 위한 조선 통치는 지적인 계몽보다는 감정적인 교화에 역점을 두었고, 그 목적은 일본에 대한 감정적 융화를 통해 독립을 포기하고 일본에 귀의하도록 하는 데 있었다. 이러한 일본의 의도는 문화정치에 고스란히 반영되었다.[76] 다카하시는 문화정치가 조선을 문명화하는 것이라고 우겼다.[77] 그는 조선통치에서 가장 진보적이고 공명한 통치방법인 문화정치가 조선인에 대한 교화사업과 사물에 대한 개척사업을 실시하여, 조선 문화를 진보하게 한다고 하였다.[78] 그런데 문화정치를 통해 조선인을 동화해나갈 수 있을 것이지만 조선인이 일본인과 같은 문명사회를 건설할 가능성은 현저하게 낮아, 조선인이 일본에 동화되더라도 저급한 일본인 수준을 벗어나지는 못할 것이라고 예견하였다.[79] 하지만 몰주체적인 동화정책은 그 자체로 문화적 폭력이었으며, 다양한 사회제도를 통해 자기부정적 주체의식이

---

76) 3·1운동을 계기로 일본은 무단정치를 포기하고 문화정치를 표방하였다. 총독부는 '조선에서 문화의 발달과 민력의 충실'이라는 구호 아래 무력으로만 통치하던 정책에서 벗어나, 조선의 문화를 인정하고 교육의 기회를 확대한다고 발표하였으며, 제한적으로 언론과 집회, 출판의 자유를 허용하기도 했다. 하지만 조선인을 감시하는 경찰관의 수를 늘리고 고등경찰제도를 신설하여 더 촘촘한 감시망 체계를 갖췄다.

77) 高橋亨은 총독정치 이후 각 분야 관리 및 경찰관제도를 완비시켰을 뿐만 아니라 각 관리가 복무규율에 따라 책임을 기제함으로써, 인민의 생명과 재산 보호에 힘썼다고 하였다. (조선총독부 편저 김문학 번역『조선인의 사상과 성격』「어느 조선인의 감상」북타임 2010, 334쪽) 그리고 그는 문화정치를 통한 조선 교화사업과 개척사업이 궁극적으로 국민화(nationalization)의 기능을 실현해야 한다고 믿었다. (高橋亨 저 구인모 번역『조선인(식민지 조선인을 논하다)』「조선의 문화정치와 사상문제」 동국대출판부 2010, 196-7쪽 참조)

78) 高橋亨 저 구인모 번역『조선인(식민지 조선인을 논하다)』「조선의 문화정치와 사상문제」동국대출판부 2010, 195쪽.

79) 高橋亨 저 구인모 번역『조선인(식민지 조선인을 논하다)』「조선인의 특성에 대한 보론」동국대출판부 2010, 149쪽.

일상화·내면화되어갔다는 점에서 파급력이 심원했던 폭압이었다. 일본은 문화정치가 공존공영共存共榮 즉 일시동인一視同仁과 내선융화內鮮融和를 실현할 것이라고 하였지만, 그것은 올 수 없는 미래였다. 동화정책을 실시하더라도 제국과 식민, 문명한 주체와 열등한 타자의 간극은 결코 좁혀질 수 없는 본질적인 차이를 해소하지는 못할 것이기 때문이었다.

한편 그 간극은 곧 배제와 차별을 정당화시키는 기제로 작동하였다. 신채호의 지적처럼 민족에 관한 문화적 인식은 제국주의 침략의 정치적 경제적 폭력을 은폐하는 착시효과를 거두었을 뿐이다.[80] 다카하시는 문명한 일본과 열등한 조선을 끊임없이 대비함으로써 조센징에 대한 배제와 차별이 정당함을 입증하고자 하였다. 그는 역사 발전단계에서 보면 조선은 일본과 같은 문명국으로 결코 진입할 수 없다고 단언하였는데, 상무정신尙武精神을 갖춘 일본과 달리 '문약文弱'한 조선[81]은 상무정신의 부재로 중앙집권 약화와 병권 분할을 특징으로 하는 봉건제도에 도달하지 못했기 때문이라고 하였다.[82] 이는 근대를 반봉건反封建으로 규정하고, 일본의 막번체제가 유럽의 봉건제도와 일치하며, 유럽이 반봉건을 통해 근대화되었듯이 일본 역시 막번체제가 붕괴되고 천황제 국가를 건설함으로써 동양에서 유일하게 근대화

80) 申采浩 『丹齋申采浩全集』 하 「조선혁명선언」 35-40쪽 참조.

81) 高橋亨 저 구인모 번역 『조선인(식민지 조선인을 논하다)』「조선인의 열 가지 특성-문약」동국대출판부 2010, 95쪽.

82) 그는 봉건제도가 일어나기 위해서는 중앙집권 약화와 병권의 분할이란 두 가지 조건이 필요한데, 조선은 이러한 조건을 갖추지 못했다고 평가하였다. 조선은 문만 숭상하여 무신세력이 약해 봉건제도가 생겨나지조차 못했다고도 하였다. 高橋亨 저 구인모 번역 『조선인(식민지 조선인을 논하다)』「조선인의 열 가지 특성 - 문약」동국대출판부 2010, 98-100쪽 참조.

에 성공했다는 우월의식에 근거한 것이었다.

다카하시는 조선 유학의 사대주의는 조선이 문명화될 수 없는 근본적인 원인이며, 열등하고 야만적인 조선을 잘 보여준다고 하였다. 조선의 민족적 본질인 사대주의[83]란 고착성은 '조선인이 조선반도에 사는 한' 영원히 지속될 것이라고 보았다.[84] 더 나아가 조선 유학은 일본 유학과 대비되었다. 즉 조선과 일본이 중국으로부터 유학을 수용한 것은 동일했지만, 조선과 일본의 차이는 유학을 수용한 주체 즉 민족성의 차이에 기인한다고 평가하였다.

> 이황의 학문은 지극히 자상하여 조선 유자들이 사색하는데 하나의 유형이 되었으니, 넓게 말하면 전 조선인의 학문 유형을 대표한다고 하겠다. 그런데 독창적으로 생각하여 발명하는 것은 심히 빈약하였으니, 결국 주자학을 가장 충실히 서술하는 것에 불과하였다. (중략) 일본의 오규 쇼라이와 이토 진사이는 호걸유豪傑儒로서 마침내 일파의 견지를 열고 관학인 주자학에 대해 민학民學의 불꽃을 크게 밝혔다. 이것은 일본인과 조선인의 두뇌 차이에서 오는 것이다. 이는 장래에도 영원히 없어지지 않을 두 학풍의 차이이다.[85]

---

83) 高橋亨 저 구인모 번역『조선인(식민지 조선인을 논하다)』「조선인의 특성에 대한 보론」동국대출판부 2010, 143쪽. 그는 조선인의 본질이 사대주의이기 때문에 중국에 대한 사대주의를 취했던 것처럼 미국에 대한 사대주의에 취하고 있으며, 이것이 조선통치를 위협한다고 진단하였다.

84) 高橋亨 저 구인모 번역『조선인(식민지 조선인을 논하다)』「조선인의 특성에 대한 보론」동국대출판부 2010, 143쪽 : 설령 일시적으로 외래세력으로 인해 동요하여 일본인처럼 '항상 신기함을 탐구'하는 듯이 보이더라도 그것은 결단코 일시적인 풍조에 불과할 것이다. 머지않아 새로운 사상 가운데 어떤 것을 선택하여 그것에 집착하고 고수하면서 또 몇 백 년이 지나갈 것이다.

85) 高橋亨 지음 이형성 편역『다카하시 도루의 조선유학사』예문서원 2001, 74쪽.

그는 이러한 일본과 조선의 민족적 학풍 차이로 인하여 내선일체는 오랜 시일이 걸릴 수밖에 없다고 내다보았다.[86] 조선은 내선일체를 통해 동화해야 할 대상이지만 그 열등한 민족성을 결코 변화시킬 수 없다고 단언하였다.

유럽중심주의와 동양주의를 그대로 수용할 경우, 이광수처럼 부정적인 주체의식을 가질 수밖에 없었다. 그가 말한 개조 대상으로서의 민족은 조센징과 가장 가까운 조선인이었으나, 일본인이 될 수도 없는 존재였다. 그런데도 그는 일본에 동화될수록 조선의 문명적 발전이 가속화될 것이라고 전망하고, 조선민중이 마음으로부터 일본 국민이 되고자 결심하여 내선일체의 효과가 나타나고 있는 것은 실로 비약 중의 대비약이라고 하였다.[87] 내선일체 실현의 핵심인 교육령의 개정과 지원병제도는 조선인이 피식민 주체에서 평등한 국민의 일원으로 거듭나는 순간이자 완전하고 모범적인 일본인이 되기 위한 '개조'의 과정이라고 하면서 황국적 애국심을 가지라고 강권하였다.[88] 결론적으로 황국신민으로서 천황에게 충성을 다하는 것이 이광수가 지향했던 근대 주체의 완성이었다.

이광수는 중일전쟁 이후 일본을 아시아인의 힘의 총화이며, 아시아를 넘어 인류문명의 미래라고 하였다. 그에게 동화란 문명 선도의 실력을 갖춘 주체로서 새로운 문명 창조의 선도자가 될 수 있는 기회였고, 자발적인 종속은 '문명창도의 주체'가 되는 길이었다. 내선일체를 통한 문명창도가 우리가 지향해야 할 길이라면 조선인을 중심으로

---

86) 高橋亨 저 구인모 번역 『조선인(식민지 조선인을 논하다)』「조선의 문화정치와 사상문제」동국대출판부 2010, 199-200쪽.

87) 이광수 『李光洙全集』 2 「내선일체와 국민문학」 67쪽.

88) 이광수 『李光洙全集』 2 「사변과 조선 - 국민의식의 지위 향상」 274-5쪽.

한 문화와 국가를 세울 까닭이 없다. 조선인에게 남은 길은 천황제 국가의 신민이 되기 위해 황국적 애국심을 갖는 것뿐이었다.[89] 일본이 곧 조선의 미래라면, 조선인의 미래는 천 년 이상 파산상태에 있는 민족성의 개조에 달린 것이 아니라 일본제국이 제시한 대동아공영권에 편입할 수 있느냐가 관건이 된다.[90] 결과적으로 그가 정립하고자 했던 조선민족에 대한 주체적 자각과 신문명 창조는 애초에 불필요한 작업이 되고, 그가 주창한 민족은 성립불가능한 것이 된다. 타자중심주의적 관점에 따르면 한국은 열등하고 미성숙한 상태에 놓인 타자에 불과하였으니, 그들처럼 되는 것 또한 불가능한 모순에 직면하였다. 이러한 모순을 극복하는 길은 스스로 자신의 삶을 이해하고 말하는 주체적 삶을 지향하는 것이었다.

2) 타자중심주의와 군국주의 비판

박은식은 자가정신을 강조하고 타자중심주의를 강력히 비판했다. 자가정신을 강조한다는 것은 곧 서로 다른 차이를 인정하는 것이니, 서로 다른 주체성을 인정하지 않고 타자성을 강제하는 것은 자가정신에 위배된다. 따라서 동화정책과 같은 동일화전략은 독자적 정체성을 말살하는 것이므로 부당하다고 여겼다. 그는 우리에게 큰 영향을 미치는 타자중심주의의 문제점을 구체적으로 지적하였다. 박은식은 일차적으로 중화주의를 부정하면서, '중국' 또한 하나의 지역적 개념에 지나지 않는다고 하였다.[91] 그는 성리학자들이 고집했던 존왕양이도

---

89) 곽준혁 「춘원 이광수와 민족주의」『정치사상연구』 제11집 1호 2005, 94쪽.

90) 이광수 『李光洙全集』 10 「신시대의 윤리」 152쪽.

91) 『朴殷植全書』 下 「上雲人先生」 243쪽 : 地球爲天空中之一行星 中國爲地球上之一區域 同處天中 孰內孰外 同是人類孰尊孰卑 古人所謂存養主義 直如今人所謂

지역주의에 불과하며, 폐쇄적 지역주의는 대동시대에는 적합하지 않을 뿐더러,[92] 유학의 대공무사이념大公無私理念에도 위배된다고 주장하였다.[93] 중국중심주의에 대한 비판적 성찰은 강력한 타자에 맞선 자기의식의 출발점이었다.

박은식의 중화주의 비판이 유학적 자산에 대한 전면적인 부정은 아니었다. 근대적 맥락에서 유학적 자산을 어떻게 평가할 것인가는 주체성과 관련하여 매우 중요한 관건이었다. 유학의 시중지도는 시대적 변화에 대응하는 과정 속에서 인을 구현하는데, 시대적 변화에 대한 유학적 대응은 그것이 인의 본지를 구현하는 길인지 아닌지를 준거로 판별할 수 있다. 근대는 국가가 삶의 중요한 범주였기 때문에 민족국가적 차원에서 유학적 변화를 도모하는 것 자체를 문제 삼을 수는 없다. 그러나 본지의 이념과 실제가 일치하는지, 아니면 사욕에 엄폐된 불인不仁이거나 평화를 가장한 폭력인지를 면밀하게 분석할 필요가 있다.

일본 근대 양명학은 충효일본의 천황제 국가 이데올로기로서 작동하였으며, 동양주의의 동문론은 문화적 동질감을 내세워 제국주의 침략의 폭력성을 희석시켰다. 동양학의 정수라고도 했던 일본 근대 유학은 주변국의 타자를 배제하거나 차별하는 데에 악용되었다. 천황의 일시동인은 인을 실현하는 길이었다기보다는 주변국을 열등한 타자로 규정함으로써 일본의 우월한 자의식을 논증하는 것에 지나지 않았으니, 인을 가장한 불인이었으며 근대적 폭력이었다. 인은 사욕에 엄

地方觀念者.

92) 『朴殷植全書』 下 「上雲人先生」 243쪽 : 以宋儒論宗教 則以闢異爲主 論國際 則以存養爲義 只合於昔日閉鎖時代 以不合於今日大同時代.

93) 『朴殷植全書』 中 「夢拜金太祖」 231-232쪽.

폐당하지 않고 나다움을 사회적 관계망에서 그대로 확충해나가는 것을 의미하니, 예를 들면 내 부모를 사랑하는 그 마음을 그대로 다른 사람의 부모에게도 확충해갈 것을 권면한다.[94] 그렇다고 나의 부모와 다른 사람의 부모를 동일하게 여기라는 것은 아니다. 즉 인은 방법적 차별애의 동심원적 확장을 통해 구현되므로 주체가 마주하고 있는 대상과의 관계와 상황에 따라 마땅함을 취한다. 인仁한 관계맺음은 나는 나답게와 너는 너답게를 통해 가능한 것이지, 나다움을 강제하거나 너다움을 부정하는 방식 즉 동일화전략으로는 불가능하다. 너다움에 대한 부정은 곧 너의 각득기소만을 해체하는 것이 아니라 궁극적으로는 나의 나다움과 자리마저 위태롭게 하고 해체시킨다. 일본 근대사가 이를 증험한다. 일본 제국주의 침략은 일차적으로는 식민지화된 주변국의 정체성과 생존을 위협하지만, 종국에는 2차 세계대전을 통해 스스로 파멸하는 지경에 이르렀다.

인은 사욕의 엄폐와 폭력을 통해서 구현될 수 없다. 박은식은 국권회복과 독립을 위해 노력하였고 애국심을 강조하였다. 그러나 근대적 맥락에 놓인 인仁은 '인도人道의 평등주의平等主義'로서 구세주의救世主義를 지향해야 함을 분명히 제시하였다. 평등주의는 타자를 배제하고 차별하는 중심주의와는 서로 배치된다. 중심주의는 다양한 권력적 통제 수단을 통해 타자를 동일화전략 속으로 포섭하고 종국에는 각득기소할 수 있는 자리와 직분을 허문다. 나 없이 너가 있을 수 없고 너 없이 내가 설 수 없다. 인간은 관계맺음하는 존재이기 때문이다. 나와 너의 차이를 존중하지 않는다면 더불어 공존할 수 없다. 나다움과 너다움이 양지를 전제로 했을 때 각득기소할 수 있으며, 나와 네가

94) 『孟子』「梁惠王」上 : 老吾老 以及人之老, 幼吾幼 以及人之幼, 善推其所爲而已矣.

자기자리에 올바로 선다는 것은, 박은식 사상의 맥락에서는 모두가 평화의 주체로서 대동사회를 건설해간다는 것을 의미하였다. 그가 갈망했던 민족국가의 독립이 팽창적 민족주의나 군국주의를 향한 첫걸음일 수 없었던 까닭도 여기에 있었다. 침략 논리를 보편이념이라고 강제했던 제국주의는 우리가 선택해서는 안 되는 길이었다. 그 끝은 세계대전과 파시즘이었다. 보편성은 지금 여기란 시공간적 특수성에 국한되지 않고, 더불어 연대와 평화를 지향하는 이념을 갖추고 있어야 한다. 그러나 그것은 구체적인 삶 속에서 구현될 때라야 참된 의미를 가질 수 있다. 특히 식민지로 전락한 한국의 경우, 타자중심적 세계 인식과 제국주의 침략에 그대로 노출된 상황이었다. 박은식은 이러한 근대적 폭력성은 인도의 평등주의에 위배된다고 진단하였으며, 유학적 본지와도 거리가 멀다고 판단하였다.

박은식은 삼일운동 이후 군국주의적 침략에 대한 비판적 세계 인식을 더욱 명확히 했다. 1919년에는 여러 개의 선언문에 참여하였는데, 그 내용은 한결같이 일본 제국주의 침략의 폭력성을 비판하고 독립운동의 정당성을 강조하며, 한국 독립이 지향해야 할 방향을 명확히 제시한 것이었다. 일본의 식민 지배는 동양주의가 곧 제국주의 침략에 지나지 않음을 실제로 보여준 것이었다. 선언서에서 범일본주의 즉 동양주의가 아시아의 연대와 공영共榮을 표방하지만 그것은 식민 지배에 불과하다는 것을 천명하였다. 그리고 연대와 공영은 합방을 통해서는 실현할 수 없다는 차원에서, 일본은 아시아의 적이라고 선포하였다.

> 일본의 합병 동기는 그들의 범일본주의를 아시아에 실행하는 것이니, 그들은 아시아의 적이다. 일본은 사기강박과 불법무도와

무력폭행을 합방 수단으로 갖추고 있으니, 그들은 국제법규의 악마이다. (중략) 일본의 합방은 천의天意 인도人道와 정의正義 법리法理에 근거해 만국의 입증으로 합병 무효임을 선포하며, 그들의 죄악을 응징하여 우리의 권리를 회복하노라.[95]

이 선언서는 일본이 범일본주의를 내세워 침략을 일삼는 것은 인도주의에 어긋나는 것이므로 그들에 저항하는 것은 정당하며, 진정한 도의의 실현이라고 주장하였다.[96] 일본제국의 침략에 저항하는 것은 곧 군국주의를 제거하려는 것이라고 주장하였다.

우리가 오늘날 손에 날카로운 무기(寸鐵)을 들지 않고 적의 날카로운 무기와 대포를 두려워하지 않고 분투를 개시하는 것은 무슨 능력 때문인가? 결코 무력이나 금력이나 물질력을 믿고 일어난 것이 아니다. 오직 세계 인류의 평화사상과 인도주의로써 강포하고 불법적인 군국주의를 제거하려는 새로운 기운에 순응하여 무기를 사용하지 않고 독립과 자유를 얻는 신기원의 세계 역사를 개창開創하기 위해 일어난 것이다.[97]

박은식은 제국주의와 군국주의에 저항하는 것은 인과 인도주의를 실현하려는 행위이며, 평화와 정의로움으로 폭력과 거짓에 맞서는 것이라고 하였다. 인도주의 지향이란 도덕적 연대는 국가적 경계나 이익을 초월하여 실현할 수 있다고 내다보았다.

---

95) 「大韓獨立宣言書」 강만길 편 『趙素昂』 한길사 1982, 10쪽. 이는 1919년 2월 만주에서 발표된 독립선언문으로, 박은식 신채호 등이 서명하였다.

96) 「大韓獨立宣言書」 강만길 편 『趙素昂』 한길사 1982, 11쪽.

97) 『朴殷植全書』 下 「敵을 戰勝할 能力을 求하라」 164쪽.

세계 각국의 평화를 사모하고 정의를 주장하는 인사들이 모두 대한의 독립선언에 도덕적 연대감(同情)을 표시하지 않은 이가 없는 것 또한 우리의 독립과 자유가 인도주의와 평화주의에서 비롯하였기 때문이다. 이들은 결코 우리가 무력이나 금력이나 물질력과 같은 힘이 있어서 동정同情을 해주는 것이 아니다. 그러므로 우리가 오늘날 군국주의적 적을 전승戰勝할 능력은 오직 우리의 인도주의로써 적의 군국주의를 성토하여, 우리의 평화이념(仁)으로써 적의 폭력을 다스리며 우리의 정의로움(正)으로써 적의 패권적 거짓(詐)을 정벌하면 승리를 얻지 못할 까닭이 없을 것이다.[98]

그러므로 '정의는 무적의 검'이라고 정의하였다.[99] 그는 삼일운동이 민족자결주의에 입각한 것으로, 무력을 사용하지 않고 정의와 인도에 근거하여 민족정신을 세계에 알렸다고 평가하였다.[100] 또한 일본이 무력으로 우리 민족을 포로로 삼는 것은 가능할지라도, 우리 민족을 일본의 신민臣民으로 만들지는 못할 것이라고 경고하기도 하였다.[101] 삼일운동 이후 일본에 적대적인 중국과 러시아뿐만 아니라 세계적으로 한국의 독립 자격에 대한 긍정적인 동의가 있었던 것에 주목하면서 우리가 대동단결하면 반드시 독립을 쟁취할 수 있을 것이라고 주장하였다.[102]

---

98) 『朴殷植全書』 下 「敵을 戰勝할 能力을 求하라」 164쪽.

99) 『大韓獨立宣言書』 강만길 편 『趙素昻』 한길사 1982, 11쪽.

100) 『朴殷植全書』 下 「大韓民國老人同盟團趣旨書」 213쪽.

101) 『朴殷植全書』 下 「宣言書」 217쪽.

102) 『朴殷植全書』 下 「早速悔改하야 大同團結에 努力하라」 171쪽 : 세계 여러 민족이 또한 人道의 평화와 민족의 자유를 찬동하는 潮流로써 우리 민족의 忠誠과

오늘날 인도주의로써 군국주의를 제거하고자 함은 인류 대다수의 의향이오, 적의 국내에도 유식한 인사들은 다 군국파의 무력주의를 증오하여 이를 배제하고자 하는 자가 많다.[103)]

인도주의적 관점에서 군국주의의 무력침략이 부당하므로 그를 제거하려는 것이 정당하다고 보았다. 인도주의와 평화는 인류가 함께 지향해야 할 보편적 가치이므로, 일본 내에서도 이에 호응할 것이라고 하였다.

군국주의를 포기하지 않는 적의 군벌파가 강포한 무력으로 침략을 그치지 않아 각국의 시샘과 분노를 일으키고 국민의 반감을 쌓으니, 어떤 방면에서 정의군의 대세가 질주해오는 날이면 군벌파가 비운에 빠질 것은 명약관화한 사실이다.[104)]

비록 일본처럼 강력한 군대를 갖추지 못했지만, 제국주의 침략에 저항하는 것은 한국이 세계평화와 인도주의를 실천하는 선봉이기 때문이라고 자평하였다.

우리는 (비록 무력이나 금력이나 물질력이 없는) 맨손(赤手 空拳)으로 세계평화와 인도주의의 선봉이 되어 저 군국주의와 자웅을 겨루는 경우에 처하였다. 먼저 우리 사회가 광명 순결한 행동으로 독립선언의 취지를 실지로 이행하여, 세계 인류가 다 우리를

강의로움(毅力)에 감탄하여 德義上 원조를 허여할 것은 필연적인 결과이다.

103) 『朴殷植全書』 下 「敵을 戰勝할 能力을 求하라」 164쪽.

104) 『朴殷植全書』 下 「敵을 戰勝할 能力을 求하라」 164쪽.

도덕이 풍부한 민족이며 문명정도가 독립에 흡족하여 참으로 정의와 인도의 선도자라고 승인한다면, 우리가 최종적으로 개선의 깃발을 올려 독립과 자주의 완전한 행복을 얻을 것이다.105)

박은식은 세계적 지원과 연대의 당위성은 무력적 힘이 아니라 도덕적 이념에 근원하며, 한국 독립은 또 다른 근대 폭력의 생산이 아니라 인도주의의 세계적 실현이라는 새로운 시대의 기원이 되어야 한다고 주장하였다.

공의公義로 독립한 자는 공의로써 일을 진행해야 한다. 모든 수단으로 군국軍國과 전제專制를 제거하여 민족 평등을 전 지구적으로 실현하는 것이 독립의 가장 중요한 정의正義(第一義)이다. 무력으로 겸병하는 것을 근절하여 공평하게 천하의 공도公道를 진행하는 것이 독립의 본령이다. 밀약에 따른 사전私戰을 엄금하고 대동평화를 널리 알리는 것이 독립의 사명이다.106)

박은식은 우리 민족은 인자한 도덕과 명민한 지혜가 다른 민족보다 우월하다고 하면서, 도덕적 부패를 경계하였다. 그가 이와 같은 주장을 할 수 있었던 것은 치양지에 근거하여 근대 주체를 정립하고 인의 보편성이 그 시대적 맥락이란 특수한 지금 여기에서 제대로 구현될 것을 지향했기 때문에 가능한 것이었다. 군국주의를 비판할 수 있는 근거 역시 도덕성이었으며, 한국의 독립은 민족주의의 팽창이 아니라 세계평화를 실천하는 구심점 역할을 할 것이라고 예견한 것 역시 도

105) 『朴殷植全書』 下 「敵을 戰勝할 能力을 求하라」 164-5쪽.

106) 「大韓獨立宣言書」 강만길 편 『趙素昂』 한길사 1982, 11쪽.

덕성에 근거한 주장이었다.

> 만일 우리사회가 광명 순결한 행동으로 진보 발전하지 못하고, 무익한 시비로써 동지 사이에 시기와 알력이 생기거나 경거망동한 행동으로 타인의 악평을 받아, 우리 민족의 도덕이 부패하다거나 문명 정도가 아직 유치하다거나 독립 자격이 아직 완전하지 못하다고 판단된다면, 우리 국민의 생맥生脈을 우리 손으로 스스로 끊는 것이다. (중략) 우리가 국가와 민족을 위하여 생명을 희생하자면서 개인 간에 사소한 감정을 이기지 못하여 전체 사회에 악영향을 미치는 것을 생각하지 못해서는 안 된다.[107]

박은식은 삼일운동 이후 전 민족이 대동단결하여 일제에 저항해야 한다는 것을 재차 강조하였다. 또한 만세일계의 천황제 국가주의를 '미신'이라고 지적하면서 군벌파가 제국주의를 맹종하는 것을 문제 삼았다.[108] 동양주의는 연대와 평화가 아니라 침략과 폭력임을 명확히 한 것이다.

> 왜노倭奴는 원래 사납고 독살스러우며 교활한 야만족이다. 강력한 힘을 가장 중시하고 속임수를 사용하여 우리 대한 이천만 민중에게 사기와 위압적 수단을 써서 우리의 독립주권과 자유로운 삶을 강탈하고 유린하였다.[109]

---

107) 『朴殷植全書』 下 「敵을 戰勝할 能力을 求하라」 165쪽.

108) 『朴殷植全書』 下 「우리도 中國各界의 運動과 一致로 하자」 179쪽.

109) 『朴殷植全書』 下 「倭奴의 强橫이 益甚」 181쪽.

박은식은 일본 제국주의가 정당화될 수 없는 속임수와 폭력임을 분명히 하였다. 삼일운동은 이러한 근대적 폭력에 대한 민족적 민중적 저항이며 이러한 정당한 저항이야말로 '문명'임을 선언하였다.

> 세계가 국가 간 민족자결주의를 제창되는 날에 우리 민족 전체가 정당한 의리와 문명한 거동으로 최후 늑약을 부인하고 당초에 독립을 확증한 조약을 회복함으로써 열렬한 시위운동이 발생하였다. 하지만 적이 간사한 위력과 폭력으로 우리 의사義士와 양민을 잔혹하게 살해하였다.[110)]

박은식이 서구와 같은 천부인권적 자유와 법 앞의 평등에 대한 나름의 견해를 구체적으로 제시하지는 못했으나 '평등'을 지향해야 한다는 점은 분명히 하고, 양명학을 주창한 것도 인류평화의 근본을 세우기 위함이었다고 하였다.[111)] 그는 공자의 가르침도 역시 '대동'에 있으며 유학적 경세 또한 대동지치大同之治를 지향하지만, 맹자 이후로 제대로 전승되지 못한 탓에 현실적으로 구현되지 못했다고 하였다. 앞으로 유학이 지향해야 할 바도 천하가 공정한 지치를 구현하는 대동사회 실현임을 밝혔다.

---

110) 『朴殷植全書』 下 「倭奴의 强橫이 益甚」 181쪽.

111) 『朴殷植全書』 下 「日本陽明學會 主幹에게」 237-38쪽, 下 「孔夫子誕辰紀念講演會」 59-60쪽.

세계의 진화가 날로 고도화되면 반드시 대동의 가르침이 세상에 행해져, 천하가 공정公正의 지치至治를 목도할 수 있을 것이라고 생각합니다.[112)]

그는 유학의 인과 대동사상은 근본적으로 평화를 지향한다고 보았다. 대동적 평화는 경쟁원리에 기초한 제국주의적 침략이나 보편문명의 폭력적 강제가 아니라, '진아'가 사해동포주의四海同胞主義와 대동주의大同主義를 구체화해 나갈 때 가능하다고 하였다.

유교는 세계평화를 지향한다. (중략) 유학의 평화주의가 경쟁시대에 적합하지 않은 것 같지만, 장차 사회의 경향이 평화로 기울면 유교가 크게 발달할 것을 확연히 기약할 수 있다. 우리나라의 유교여, 유교의 형식에 구애되지 말고 유교의 정신을 발휘하여 세계 동포가 대동평화의 행복을 균일하게 향유할 수 있도록 해야 할 것이다.[113)]

박은식은 전제적 강권주의를 물리치고 평화시대를 열어가려면 대동사상에 주목해야 한다고 했다. 경쟁시대에 평화를 지향하는 것이 무용한 것처럼 보이지만 강권을 이기는 참된 근원은 인도주의이며, 이러한 평화의 인도주의는 양명학의 '양지'에 기반한 '대동사상'의 실현을 통해 구현될 수 있다고 보았다. 그런 차원에서 한국 독립운동은 제국주의의 비인도적 폭력을 제거하고 세계평화를 실현할 구심점을 확보하는 교두보라고 하였다.

---

112) 『朴殷植全書』 下 「孔夫子誕辰紀念講演會」 59쪽.

113) 《황성신문》 1909년 11월 16일 「유교 발달이 평화를 위한 최대의 기초」

> 우리가 오늘날 적과 싸워 이기는 능력은 오직 우리의 인도주의로써 적의 군국주의를 성토하여 우리의 인을 가지고 적의 폭력을 치며 우리의 바른 것을 가지고 적의 간사한 것을 정벌하면 승리하지 못할 이치가 없다. 인도주의로써 군국주의를 제거하고자 하는 것은 인류 대다수의 의향이기 때문이다.114)

박은식은 양지에 근거해야만 한민족의 공동체적 삶은 물론이요, 인류 전체의 발전과 행복이 가능하다고 강조했다. 즉 진정한 세계평화는 '양지'의 도덕성을 동심원적으로 확장해 나아감으로써 실현될 수 있다. 그러므로 박은식은 한국의 당면과제는 우리가 스스로 평등주의를 실현하는 주체가 되는 것이라고 파악했다.115) 그리고 가장 극심한 압제를 받고 있는 대한민국이야말로 근대적 폭력의 한가운데에 서 있기에 더욱 절실하게 평화를 실현할 수 있는 사상을 모색할 수 있다고 보았다.

> 이른바 20세기에 들어와서 국가와 인종을 멸망시키는 것으로 공례로 삼는 제국주의를 정복하고 세계 인권의 평등주의를 실행하는데, 우리 대동민족이 그의 선창자가 되고 또 주맹자가 되어 태평의 행복을 온 세계에 두루 미치게 한다면 참으로 무량한 은택이요, 더없는 영광이겠습니다.116)

그는 일본의 식민 지배를 수용할 수 없는 것은 그것이 전제주의와 강권의 산물로서 인도주의에 어긋나기 때문이라고 하였다. 따라서 한

---

114) 『朴殷植全書』 下 「敵을 戰勝할 能力을 求하라」 164쪽.

115) 박정심 「朴殷植 大同思想의 理念과 現實的 具現」 『동양철학연구』 제27집 동양철학연구회 2001 참조.

116) 『朴殷植全書』 中 「夢拜金太祖」 308쪽.

국인이 일본의 전제주의에 저항하는 것이 바로 자유와 평등을 실현하는 길이라고 보았다. 그가 대동평화사상을 제창한 것은 팽창적 국가주의 및 서구적 근대성을 재생산했던 동양주의가 종국에는 일본의 제국적 팽창을 지지하는 이론적 기반을 제공했던 것과 비교하면, 민족적 문제를 도외시하지 않으면서도 제국주의와 군국주의의 한계를 벗어나 세계평화를 지향했다는 점에서 의의가 크다.[117)]

3) 대동사상의 이념

박은식의 대동사상은 양지의 구현을 통한 천하위공天下爲公의 대동지치大同之治가 이루어지는 이상사회를 실현하는 것을 기본구조로 한다. 즉 개인의 도덕적 자아인 양지를 사회 속에서 실현함으로써, 국가와 민족은 물론 인류 전체를 아우를 수 있는 대동사회를 실현하고자 하였다.[118)] 대동大同이란 말은 『예기禮記』「예운禮運」편에 나온 것으로, 이에 의하면 유교의 이상은 대동세계의 실현에 있다고 한다.[119)]

---

117) 근대 동아시아 유학 맥락에서 박은식의 대동사상이 갖는 의의에 대해서는 박정심 「근대 동아시아유학 맥락에서 박은식의 대동사상 읽기」 『儒學硏究』제51집 충남대학교 유학연구소 2020 참조.

118) 康有爲(1858-1927)는 인간의 자주 · 평등을 주장한 1880년대의 公利 · 公法 관념에서 출발하여, 일체의 차별적인 정치 경제 사회제도가 철폐된 대동사회를 구현하기 위해 모든 사회 · 정치적 방해요인을 제거하고자 하였다. 강유위의 대동사상은 한국에 소개되기는 했으나 그의 『大同書』가 직접 수입된 것은 아니었다. 그의 대동사상이 1902년에 구상되긴 했지만, 그는 당시가 據亂世의 시기이기 때문에 小康만을 말할 수 있을 뿐 大同은 말할 수 없다고 하였으며, 만약 말한다면 세상을 홍수나 맹수에 빠지게 하는 것이라고 하였다. 또 『大同書』는 그의 사후인 1935년에야 완간되었다. 그의 대동사상은 양계초를 통해 부분적으로 한국에 소개되었으며, 박은식도 양계초를 통해 강유위의 대동사상을 접했을 수 있지만, 박은식의 대동사상에 직접적인 영향을 미친 것은 양명학이었다.

119) 『禮記』「禮運」: 大道之行也 天下爲公. 選賢與能 講信脩睦 故人不獨其親 不獨

여기서 '대동'은 만인이 평등하고 다툼이 없는 세상을 의미한다. 유학의 인애仁愛는 궁극적으로는 대동세계에서의 박애와 평등을 이상으로 하면서도 그 방법에 있어서는 차별애를 택한다. 그러나 이러한 차별애주의는 차별애를 목적으로 하는 것이 아니기 때문에 내 부모 형제에 대한 사랑이 이웃과 사회로 미쳐 나가는 방향성을 가진다. 이것이 바로 추기급인推己及人의 방법이다.

양명의 대동사상이 잘 드러난 글이 바로 발본색원론拔本塞源論이다. 그는 대립과 갈등의 현실을 양지학을 통해 해소하고자 하였다. 그는 "양지학을 천하에 밝혀 천하 사람들로 하여금 모두 자기의 양지를 실현할 줄 알게 하여 서로 편안하게 해주고 서로 길러 주며, 자사自私자리自利의 폐단을 제거하고, 헐뜯고 질투하고 이기려 하고 성내는 습성을 일소一掃하여 대동사회에 이를 수 있다면 우환과 상심은 깨끗하게 나을 것이다.[120]"라고 하였다. 양명은 이상사회의 모습을 왕도가 시행되던 요순과 하 은 주 삼대사회三代社會의 모습을 빌려 표현하고 있다. 그는 발본색원론에서 내성외왕사상內聖外王思想을 천명하고, 만물일체지인에 입각하여 사적私的 이기주의를 배격하고 대공무사大公無私한 양지의 본연함을 회복한 세계를 제시하였다.[121] 양명은 바람

子其子 使老有所終 壯有所用 幼有所長 矜寡孤獨廢疾者皆有所養. 男有分 女有歸. 貨惡其棄於地也 不必藏於己 力惡其不出於身也 不必爲己 是故謀閉而不興. 盜竊亂賊而不作 故外戶而不閉 是謂大同.

120) 『傳習錄』中「答聶文蔚」183조목 : 共明良知之學於天下 使天下之人皆知自致其良知 以相安相養. 去其自私自利之蔽 一洗讒妒勝忿之習 以濟於大同 則僕之狂病 固將脫然以愈 而終免於喪心之患矣.

121) 『傳習錄』中「答顧東橋書」142조목 : 學校之中 惟以成德爲事. 而才能之異 或有長於禮樂 長於政敎 長於水土播植者 則就其成德 而因使益精其能於學校之中. 迨夫擧德而任 則使之終身居其職而不易. 用之者惟知同心一德 以共安天下之民. 視才之稱不 而不以崇卑爲輕重 勞逸爲美惡. 效用者亦惟知同心一德 以共安

직한 사회의 교육, 분업에 따른 임용, 신분, 직분 수행, 생활태도 등의 문제를 주로 다루고 있지만, 무엇보다 양명이 강조하는 이념은 도덕적 덕성(德)이다. 사회는 법이라든가 외적인 형식보다는 인간의 내적인 가치로서의 덕에 기초하여 구성되는 것이 바람직하다고 보았기 때문이다. 양명은 당시의 계급 간의 모순과 갈등으로 인해 자타가 분리된 현실에 직면하여, 자타와 물아物我의 대립이 해소된 이상사회를 지향하였다. 사회적 갈등을 해소하기 위해서는 만인이 동일하게 지니고 있는 양지를 토대로 인간관계가 형성되어야 하므로 덕의 완성을 가장 중요하게 여겼다.

박은식은 양지적 판단과 실천은 곧 인의 실현을 의미한다. 이는 개인의 도덕성을 함양하는 데에 그치지 않고 만물일체지인을 확장해가는 것이니, 사회적 차원에서는 사해일가四海一家를 이루는 것이라고 하였다.

> (양명)선생 학문의 핵심은 치양지하여 만물일체지인을 구현하는 것이다.[122]

> 양명학에 이르러서는 천지만물이 일체가 되는 인仁으로 성인이 가르침을 베푼 본의를 밝힘으로써, 사해를 한 가족(一家)과 같이 보았고, 만백성을 한 사람(一人)과 같이 보았습니다. 이것이 양명

天下之民. 苟當其能 則終身處於煩劇 而不以爲勞 安於卑瑣 而不以爲賤. 當時之時 天下之人 熙熙皡皡 皆相視如一家之親. 其才質之下者 則安農工商賈之分 各勤其業 以相生相養 以無有乎希高慕外之心. 其才能之異 若皐夔稷契者 則出而各效其能 若一家之務 或營其衣食 或通其有無 或備其器用. 集謀幷力 以求遂其仰事附育之願. 惟恐當其事者之或怠 而重己之累也.

122) 『朴殷植全書』 中 「王陽明先生實記」 63쪽.

학의 대지大旨가 아니겠습니까![123]

그는 '만물일체지인萬物一體之仁'이 제국주의적 경쟁의 폐해와 근대적 차별주의를 극복할 수 있는 이념이 된다고 보았다. 치양지가 된 참된 인간(眞我)은 만물일체지인을 바탕으로 경계와 차별의 폭력성을 제거하여 국가 간의 반목과 침략을 종식시킴으로써, 근대적 폭력성을 극복할 수 있다는 것이다. 이성적 주체가 타자에 대한 배제와 차별을 정당화했던 것과 달리, 만물일체지인을 구현한 진아는 타인 사회 국가 더 나아가서는 세계에서 평등한 관계맺음을 해나가는 존재이므로, 근대체제의 구조적 폭력에 저항할 수밖에 없는 주체이다. 공평무사한 양지가 발현되면 사회적 경계에 국한되지 않고 누구나 화란으로부터 구제받을 수 있으며, 경쟁의 폐해가 그침으로써[124] 공평성이 보장되는 사회를 건설할 수 있다고 내다보았다.

박은식은 측은지심이 모든 사람에게 본유한 것에서 알 수 있듯이 인은 사람이면 누구나 가지고 있다고 하였다. 그러므로 인간의 본성인 인한 마음을 모든 존재자에게 확충해나가면 인류를 비롯한 만물이 모두 각득기소하여 자기의 본성을 다하는 차원에서 하나되는 인의 경지에 이를 수 있다고 하였다.

> 어린아이가 우물에 빠지는 것을 보면 측은한 마음이 반드시 일어나니 이것은 나의 인仁이 어린아이와 하나 됨이요, 금수의 슬피 우는 것을 보면 차마 하지 못하는 마음(不忍之心)이 반드시 일어나니 이것은 나의 인仁이 조금鳥禽과 하나 됨이요, 초목이 꺾이는

---

123) 『朴殷植全書』 下 「日本陽明學會 主幹에게」 237쪽.

124) 『朴殷植全書』 下 「孔夫子誕辰紀念會講演」 59-60쪽.

것을 보면 민휼憫恤한 마음이 일어나니 이것은 나의 인仁이 초목과 하나 됨이요, 와석瓦石의 훼손됨을 보아도 애석한 마음이 반드시 일어나니 이것은 나의 인이 와석과 하나 됨이 아닌가. 그러므로 만물을 일체로 하는 인은 사람이면 누구나 가지고 있다.[125]

이 내용은 양명의 「대학문大學問」에도 보인다. 양명이 처음 『대학大學』의 재해석을 통해 주자와 다른 자기의 입장을 제시할 때는 팔조목 가운데 '격물치지'가 중심이었다. 그런데 만년에는 명덕明德과 친민親民을 중심으로 논의를 전개하였다. 양명은 『대학』을 '대인지학大人之學'으로 규정하고, 『대학』이 왜 명덕과 친민을 기본 강령으로 하는가를 다음과 같이 설명하였다.

대인大人은 천지만물을 한 몸으로 여기는 사람이다. 그는 천하를 한 집안으로 보며, 나라 전체를 한 사람으로 본다. 그 사이에서 형체를 가지고 너와 나를 나누는 사람은 소인小人이다. 대인이 능히 천지만물로써 한 몸으로 삼는 것은 의도적으로 그런 것은 아니다. 그 마음의 인仁이 본래 이와 같이 천지만물과 하나가 되는 것이다. 어찌 대인만이 그렇겠는가? 비록 소인이라도 그렇지 않음이 없으나, 그가 오히려 스스로를 작게 할 뿐이다.

그러므로 대인은 어린아이가 우물에 빠지는 것을 보면, 반드시 깜짝 놀라 불쌍히 여기는 마음이 생기니, 대인의 인이 어린아이와 하나가 된 것이다. 어린아이는 대인과 같은 사람이라 해서 그렇다 하더라도, 새나 짐승이 슬피 울거나 도살장에 끌려가는 모습을 보아도 측은히 여기는 불인지심이 있게 된다. 이는 그의 인이 새

---

125) 『朴殷植全書』 下 「孔夫子誕辰紀念會講演」 59-60쪽.

> 나 짐승과 하나가 되는 것이다. 새나 짐승은 아직 지각이 있어 그렇다 하더라도, 그가 초목이 부러진 것을 보면 반드시 민망하고 긍휼히 여기는 마음이 있게 된다. 이는 그의 인이 초목과 하나가 되는 것이다. 초목은 아직 생기가 있어 그렇다 하더라도, 그가 기왓장이 부서진 것을 보아도 반드시 애석히 여기는 마음이 있게 되는 것은 그의 인이 기왓장과 하나가 되는 것이다. 이렇게 그가 한 몸으로 느끼는 인은 비록 소인일지라도 반드시 가지고 있다. 이것은 천명지성天命之性에 뿌리를 두고 있는 것이며, 저절로 영명靈明하여 어둡지 않은 것이다. 그러므로 '명덕明德'이라고 한다.[126]

유학의 만물일체지인을 실현하기 위해서 인간이 현실적으로 베풀 수 있는 사랑의 방법은 '친친親親→인민仁民→애물愛物'이라는 동심원적 확장이다.[127] 즉 유가의 가족주의인 친친親親은 인애仁愛를 베푸는 발단처로서, 인민과 사물을 내 가족처럼 사랑하라는 것이지 단순히 가족주의나 연고주의에 매몰되는 것은 아니다.[128] 만약 가족 간의 사

---

126) 『陽明全書』卷26「大學問」: 大人者以天地萬物爲一體者也. 其視天下猶一家 中國有一人焉. 若夫間形骸 而分爾我者 小人矣. 大人之能以天地萬物爲一體也 非意之也 其心之仁 本若是. 其與天地萬物而爲一也 豈惟大人? 雖小人之心 亦莫不然. 彼顧自小之耳. 是故見孺子入井 而必有怵惕惻隱之心焉. 其是仁之與孺子 而爲一體也. 孺子猶同類者也 見鳥獸之哀鳴觳觫而必有不忍之心焉. 是其仁之與鳥獸而爲一體也. 鳥獸猶有知知覺者也. 見草木之摧折 而必有憫恤之心焉. 是其仁之與草木而爲一體也. 草木猶有生意者也. 見瓦石之毁壞而必有顧惜之心焉. 是其仁之與瓦石而爲一體也. 是其一體之仁也. 雖小人之心 亦必有之. 是乃根於天命之性 而自然靈昭不昧者也. 是故爲之明德.

127) 『孟子』「盡心」上 7장 : 親親而仁民 仁民而愛物.

128) 이는 양명이 묵자의 겸애는 차등 없이 집안의 부모 형제와 길거리의 사람을 똑같이 보는 것으로 발단처를 없앤 것이라고 비판한 것과 일맥상통한다(『傳習錄』上「陸澄錄」93조목 : 墨氏兼愛無差等 將自家父母兄弟 與途人一般看 便自

량에만 국한한다면 그것은 사사로운 이기심의 발로이지 양지의 발현이 아니다. 이는 공자가 인이 무엇인지 묻는 안연에게 극기복례克己復禮라고 답했던 것에서도 알 수 있다. 그러므로 대동사회에서는 사람들이 자기 부모만 부모로 여기지 않으며, 자기 자식만 자식으로 여기지 않을 수 있다.

박은식은 유학의 방법적 차별애 논리와 양명학의 양지 개념을 토대로 대동사상을 확립하여, 국가와 민족 문제를 간과하지 않으면서도 동시에 유교적 이상사회를 지향하였다. 그의 대동사상에서는 경쟁과 대동, 국가와 대동세계가 서로 모순된 관계에 있지 않다. 그는 힘에 의한 상하관계가 아니라, 개인 국가 민족이 모두 함께 길러지는 사회를 모색하였다. 그리고 그것을 가능하게 할 도덕적 토대는 치양지이다.

인류 전체의 발전과 행복을 도모할 수 있는 대동사회의 실현을 가로막는 근본적인 원인은 바로 '양지의 엄폐'이다. 그는 양지가 제대로 직출하지 못하는 폐단을 다음과 같이 지적하고 있다.

> 천지만물과 하나되는 인은 모든 사람에게 있건마는 단지 사람이 형체의 사사로움과 물욕의 가리움 때문에 물아物我의 계교計較가 반드시 생겨난다. 그래서 이해利害를 가지고 서로 공박하고 분노로 싸우는 지경이면 천량天良을 모두 잃어, 물류物類를 죽이고 인류를 해독함에 하지 못하는 것이 없을 뿐만 아니라, 심한 경우에는 동족을 원수로 삼고 골육을 상잔하여 천륜天倫을 멸절하기에 이르르니, 천하의 난이 어느 때에 그치겠는가! 그러므로 성인이 그것을 근심하여 천지만물일체의 인을 미루어 천하에 가르침을 세우셨다. 사람마다 본래 갖추고 있는 본심의 밝음을 바탕으로

沒了發端處).

개도開導하여 형체의 사사로움과 물욕의 폐단을 극치克治하여 그 심체의 동연同然함을 회복하면 천하 사람이 모두 인으로 돌아가 태평의 복락을 공유할 것이니, 이는 대동교大同教의 종지宗旨이다.129)

박은식은 사람은 누구나 만물일체지인萬物一體之仁을 가지고 있는데, 다만 중인衆人은 형체의 사사로움과 물욕에 가려 막혀 있을 뿐이라고 보았다. 이해를 가지고 서로 공박하고 분노로 싸운다면 그 인을 잃어버린다. 본래의 양지를 잃어버리면 인류뿐만 아니라 세계 모든 존재자에게 해가 된다. 그러므로 본심의 밝음을 회복시키는 일이 대동사회를 실현하는 바탕이라고 보았다. 즉 인간의 양지는 누구에게나 있으므로 그를 회복하는 것이 반인륜적인 제국주의 침략을 종식시키고 인류평화를 실현하는 근간이 된다는 견해이다. 박은식은 양지에 근거하지 않고서는 한민족의 공동체적 삶은 물론이요, 인류 전체의 발전과 행복 또한 불가능함을 누차 강조하였다.

4) 대동교운동大同教運動과 사해동포주의

박은식은 유학의 시중지도를 토대로 국권 회복과 근대문명의 발달을 추구하였는데, 이러한 근대적 발전은 대동사회를 지향해야 한다고 하였다. 대동사회는 실현 불가능한 유토피아가 아니라, 반드시 도래해야 할 세상이었다. 그러므로 박은식은 구체적인 삶의 맥락에서 대동사상을 실천하고자 노력하였다. 자강기에는 국권 회복을 위한 교육과 언론활동 및 자가정신의 정립에 치중하는 한편 대동교大同教를 조

---

129) 『朴殷植全書』 下 「孔夫子誕辰紀念講演會」 59~60쪽.

직하여 활동하기도 하였다. 당시 일제가 민족정신의 파괴 공작으로 유림을 친일화하기 위하여 일진회와 대동학회大東學會를 조직하자, 그 대응책으로 대동교를 창설한 것이다. 그러므로 대동교운동은 국권 회복의 일환이기도 했지만, 대동사상의 현실적 구현이라는 지향점을 드러낸 것이기도 하였다. 박은식이 주도적으로 활동했던 대동교는 대동학회에 직접적으로 대응하기 위하여 조직되었다. 대동학회는 1907년 신기선申箕善 등이 중심이 되어, '유도儒道를 본체(體)로 삼고 신학문을 작용(用)으로 삼아 신구新舊 학문을 합일시키자.'는 명분을 내세워 조직되었다. 그러나 이는 유학의 본지를 구현하려는 것이 아니라 친일을 은폐하기 위한 허구에 불과했다. 대동학회는 고종의 강제 퇴위와 군대해산을 계기로 의병을 비롯한 범국민적 항일운동이 확산되자, 통감부에서 사회적으로 영향력 있는 유림을 통해 민심을 수습하기 위해 조직한 것이었다. 대동학회는 대동교 등 민족 보존에 적극적인 유림들의 공격이 거세지자 공자교孔子敎로 개칭하고, 이를 통해 유림을 친일파로 회유해 나갔으니, 대동학회와 공자교는 유림의 친일화에 앞장서 일제의 전위대 역할을 하였다.

이에 박은식을 비롯한 인사들이 1909년 대동교를 창건하여 대동학회의 유교확장론이 유교의 본의와 무관하며 친일매국에 지나지 않음을 폭로하였다. 그리고 유림이 국권회복운동에 적극 동참해 줄 것을 호소하였다.[130] 대동교는 1909년 공자 탄신기념일에 개교식을 개최하였는데, 박은식이 대동교를 대표하여 강연을 하였다. 여기에서 그는 대동교의 종지가 만물일체지인에 기반한 대동사상임을 천명하였다.

130) 《대한매일신보》 1909년 6월 16일, 「儒敎擴張에 對한 論」 참조.

대동교의 종지는 무엇인가? 성인의 마음은 천지만물을 일체로 여기는 것이니, 이는 생각을 추론하는 것으로 말미암는 것이 아니라 인의 본체가 원래 이와 같은 것이다. (중략) 그러므로 어린아이가 우물에 빠지려는 것을 본 순간 측은지심이 반드시 있으니 이것이 그 인이 어린아이와 일체가 된 것이다. 금수가 슬피 울며 두려워하는 것을 보면 차마 하지 못하는 마음이 반드시 있으니 이것이 그 인이 금수와 일체가 된 것이다.[131)]

사람은 본디 천지지심天地之心을 가지고 있기 때문에 천지만물이 본래 내 몸과 일체이다. 그러므로 내 몸의 질통을 알지 못한다는 것은 시비지심이 없는 것과 같으니, 내 몸의 질통을 모를 수 없는 것처럼 시비지심 역시 없을 수 없다고 본다. 이러한 시비지심이 곧 사려하지 않아도 알 수 있고 배우지 않아도 능히 실천할 수 있는 양지와 양능良能이다.[132)] 유학의 본지는 양지라는 도덕성에 기반할 때라야 제대로 실현할 수 있으며, 양지는 사려와 학습을 통하지 않고도 그대로 직출될 수 있는 인간의 본성이다. 그러므로 인간의 본성인 인과 양지에 의거한 사회라야 참으로 사람 살만한 세상이 될 수 있다.

박은식은 당시 상황을 고려하여 대동교의 포교 방법으로, 국민 계도와 세계를 향한 선교宣教라는 두 가지 방향을 제시하였다. 국민 계도란 성리학이 양반이란 특권계급을 중심으로 향유되었던 점을 비판하고 양지를 직출할 수 있는 무문자 혹은 신국민 등 근대사회를 이끌어나갈 새로운 계층을 중심으로 유학의 본지를 교육할 필요가 있다고 한 그의 주장과 일치한다.

---

131) 『朴殷植全書』 下 「孔夫子誕辰紀念會講演」 59쪽.

132) 『傳習錄』 中 「答聶文蔚」 179조목 참조.

첫째는 '개도국민開導國民'이니, 종전 유교의 학습이 중등中等 이상에 그치고 중등 이하의 사람에게는 미치지 못하였다. 국민의 수로 말하면 중등 이하가 많으니 이전의 교육 방법이 완비되지 못하여 중등 이하에 미치지 못한 것이 가장 큰 결점이다. 이제 경전 가운데 좋은 말과 착한 행동 그리고 본교本敎에서 새로 저술한 책을 한글로 번역하여 일반 남녀 동포로 하여금 이해하게 하고 믿게 해야 대동교의 교화를 이룰 수 있을 것이다.[133]

박은식은 대동교의 발전을 위해서는 세계에 유학의 본지를 널리 알릴 필요가 있다고 하였다. 유교경전을 비롯하여 대동교 관련 저술을 국문으로 번역하여 대중이 모두 이해할 수 있게 하고, 퇴계와 율곡을 비롯한 선현의 저술과 대동교의 새로운 저술들을 중국과 일본에 전파하며, 영어로도 번역하여 대동교의 가치를 서양학계에도 알리자고 주장하였다. 또 지식층 중심에서 벗어나 대중 속으로 유학이념을 확산시키고, 교육과 지방지회 설치 등을 통해 유교 조직을 강화하고자 하였다.

둘째는 세계에 선포함이니, 본인이 일찍이 일본인이 발행한 어떤 잡지를 열람하니 우리나라 퇴계학을 존숭하는 언론이었다. 그 잡지에 '서양인으로 하여금 한국에 퇴계학이 있다는 것을 알게 하면 가히 국가의 광휘光輝를 더하리라.'고 하였다. 또한 서양의 이학가理學家들이 동양의 불교 원류源流를 수집收輯 편찬編纂하는데 중국과 일본의 불교 역사만 채록採錄하고 우리나라의 불교는 거론하지 않았다. 그러나 불교로 말하면 우리나라의 불교가 일본보다

133) 『朴殷植全書』 下 「孔夫子誕辰紀念會講演」 61쪽.

선진이니, 이것은 우리가 서양 이학가에게 소개하지 않았기 때문이다. 유교 또한 그러하니 우리가 이미 대동교를 발기한 이상에는 퇴계와 율곡을 비롯한 여러 선생들의 학론學論과 대동교에서 새로 저술한 문자文字를 지나와 일본학계에는 한문으로 전파하여 의사를 소통하고 영문으로 번역하여 서양학계에 파급할 방침을 실행하면, 우리 대동교의 광명을 세계에 보급하는 영향이 있을 것이다.[134]

박은식의 대동교에 대한 견해를 살펴보면, 대동교가 기독교처럼 종교적인 색채를 강하게 띠고 있지는 않았다. 그가 서양 문명의 발전이 기독교와 관련이 있다고 보고, 유학계에도 마르틴 루터와 같은 자가 필요하다고 하기도 했지만, 유학을 기독교와 같은 종교조직으로 개편하는 데 초점이 있었던 것은 아니다. religion의 번역어로서 종교는 초자연적인 존재에 대한 외경의 감정과 그것을 표현하는 의례 등의 행위를 의미한다. 즉 초자연적인 절대자와 그를 숭배하는 의례 체계를 갖춘 시설과 종교적 경험을 공유하는 종교집단을 갖는다. 그런데 박은식은 공자를 절대적 초월자나 창조적 신으로 생각하지 않았고, 대동교 활동이 기독교와 같은 종교적 조직과 의례를 갖추는 것에 집중되지도 않았기 때문이다. 당시에 종교가 religion의 번역어이기도 했지만, 대동교는 한자 뜻 그대로 유학을 최고의 가르침이라는 의미로 사용한 것으로 보인다.

자강기 대동교운동은 일제 침략이 노골화해가던 시기였기 때문에 실질적인 성과를 거두기 어려웠다. 그러나 박은식이 대동사상이 평천하의 원리에 입각하고 있다고 밝혔듯이, 그것은 세계평화사상으로 계

---

134) 『朴殷植全書』 下 「孔夫子誕辰紀念會講演」 61쪽.

승되었다. 그의 대동사상이 보다 체계화된 것은 경술국치 이후로 볼 수 있는데, 시간상으로 보면 그 시기는 매우 짧다. 그러나 경술국치는 제국주의 침략에 의해 나라를 잃은 충격적인 사건이었고, 삶을 전반적으로 재성찰할 것을 요구하였다. 박은식은 중국으로 망명하여 독립운동의 정신과 방향성을 잡아 나가는 과정에서 대동사상을 사해동포주의로 구체화시켰다.

박은식의 대동사상은 경쟁과 제국주의 그리고 군국주의의 폭력에 대한 비판적 성찰이었고, 세계평화 구현의 이념이었다. 그는 사회다윈주의가 약자에 대한 강자의 지배를 합리화시켜 주는 강권론이라고 강하게 비판하고, 강권론에 의해 지배되는 제국주의는 타도해야 한다고 주장하였다.[135] 박은식은 당시 문명 경쟁시대의 가장 큰 특징은 '경쟁'인데, 이는 강권자強權者와 우승자優勝者의 권리만을 보장한다고 하였다. 이와 같이 강권자의 권리만을 보장하는 경쟁은 인류 전체를 위해 바람직하지 않으며, 20세기의 병폐를 해결할 수 있는 방법은 제국주의적 경쟁 논리에서 나오는 것이 아니라 대동의 원리에서 나온다고 보았다.

> 세상의 문명이 더욱 진보하고 인간의 지식이 발달할수록 경쟁의 기회와 살벌한 소리가 더욱 극렬하여, 소위 국가 경쟁이니 종교 경쟁이니 또 정치 경쟁이니 민족 경쟁이니 하는 허다한 문제가 첩첩이 생기고 나타나 세계에 전쟁의 역사가 그치지 않음은 물론이요, 더욱더 팽창하여 백 년 전의 전쟁은 지금으로 보면 그저 아이들의 놀음같이 되어버렸고, 10년의 대 전쟁도 지금에는 아이들의 연극같이 되고 말았습니다. 많은 사람을 죽여 성과 들판을

---

135) 『朴殷植全書』 中 「王陽明先生實記」 86쪽.

덮을만한 기구가 갈수록 정교해져, 소위 극노포克魯砲니 속사포速射砲니 모슬총毛瑟銃이니 철갑함鐵甲艦이니 경기구輕氣毬니 하는 각종 기계가 바다와 육지에 진탕하고 하늘과 땅을 뒤흔들어 인민의 피로 시내를 이루고 인민의 뼈로 산을 쌓았습니다. 약육강식을 보편법칙(公例)이라 하고 우승열패를 자연법칙(天演)으로 인식하여 나라를 멸망시키고 종족을 멸망시키는 불법부도不法不道를 정치가의 책략으로 삼으니, 소위 평화재판平和裁判이니 공법담판公法談判이니 하는 문제는 강권자와 우승자의 이용물에 불과할 뿐입니다. 따라서 약자와 열자劣者는 그 고통을 호소하고 원통함을 펴나갈 곳이 없으니, 상제의 일시동인一視同仁과 성인의 만물일체의 견지에서는 유감이 없을 수 없습니다.[136]

박은식은 근대의 경쟁이 강권자와 우승자의 권리를 위한 것일 뿐만 아니라 제국주의 침략을 정당화하는 데 치중했다는 점을 간파하였다. 과학기술의 발전이 더욱 예리한 무기를 생산하는 데 이바지하고 사회다윈주의적 경쟁의 끝이 종국에는 제국주의 침략과 세계대전으로 치닫는 현실을 지적하였다. 그는 사회다윈주의적 경쟁이 세계평화에 기여하는 것이 아니라 약자에 대한 폭력을 증폭시키는 데 종사하여 재앙을 가중시키고 있기 때문에, 이러한 경쟁은 종식되어야 한다고 보았다.[137] 그리고 만물일체지인이야말로 근대적 경쟁의 폐해를 극복할 수 있으며, 경쟁에서 도태되어 고통받는 약자의 고통을 해결해 줄 수 있다고 보았다.

---

136) 『朴殷植全書』 中 「夢拜金太祖」 213-215쪽.

137) 『朴殷植全書』 中 「王陽明先生實記」 156-157쪽.

성인은 모든 존재자(萬物)를 일체一體로 여기고 사해四海를 일가一家로 삼아 경계境界와 울타리를 없게 합니다.138)

성인이 세계(四海)를 한 집으로 삼을 수 있는 것은 만물일체지인萬物一體之仁이 차별적 경계와 억압의 울타리를 없게 하여 국가 간의 반목과 침략을 종식시킬 수 있는 이념이기 때문이다. 그러므로 근대 유학의 이념은 근대적 경쟁을 종식시키고 세계평화를 구현하는 길을 모색하는 것을 가장 중요한 과제로 삼아야 한다고 보았다.

세계평화의 최대 기초는 종교 범위에 있으니, 불교의 보도普度와 예수교의 박애가 평화주의 아님이 없거니와 우리 동양의 유교로 말하면 세계평화가 가장 중요한 이념이다. 『논어』의 충서忠恕와 『중용』의 중화위육中和位育, 그리고 「예운禮運」의 대동大同이 모두 평화의 본원이며 평화의 극공極功이오, 『춘추春秋』의 일부 종지가 천하 열국列國으로 하여금 경쟁을 쉬게 하고 난리를 그치게 하고 강신수목講信修睦하여 대동평화를 이룸에 있다. 이런 주의가 경쟁시대에는 적합하지 않은 것 같지만 장래 사회 경향이 평화로 기울면 우리 유교의 큰 발달을 확연히 기약할 수 있다.139)

박은식은 전제적 강권주의를 물리치고 세계평화시대를 열어가기 위해서는 유교의 정신 즉 대동사상에 주목해야 한다고 하였다. 평화를 지향하는 것이 경쟁시대에는 적합하지 않고 아무런 힘을 발휘하지 못할 것처럼 보이지만 강권을 이기는 진전한 근원은 인도주의이며,

---

138) 『朴殷植全書』 中 「夢拜金太祖」 213쪽.

139) 《황성신문》 1909년 11월 16일 논설 「儒敎發達이 爲平和最大基礎」

이러한 평화적 인도주의는 유교의 양지와 대동사상의 실현을 통해 구현될 수 있다고 하였다.

대동사회가 개인은 물론 국가와 인류 전체의 모든 활동이 '양지'를 근간으로 해야만 이룩할 수 있다고 한다면, 한국 유학은 전근대적 체제와 이념에 매몰되지 말고 인류 전체가 대동평화를 향유할 수 있는 이념과 운동방향을 제시해야 한다고 주장하였다.

> 우리나라의 유교여! 유교의 형식에 구애되지 말고 유교의 정신을 발휘하여 세계 동포로 하여금 대동평화의 행복을 균일하게 향유하게 해야 할 것이다.[140)]

박은식은 인간 주체가 사욕에 엄폐당하지 않으면 양지를 구현할 수 있으며, 모든 인간이 양지를 본유하고 있기 때문에 태평세를 이룰 수 있다고 하였다.

> 사람마다 본래 갖추고 있는 본심의 밝음을 바탕으로 개도開導하여 형체의 사사로움과 물욕의 폐단을 극치克治하여 그 심체의 동연同然함을 회복하면, 천하 사람이 모두 인으로 돌아가 태평太平의 복락을 공유할 것이다.[141)]

박은식은 만물이 일체된 경지에서 보면 모든 사람에게는 자기만의 능력과 각기 자기에게 맞는 직분이 있고, 그런 측면에서 보면 황인종이든 백인종이든지 간에 인종이나 형체의 구별이 없다고 하였다.

---

140) 《황성신문》 1909년 11월 16일 논설 「儒教發達이 爲平和最大基礎」

141) 『朴殷植全書』 下 「孔夫子誕辰紀念會講演」 60쪽.

즉 계몽이성이나 인종주의에 기대어 차별과 배제의 전략을 정당화하기보다는, 모든 인간이 양지와 인을 동일하게 본유하고 있되 현실적으로 능력과 직분의 차이가 있는 측면을 잘 살리는 데 집중한다면 사해동포주의는 가능하다는 것이다.

사해동포주의는 강유위와 같이 실제적인 삶의 경계를 해체하는 것을 지향하는 것이 아니라, 양지의 본유성에 근간하지 않는 모든 제도와 경계에 대한 비판적 성찰이었다. 인종차별이나 제국주의 침략은 양지의 판단에 의거한다면 비인륜적 행위로서 태평세를 저해하는 요소들이다. 인종주의는 인간에 관한 과학적 탐구라고 했지만, 실제로는 차별과 배제의 근거로 작동하였다. 박은식은 지역과 인종적 차이에도 불구하고 양지를 본유하고 있다는 차원에서는 모두 동일하다고 주장하였다.

> 하늘이 사람을 낳음에 성분性分의 영능靈能과 직분의 권리를 부여함은 동·서양과 황·백인종이 같다.[142]

박은식은 만물일체지인의 경지에서 보면 모든 사람에게는 자기만의 능력과 각기 자기에게 맞는 직분이 있고, 그런 측면에서 보면 황인종이든 백인종이든 구별이 없다고 하였다. 또한 어느 인종이든지 인간이면 누구나 양지를 가지고 있으며, 만물과 하나 되는 인은 사사로움이 없기 때문에 생물을 살리고 인류 전체의 발전을 도모할 수 있다고 본다. 즉 인간의 본성이 같고 각기 적절한 직분이 있다는 점 또한 동일하기 때문에 그러한 동질성과 특수성을 잘 고려한다면 사해동포주의는 가능하다는 것이다. 그리고 사해동포주의가 실현될 때라야 비

142) 『朴殷植全書』 中 「夢拜金太祖」 217-218쪽.

로소 모든 사람과 만물이 공평하여 경계와 울타리가 없으며, 인종 간의 차별도 극복하게 된다.

> 상제는 지극히 크고 지극히 공평하여 모든 것을 똑같이 사랑하십니다. 하늘의 보살핌과 땅의 싣는 것으로 모든 물류物類의 나는 것, 뛰는 것, 움직이는 것, 심은 것(植)은 물론, 각종 인종, 즉 황인종 · 백인종 · 홍인종 · 흑인종 등으로 하여금 모두 함께 살게 하고 함께 길러지게 하여 서로 눌리거나 피해를 보는 것이 없게 하십니다. 성인은 이를 본받아 만물을 일체로 삼고, 사해를 일가로 삼아 경계와 울타리가 없게 합니다.[143]

> 대개 하늘의 도는 모든 중생을 아울러 낳고 길러 모든 것에 후박厚薄의 구별이 없으니, 도덕가는 이를 원본으로 삼아 만물일체의 인을 발휘하고 추진하여 천하의 경쟁을 그치게 함으로써 구세주의救世主義를 실현한다.[144]

박은식은 공평무사한 성인은 모든 생물과 인류를 똑같이 사랑하므로 사해의 경계를 무너뜨릴 수 있고, 생민의 화란을 구제할 수 있으며, 경쟁의 폐해를 그치게 할 수 있다고 하였다. 그가 양명학을 주창한 것은 인류평화의 근본을 세우고자 한 것이었기에,[145] 대동사상은 인류가 대동평화를 향유하는 것을 목표로 삼았다.[146] 그런 측면에서 그의 대동사상은 '평화적 사해동포주의'라고 평가할 수 있다.

---

143) 『朴殷植全書』 中 「夢拜金太祖」 212-213쪽.

144) 『朴殷植全書』 中 「夢拜金太祖」 215쪽.

145) 『朴殷植全書』 下 「日本陽明學會 主幹에게」 237-238쪽.

146) 『朴殷植全書』 下 「孔夫子誕辰紀念講演會」 59-60쪽.

박은식은 제국주의 침략이 비서구지역을 휩쓸고 있는 상황에서 대동사상을 주창하는 일이 이상주의임을 스스로 알고 있었으며 그것이 국가주의나 개인권리주의보다 나아간 것임을 시인하면서도, 대동사상이라는 고차원적인 목표가 도리어 국가주의와 개인권리주의를 계발하는 데 도움이 된다고 하였다. 그런 측면에서 대동사상을 '구세주의救世主義의 대승법大乘法'이라고 칭하였다.

> "지금 우리나라의 민지民智 발달 정도로 말하면 국가주의와 개인 권리 등의 주의主義도 잘 분별하지 못하는데 한가하게 대동주의大同主義를 논하겠는가?"라고 할 수 있다." 그러나 이상가理想家와 학문가學問家는 구세救世의 방침方針에 대해서 오로지 소승법小乘法만 강구하고 대승법大乘法은 강구하지 않는 것이 아니다. 옛사람이 말하기를, "위에서 본을 취하여야 겨우 중간을 얻고 중간에서 본을 취하면 아래를 면할 수 없다."고 하니, 대개 대동학大同學은 구세주의救世主義의 대승법大乘法이다. 우리 대한사람도 대동大同의 뜻을 생각함이 있어야 국가주의와 개인 권리 등의 주의를 계발啓發하는 사상과 진취하는 정도程度가 있을 것으로 생각한다.[147]

박은식은 우리나라 민지 발달 정도로 보면 국가주의나 개인의 권리를 논의하는 것이 적합하다는 점을 모르지 않지만, 그것이 대동주의라는 인도적 평등주의로 나아가야 함을 밝히고 있다. 그러한 방향성을 가질 때라야 국가주의나 개인 권리의 주장이 제대로 진취할 수 있다는 것이다. 즉 국가주의나 개인의 권리를 주장하는 것

147) 《황성신문》 1909년 4월 16일 논설「大同學說의 問答」

이 종국적으로는 제국주의와 군국주의의 한계를 벗어나 세계평화를 지향해야 한다고 본 것이다.

> 오늘날은 세계의 큰 기운이 평등주의平等主義로 기우는 시대이다. 하등사회下等社會를 이끌어 상등사회上等社會로 나아가게 함은 천지 간의 이치인 진화발전進化發展에 순종하는 것이니, 이를 실현하기 위해 노력하는 것이 또한 자연스러운 추세이다.[148)]

그는 평등과 인도주의人道主義를 지향하는 것이 인류 역사 발전의 방향이며, 이는 자연스러운 추세라고 판단하였다. 당시는 강권주의强權主義가 평등주의로 교체되는 전환기로, 강권론의 제국주의가 날로 극렬해짐은 말기적인 현상일 뿐, 평등주의가 부활할 날이 멀지 않았다고 전망하였다. 이와 같은 역사 발전 추세로 보아도 한국의 독립은 마땅히 이루어져야 하며, 이를 위한 투쟁은 역사적 정당성을 갖는다. 그는 "만일 일본이 여전히 한일 양 민족의 구원久遠한 이익과 세계 인류의 자유와 평등을 무시하고 우리 대한민국의 영토를 계속 점유하면, 우리 민족에게는 오직 최후의 혈전이 있을 뿐이다.[149)]"고 하여, 한국의 독립 투쟁은 반드시 이루어져야 하고 그를 위해 최후의 한 사람까지 끝까지 투쟁할 것을 천명하였다.

5) 국가의 독립과 세계적 대동

대동사회는 방법적 차별애를 통해 실현 가능하기 때문에, 박은식은 그가 지향하는 사해동포주의와 세계평화가 국가적 독립과 위배되지

---

148) 『朴殷植全書』 中 「夢拜金太祖」 251쪽.
149) 『朴殷植全書』 下 「宣言書」 218쪽.

않는다고 보았다. 양지에 기반한 독립이라면 그것은 제국주의 침략과 같은 팽창적 민족주의로 귀결되는 것이 아니라, 평화적 사해동포주의로 나아가는 단계가 되기 때문이다. 이는 양지에 기초한 독립운동이어야만 보편적 도덕성과 인류평화이념에 위배되지 않는 정당성을 확보할 수 있다는 것을 의미한다. 따라서 박은식은 민족 생존을 위한 자강운동이나 한민족의 일체감을 조성하기 위해 제창한 대한정신 혹은 국혼 강조가 만물일체지인과 모순되지 않는다고 보았다. 왜냐하면 당시는 민족시대이며 국가가 존재하지 않으면 민족은 반드시 멸망하는 시기이기 때문이다.[150] 보편이념은 인간 주체가 처한 '지금 여기'라는 특수한 역사적 삶 속에서 구현되는데, 치양지란 보편성은 곧 근대 한국의 진아가 민족적 생존을 도모하면서 사해동포주의를 지향하는 과정에서 인을 실현한다. 또한 자강이 양지에 기초하여 이루어진다면, 그것은 단순히 한민족만을 위한 자강으로 그치지 않을 것이기 때문에, 국권 회복이나 독립투쟁 등의 민족운동도 평화적 사해동포주의로 나아가는 과정으로 파악하였다. 그러므로 한국의 독립운동은 보편적 도덕성과 인류평화이념에 위배되지 않는 정당성을 확보할 수 있다. 그래서 박은식은 한국민족의 당면과제는 강권의 제국주의를 이겨내고 인권의 평등주의를 실현하는 주체가 되는 것이라고 하였다.

한편 양지에는 동포의 질통을 자기의 질통으로 여기는 일종의 혈연감정이 내포되어 있으므로, 사해동포주의를 주장하더라도 한 조상의 자손인 한민족은 혈연관계에 있어서 서로 사랑하는 애정이 더욱 절실할 수밖에 없다고 보았다.

150) 『朴殷植全書』 下 「舊習改良論」 9쪽.

> 무릇 모든 인류가 천지의 기운을 받아 신체가 되고 천지의 영靈을 받아 심성이 되었다. 그런 이유로 사해 안의 모든 사람을 우리 동포라고 한다. 더욱이 한 조상의 자손으로 혈맥관계가 있다면 서로 사랑하는 정이 더욱 절실할 것이다. 우리 대동민족大東民族은 어느 곳에서 태어났든지 어느 성씨의 어느 파이든지 간에 모두 단군의 혈손이다. 어느 누군들 나의 절친한 형제가 아니겠는가?[151]

하지만 치양지의 보편성은 가족이나 국가에 국한되어서는 안 된다. 근대는 국가체제가 삶의 중요한 범주였기 때문에 국가적 차원에서 치양지하는 길을 모색하는 것이 일차적 과제였지만, 이것은 사해동포주의로 나아가야 한다. 이것은 맹자가 말한 우리 집안의 노인을 어른으로 공경하는 마음을 다른 노인에게까지 확충해가는 것이다.[152] 이것은 『논어』에서 효제孝悌가 인을 행하는 근본이라고 한 것과 같다. 인은 나를 중심으로 관계맺음하는 가운데 자기 자리에서 자기 직분을 다하는 것이며, 효제는 인을 행하는 근본이자 출발점이 된다. 그러므로 효제의 마음을 사회적으로 확충해나가는 것이 무엇보다 중요하며, 이것이 곧 치양지이다.

박은식은 한국이 독립을 통해 세계평화와 인도주의의 선봉이 되어 군국주의를 결단내야 하는 처지에 놓여있다고 하였다. 그는 한국이 일본과 병합할 수 없는 것은 제국주의 침략이 전제주의와 강권의 산물로서, 인도주의에 어긋나기 때문이라고 한다.[153] 한국 사람이 일본

151) 『朴殷植全書』 中 「王陽明先生實記」 289쪽.

152) 『孟子』 「梁惠王」 上 7장 : 老吾老 以及人之老, 幼吾幼 以及人之幼.

153) 『朴殷植全書』 下 「大韓民國老人同盟團致日本政府書」 216쪽 : 以時勢之動機言

의 전제주의에 저항하는 것은 그것이 바로 자유와 평등을 실현하는 길이기 때문이라는 것이다. 즉 한국의 독립이 평화사상과 인도주의에 입각한 정당한 것임을 천명하고 있다. 그리고 가장 극심한 압제를 받고 있지만, 한국민족은 절실한 정신과 사상으로 인류세계의 진운에 따라 근대적 평화민주공화국을 건설할 수 있다고 보아, 한국민족을 평화주의 실현의 주체로 삼았다.[154)]

> (일본에 저항하는 것은) 오직 세계 인류의 평화사상과 인도주의人道主義로써 강포하고 불법한 군국주의를 제거하려는 새로운 기운에 순응하여, 무기를 쓰지 않고 독립의 자유를 얻는 새로운 기원을 세계 역사에 개창하고자 하는 것이다. (중략) 그러므로 우리가 오늘날에 적과 싸워 이기는 능력은 오직 우리의 인도주의로써 적의 군국주의를 성토하여 우리의 인仁을 가지고 적의 폭력을 치며, 우리의 바른 것을 가지고 적의 간사한 것을 정벌하면 결코 승리를 얻지 못할 이치가 없다. 왜냐하면 오늘날 세계의 인도주의로써 군국주의를 제거하고자 하는 것은 인류 대다수의 의향이기 때문이다.[155)]

박은식은 한국의 독립운동은 세계평화와 인도주의의 선봉이 되어 군국주의를 물리치는 것이라고 파악하였다. 인류의 역사는 자유와 평등을 추구하기에 전제주의와 강권을 제지하고자 하며, 한국의 독립은

之 今全地球人類之思想 皆憎惡專制 嫉視强權 自由平等之風潮 將易世界而新之 大勢所驅就能制止 此乃天意之自然 人道之大同也. 敝邦人民 豈其獨安於牢獄生活 而不求自由平等之幸福乎. 此不可併合者七也.

154) 『朴殷植全書』 中 「夢拜金太祖」 308쪽.

155) 『朴殷植全書』 下 「敵을 戰勝할 能力을 求하라」 164쪽.

바로 그러한 인류 전체의 지향점과 일치한다고 하였다.

> 시세時勢의 동기動機를 가지고 말한다면 전 세계 인류의 사상이 모두 전제주의專制主義를 미워하고 강권을 질시한다. 자유와 평등의 풍조가 장차 시대를 바꾸어서 새롭게 하려 하고 있다. 그러니 대세의 전진 앞에 전제주의와 강권은 제지당하고 말 것이다. 이것이 천의天意의 자연自然이며, 인도人道의 공통共通이다. 우리나라 인민人民이라고 해서 어찌 홀로 감옥 생활을 편안히 여겨 자유와 평등의 행복을 추구하지 않겠는가? 이것이 (일본과) 병합할 수 없는 이유이다.156)

박은식은 일본 제국주의 침략은 전제주의와 강권의 산물로서 인도주의에 어긋난다고 비판하였다. 한국이 일본의 전제주의에 저항하는 것이 그것이 바로 자유와 평등을 실현하는 길이므로, 한국민족이 평등주의 실행의 선창자가 되자고 하였다.

> 이른바 20세기에 들어와서 멸국滅國과 멸종滅種을 보편법칙(公例)로 삼는 제국주의를 극복하고 세계 인권의 평등주의를 실행하는 데 있어서, 우리 대동민족大東民族이 그 선창자先唱者가 되고 또 주맹자主盟者가 되어 태평太平의 행복을 온 세계에 두루 미치게 한다면, 참으로 무량無量한 은택이요 더없는 영광이겠습니다.157)

---

156) 『朴殷植全書』 下 「大韓民國老人同盟團致日本政府書」 216쪽 : 以時勢之動機言之 今全地球人類之思想 皆憎惡專制 嫉視强權 自由平等之風潮 將易世界而新之 大勢所驅就能制止 此乃天意之自然 人道之大同也. 敝邦人民 豈其獨安於牢獄生活 而不求自由平等之幸福乎. 此不可倂合者七也.

157) 『朴殷植全書』 中 「夢拜金太祖」 308쪽.

박은식은 한국민족의 당면과제인 강권의 제국주의를 이겨내고 인권의 평등주의를 실현하는 것을 위해서는 어떤 수단이든지 쓸 수 있다고 주장하였다.

> 독립운동은 전 민족적으로 통일이 되어야 하고, 독립운동을 최고의 운동으로 삼아 매진하기 위해서는 어떠한 수단과 방략이라도 쓸 수 있다. (중략) 독립운동은 우리의 제일 중대한 사업이므로, 이를 성취하기 위해서는 어떠한 수단이나 방법도 가릴 수 없는 것이 사실이다.[158)]

한국 독립이 세계평화를 건설하는 구심점 역할을 할 것이라는 예견은 대동사회 건설이 국경을 해체하지 않아도 가능하다는 뜻이다. 이것은 중국 강유위康有爲의 대동사상과 크게 다른 점이다. 강유위의 대동사상 또한 인의 실현이란 유학적 이상을 주창한 것이나, 그 구체적 실현 방법은 박은식과 큰 차이가 있다. 그는 『예기』의 대동사상과 공양학의 삼세설을 결합하고, 또한 인을 중시하여 유학적 이상사회론을 근대적으로 재해석하였다.[159)] 여기에 불교와 서구 근대사상을 종합하여 평등과 박애를 강조했으며,[160)] 특히 서구 유토피아사상의 영

---

158) 『朴殷植全書』 下 「白巖先生의 遺囑」 202쪽.

159) 이연도 「大同과 유토피아 : 강유위 사상의 특색」 『한국철학논집』 18집 2006, 255쪽 주35 재인용 : 인은 다른 사람 보기를 자신과 같이 여겨 만물일체를 실현하는 것이다. 그러므로 자기가 하고자 하는 것을 다른 사람에게 베풀어 여민동락하는 것이다.

160) 양계초는 강유위의 사상을 '博愛派哲學'이라고 요약하면서, 그의 윤리는 인을 유일한 종지로 삼아 펼쳐졌다고 평가하였다. 강유위가 인을 종지로 세계를 제대로 세우고 중생을 살리며 家國을 존립하게 하고 예의를 일으키는 근원으로 삼고자 했다고 하면서, 그의 사상은 인에 근본하지 않은 것이 하나도 없다고

향하에 유학을 해석한 것이 큰 특징이라고 할 수 있다.161)

강유위는 인간은 불인지심不忍之心을 가진 존재이고 인간의 삶은 다양한 고苦를 벗어날 수 없다고 전제하였다. 또 인간은 욕망 충족을 통해 행복을 향유하며, 사회 · 정치제도는 욕망 충족과 함께 과욕過慾을 제한함으로써 모든 사람의 행복을 추구하려는 필연적 산물임에도, 그 자체의 결함 때문에 본래 목적인 욕망 충족보다는 고통을 주는 제도로 전락하였다고 보았다. 그는 고의 근원인 계급, 가족, 국가와 같은 구계九界를 제거해야 인류가 행복을 향유할 수 있다고 생각하였다. 따라서 강유위는 일체의 차별적인 정치 · 경제 · 사회제도가 철폐된 대동사회를 구현하기 위해 모든 사회 · 정치적 방해요인을 제거하고자 하였다.162) 그래서 그는 대동사회의 세계구조는 독립적이고 자유로운 개인에 기초해야 하며, 남녀가 평등하고 각자의 독립성이 유

하였다. (양계초「남해강선생전」『음빙실합집』 권1 : 先生之哲學) 이연도「大同과 유토피아 : 강유위 사상의 특색」『한국철학논집』 18집 2006, 253쪽 재인용.

161) 『大同書』의 내용과 형식은 당시 〈萬國公報〉에 실렸던 벨라미(E.Bellamy)의 『百年一覺』에서 적지 않은 영향을 받은 것이다. 또한 공상사회주의자 푸리에의 사회구상에 대한 언급이 있고, '유토피아'란 단어를 직접 사용하기도 하였다. 이를 통해 강유위가 서구의 유토피아사상에 대한 지식이 있었음을 엿볼 수 있다. 『대동서』의 사유제 폐지는 토마스 모어의 『유토피아』와 내용이 같고, 가족제 폐지와 자유혼인은 캄파넬라의 『태양성』과 주장이 일치한다. 국가의 경계폐지와 세계공정부 건설 구상은 오원(Robert Owen)과 푸리에(Charles Fourier)의 생각과 같다. 이연도「大同과 유토피아 : 강유위 사상의 특색」『한국철학논집』 18집 2006, 252쪽 참조.

162) 康有爲(1858-1927)가 『대동서』를 구상한 것은 청불전쟁이 있었던 1884년이다. 그는 아편전쟁에 이은 국난으로 백성들의 괴로움을 생각하여 『대동서』를 지었다고 하였다. 하지만 그는 당시가 據亂世의 시기이기 때문에 小康만을 말할 수 있을 뿐 大同은 말할 수 없다고 하였으며, 만약 말한다면 세상을 홍수나 맹수에 빠지게 하는 것이라고 하였다. 그래서 그의 대동사상이 1902년에 완성되었지만, 『大同書』는 그의 사후인 1935년에야 완간되었다.

지되기 위해 무가족無家族 무국가無國家의 사회로 나아가야 한다고 여겼다. 당시 중국의 경우 황제 숭앙이나 남녀 불평등이, 인도의 경우 계급제도로 인한 하층계급의 고통 등이 낡은 폐습에 해당한다고 보았다. 따라서 그는 가족제도 사유제산제도 국가제도 등 현존하는 모든 제도를 철폐하고, 혈족 종족 및 계층의 구별 없이 모든 인류를 포용하고 자본주의 부작용을 제거하며, 기술적 발전의 혜택이 극대화되는 세계국가를 통해 공양과 공휼 등의 제도를 통해서 행복한 삶을 누리는 사회를 제시하였다.

강유위 대동사상의 가장 큰 특징은 국가의 경계를 없애자는 것이다. 그는 태평세의 행복을 누릴 수 있는 대동세계를 구현하고자 한다면 무엇보다 국경을 철폐하여 국가 간 구별을 없애는 일부터 시작해야 하며,[163] 국가와 함께 이기주의의 온상인 가족제도 철폐를 통해 사회의 공동선과 인류 발전을 도모할 수 있다고 주장했다. 그렇다고 그의 가족제도 폐지론이 부자 간이나 가족 간의 사랑을 부정하는 것은 아니다. 그는 인을 근간으로 천하를 공공의 것으로 생각하였고, 자기 부모만을 부모로 섬기는 일이 없으며 자기 자식만을 자식으로 여기지 않는 박애를 강조하였다. 더 나아가 강유위는 가족제도와 사유재산은 애착심과 이기심을 배제하기 위해 폐지하고, 공농公農 공공公工 공상公商 등 공동체 중심의 경제활동을 해야 한다고 주장하였다.[164] 하지만 현실적으로 국계國界와 가족을 해체하는 것과 군대를 철폐하는 것은 매우 어렵다. 또한 대동세를 구현하기 위한 하나의 과정으로서 연맹체제나 연방체제를 유지하기 위해서는 역설적으로 국

---

163) 김지연 「강유위의 대동사상 : 『대동서』를 중심으로」 『종교학연구』 23권 2004, 100쪽.

164) 강유위 『大同書』 을부 418-425쪽 참조. (이성애 옮김 민음사 1994)

가체제보다 더 강력한 사회제도와 공의정부公議政府를 필요로 한다.[165]

그도 인정했듯이 모든 경계를 해체한 대동사회는 현실적으로 실현되기 어려울 뿐 아니라, 세계가 하나의 연방정부로 연합한들 전쟁이 종식될 수 있을지도 의문이다. 각 국가 간의 경제적 정치적 역사적 문제가 매우 복잡다단하게 얽혀있을 뿐만 아니라, 국가 간의 불균형을 극복하고 이익을 균등하게 효율적으로 배분하는 일이란 거의 불가능에 가깝다. 유학에서 인을 실현하는 방식은 추기급인의 방법적 차별애이다. 강유위의 기존 제도 폐지는 묵자의 겸애적 방법에 가깝고, 이는 방법적 차별애로써 자연스럽게 실현해가는 동심원적 확장이 아니라, 보다 강력한 규제나 권력을 통해 인간의 자연스러운 감정의 발로를 통제하는 방식을 택하게 될 위험이 있다. 가족이 불평등의 근원이고 국가가 전쟁의 근원이므로, 이것을 해체하여 구성된 세계정부의 세계시민은 계급차별 인종차별 남녀차별 등의 차별이 없는 평등을 향유할 수 있다고 예견했지만, 세계정부 자체가 또 다른 하나의 강권적 권력이 될 위험도 있다. 한편 그가 대동세에는 오직 신선사상과 불교 두 가지만 성행할 것이라고 한 것에서 유추할 수 있듯이,[166] 대동사상의 귀결이 유학적 인의 맥락에서 벗어나게 되었다. 결과적으로 강유위의 대동사회는 단시일 내에 실현할 수 있는 것이 아니라, 수많은 사회적 변화과정을 거쳐 먼 미래에나 가능한, 그야말로 유토피아적 이상사회였다. 그래서 그는 『대동서』가 당대에 유포되는 것을 자발적으로 반대하였다.

---

165) 김지연 「강유위의 대동사상 : 『대동서』를 중심으로」 『종교학연구』 23권 2004, 101쪽.

166) 강유위 『大同書』 계부 617쪽.

반면 박은식은 한국의 독립이 세계평화의 구심점이 되어야 한다고 보았던 점이 강유위와 큰 차이점이다. 박은식 사상은 양지를 토대로 하기 때문에 근본적으로 인도주의적 도덕성을 강조한다. 그러나 그가 유학이 평등시대 이념으로 거듭나야 한다고 주장했던 것에서 알 수 있듯이, 민이 역사의 주체임을 국권복운동과 항일운동을 통해 인식하고 있었기 때문에 민권의식이 없었던 것은 아니다.[167] 물론 그의 도덕적 평등론은 대동사회를 이끌어 갈 주체를 누구로 상정할 것인가 하는 구체적 문제로 들어가면 설득력이 부족하다고 하겠다.[168] 근대적 민권은 개인주의적 권리의식으로서 재산권·참정권을 현실적 기초로

---

167) 박은식은 자강운동기에 《황성신문》 주필로 활약하였다. 《황성신문》의 민권의식을 살펴보면, 《황성신문》은 민의 정치 참여가 문명개화와 부국강병이라는 목표 달성을 위한 방편으로 삼았기 때문에 근대적 시민국가 실현의 선결요건인 민권사상을 적극 강조하지는 않았다. 오히려 애국심 고취 등을 통해 국가 구성원으로서의 유대를 더욱 강화시켜 나가려고 하였다. 《황성신문》은 인권을 정치공동체의 구성원인 국민들이 자신의 문제를 결정하고, 그것을 처리할 수 있는 절대적인 권리 즉 不可讓渡한 권리로서 파악하지 않고 국권이나 국가에 예속화시켰다. 그러나 제한된 범위에서나마 민중 존립의 당위성을 제시함으로써, 민을 억압하고 민의 의지와 연관성이 없는 정치는 시대착오임을 보여주려고 시도하였다. 姜萬生 「皇城新聞의 현실개혁구상 연구」 『學林』 제9집 1987, 97쪽 참조.

168) 1917년의 「大同團結宣言」에서 박은식과 신채호 등은 선언문의 주제를 主權相續의 大義와 大同團結로 설정하였다. 여기에서 國民主權說에 기초한 臨時政府樹立을 제창하여 復辟的 亡命政府가 거론될 여지를 봉쇄하였다. 그 글에서 이들은 主權이란 民族의 固有한 것이라고 전제하였다. 그리고 隆熙皇帝가 주권을 포기한 것은 국민에게 양여한 것으로 봐야 한다고 하여, 주권 행사의 의무와 권리가 국민에게 있다고 하였다. 그런데 國內同胞는 일제에 구속되어 있으니 그 책임을 海外 同志가 감당해야 한다는 논리를 전개하였다(趙東杰 「임시정부 수립을 위한 1917년의 '대동단결선언'」 『한국학논총』 제9집 1987 참조).
박은식이 직접 이 글을 썼는지는 확인할 수 없지만 이 글의 발기자로 되어 있는 것으로 보아, 그가 민권과 국민주권의식이 없었던 것은 아니라고 본다.

삼아 시민권이란 외형적 인권의식으로 전개된 것이다. 이는 법적인 평등의 의미를 상당히 많이 내포하고 있는데, 당시 한국은 만국공법萬國公法을 비롯한 법치에 의한 국가 발전을 이룩하기보다는 만국공법을 앞세운 제국주의 침략에 항거하는 과정 속에서 국권 회복과 독립을 쟁취해야 했기 때문에 법치만을 내세울 수 없는 상황이었다. 따라서 서구와 같이 법에 기초한 사상이나 사회를 체계적으로 다룰 수 있는 여건이 아니었다. 그런 시대적 상황을 고려한다고 하더라도, 정치 사회적 차원에서 한민족의 주체를 어떻게 상정할 것인가에 대한 체계적 논의가 적을 뿐만 아니라 대동사회를 이루기 위한 구체적인 제도 개혁론을 체계화하지 못한 지점은 한계로 볼 수 있다. 이는 신채호가 「조선혁명선언朝鮮革命宣言」에서 역사 주체로서 민중을 내세우면서 그의 경제적 정치적 기반에 대한 인식을 분명히 보여주었던 것과 대별된다.169)

신채호는 민중의 직접 혁명을 주창하면서, 일체의 불평不平 부자연不自然 불합리不合理한 장애障礙부터 먼저 제거하는 것이 '민중적 각오覺悟'를 이끌어내는 유일한 방법이라고 주장하였다. 그러면서 이족통치異族統治 · 특권계급 · 경제적 박탈제도 · 사회적 불평등 · 노예적 문

169) 『丹齋申采浩全集』 下 「朝鮮革命宣言」 40-41쪽 : 朝鮮民族의 生存을 維持하자면 强盜 日本을 驅逐할지며, 强盜 日本을 驅逐하자면 오직 革命으로써 할뿐이니, 革命이 아니고는 强盜 日本을 驅逐할 方法이 없는 바이다. (중략) 오늘날 革命으로 말하면 民衆이 곧 民衆 自己를 爲하여 하는 革命인 故로 '民衆革命'이라 '直接革命'이라 稱함이며, 民衆 直接의 革命인 故로 그 沸騰 澎漲의 熱度가 數字上 强弱 比較의 觀念을 打破하며, 그 結果의 成敗가 매양 戰爭學上의 定軌에 逸出하여 無錢無兵한 民衆으로 百萬의 軍隊와 億萬의 富力을 가진 帝王도 打倒하며 外寇도 驅逐하나니, 그러므로 우리 革命의 第一步는 民衆覺悟의 要求니라.

화사상 등을 파괴해야만 새로운 건설이 가능하다고 보았다.[170] 그는 민중이 역사주체로서 당당히 서는 민중적 조선사회를 이룩하기 위해서는 정치·경제적 문제를 해결하는 것이 선결과제임을 명확히 하였다. 이것이 바로 신채호가 지향하는 '인류로써 인류를 억압치 못하며, 사회로써 사회를 박탈하지 못하는 이상적 조선을 건설'[171]하는 지름길이다. 인류로써 인류를 억압하지 않는다는 것은 바로 강권적 제국주의 침략을 타파한 상태를 의미한다. 이는 박은식과 마찬가지로 한국의 독립을 지향하고 있으며 제국주의 침략에 대한 저항의식을 담고 있다. 신채호가 제국주의 침략에 대한 저항의 출발점을 정치·경제적 억압으로부터의 해방에서 찾고 있는 반면, 박은식은 인도적 평화주의에 기초한 인간의 도덕성을 그 출발점으로 하고 있다고 평가할 수 있다. 이에 견주어 보아도 박은식의 대동사상은 대동사회 실현을 위한 정치 경제적 실천 방안이 결여되었으며, 대동의 원리에 의해 구성된 사회의 모습을 구체적으로 제시하지 못했다는 점은 역시 한계로 지적할 수밖에 없다. 이는 미래에 대한 피상적인 낙관론으로 현실을 개혁해 나가는 추동력이 미흡할 수도 있기 때문이다. 물론 박은식이 《독립신문獨立新聞》에 기고한 논설에서 당시대를 공화시대로 규정하고 현재는 대통령부터 모든 관료가 인민의 노복이라고 언명하여, 민주적인 정치체와 근대적인 주권재민의 원칙을 천명하고 있기는 하다.[172] 또한 1920년 박은식은 유교의 사상을 변혁시키기 위해서는 대동주의를 고취해야 한다고 역설하고,[173] 대동단大同團이라는 독

170) 『丹齋申采浩全集』 下 「朝鮮革命宣言」 41-45쪽 참조.

171) 『丹齋申采浩全集』 下 「朝鮮革命宣言」 45-46쪽 참조.

172) ≪獨立新聞≫ 1920년 6월 17일 논설 「나의 사랑하는 靑年諸君에게」 참조.

173) 安昌浩 「日記」 1920년 5월 1일(『安島山全書』 中 범양사출판부 301쪽)

립운동단체에 보낼 원고에서 재산평등론을 주장하는 견해를 피력하고자 한 바도 있다.[174] 그러나 그 수준과 내용이 정치하지 못한 점이 없지 않다. 이는 망국으로 법치적 차원에서 사회적 평등과 세계평화를 어떻게 구현할 것인지 구체적으로 논할 여건이 마련되지 않은 것도 한몫했다.

174) 安昌浩『安島山全書』中 297쪽.

Ⅳ
과학기술시대의 본연지

1. 과학기술의 양면성

1) 과학적 세계의 도래와 신구학론新舊學論

유럽은 르네상스로부터 계몽주의 철학에 이르는 과정에서 자연과 신적 권위로부터의 인간 해방을 추구하였다. 인간 해방은 자연에 대한 탐구를 통해 인간 삶에 필요한 자원과 재화를 생산하게 된 과학혁명과 산업혁명을 거치면서 '문명'을 만들어갔다. 이러한 혁명을 통해 자원화된 자연에 대한 '정복' 및 전 지구적 차원에서의 자본주의체계를 구축할 수 있었고, 뒤이어 값싸고 풍부한 원료공급과 안정적인 시장을 확보하기 위해 비서구지역에 대한 제국주의 침략을 자행하였다. 오랜 시간에 걸쳐 구축된 서구적 근대는 우리에게 이양선이나 철도와 같은 가시적인 것과 함께 다가왔다. 이양선에는 자본주의와 제국주의 침략이라는 유럽적 근대의 첨병이 실려 있었다. 문명을 가능하게 한 것은 방적기나 철도 같은 기계를 만들 수 있는 과학기술이라는 것을 알아차리는 데 많은 시간이 걸리지 않았다.

베이컨은 과학이 권력과 진보의 원천이라고 하였으며, 과학의 진정하고 합리적이며 유일한 목표가 '새로운 발명품과 부를 통해 인간의 삶에 봉사하는 것'이라고 생각했다. 과학과 기술은 진보의 주요 도구가 되었고, 자연에 대한 신뢰할만한 정보들을 축적해나가는 가운데 결국 인간이 자연을 지배하는 데 도달할 것이라고 예견했다.[1] 베이컨의 진보개념은 '아는 것이 힘'이라는 핵심명제에 기댄 것이었다. 일반적으로 19세기 이후 서양 자연과학에서 '자연'은 두려워하거나 경외해야 할 대상이 아니라, 되도록 극복하고 활용해야 할 유용한 자산이 되었다. 그러므로 자연을 더 효과적으로 극복하고 활용할수록 더 많은 힘과 재화를 얻을 수 있다고 여겼다. 19세기 전반만 하더라도 섬유산업을 제외하면 기계화가 충분히 진행되지 않았으나, 19세기 후반부터 모든 산업 부문에 기계화가 본격화되기 시작하면서, 과학과 기술은 밀접한 관계 속에서 더욱 발전하였다.[2] 유럽의 문명적 우월함을 증명하는 기제가 바로 과학기술의 발전이었다.

서구 근대의 과학기술 수용은 척사론의 비판에 직면하게 되었다. 유학적 문명 의식이 진리임을 믿어 의심치 않았던 화서華西 이항로(李恒老 1792-1868)에게 문명의 문명됨은 천리, 즉 강상윤리綱常倫理의 존재 여부에 따라 판가름 나는 것이기 때문에 서양 과학기술의 정교함은 기술적 차원이 아니라 문명적 화이론에 의거하여 판별되어야 할 대상이었다. 그가 서구 과학기술에 대한 이해가 빈약했는데도 강경하게 비판할 수 있었던 까닭은 그것이 성리학적 세계관을 토대로 했기 때문이었다. 이항로는 강상윤리를 모르는 사학邪學을 배척하고

---

1) 닐 포스트먼 『테크노폴리』 궁리 2005, 54-8쪽 참조.

2) 장회익 「20세기 과학이 인간의 의식과 사고에 미치는 영향」 『철학과 현실』1999년 여름호 70쪽.

존천리의 정학正學인 성리학적 세계관을 공고히 하는 것이 학문적 목표였기 때문에, 존리적尊理的 입장을 견지하였다. 그래서 기에 대한 리의 주재성을 강조하고, 리가 기에 대해 명령하는 상명하복上命下服의 위계적 질서가 잘 유지되어야 선을 실현할 수 있다고 보았다. 이런 관점에서 본다면 서양의 과학기술은 순선한 천리를 따르는 것이 아니라 악의 연원이 되는 기적氣的인 현상에 천착하는 말단에 불과한 것이 된다. 이는 제거해야 할 대상인 인욕을 충족시키는 것으로 흐를 위험이 다분했다. 그러므로 이항로는 말단을 탐닉하는 자들과는 더불어 심성의 학문을 논하기에 부족하다고 하였다. 서양인들이 비록 상수象數에 밝지만 그것은 태극이 만물의 근원임을 모르고 윤리와 예절을 폐하게 되는 단점이 있기 때문에, 배척의 대상임에 틀림없다고 판단한 것이다.[3)]

성리학은 모든 존재자에게 천리가 본성으로 내재되어 있으며, 천리를 체인함으로써 참된 존재자가 된다고 한다. 모든 존재자에게 보편적인 천리가 내재하기 때문에, 성리학적 앎은 사사물물에 나아가 그에 내재한 천리를 체인하는 즉물궁리卽物窮理를 중시한다. 이는 만물의 존재원리인 소이연所以然에 국한되지 않고 도덕적 차원의 당위법칙에까지 나아가는 것을 지향한다. 따라서 이항로는 성리학의 즉물궁리卽物窮理야말로 존재자와 단절된 리理만을 추구하는 선학禪學이나 천리를 도외시하고 현상만을 추구하는 속학俗學과는 구별되는 큰 특징이라고 평가하였다.[4)] 즉물궁리는 천리를 체인體認함으로써 도덕적 행위를 실천하는 데로 나아가는 것이므로, 단순히 사물에 대한 소이

---

3) 『華西雅言』 권35 「洋禍」 12쪽.

4) 『華西雅言』 권12 「異端」 : 絶物而觀理者 禪學也 絶理而論物者 俗學也 卽物窮理者 聖學也.

연을 탐구하는 데 그치는 것이 아니다. 그러므로 격물치지는 곧 성을 밝히는 공부라고 하였다.[5] 즉 격물치지는 객관사물의 존재법칙 자체를 탐구하는 것이라기보다는, 인간 주체가 인사와 만물에 대해 그 소이연所以然과 소당연所當然을 인식하고 실천하는 데 주안점이 있었다. 그러므로 즉물궁리를 할 때 올바른 가치판단(私正)을 문제 삼아야지 만물에 관한 사실판단에 주목할 필요가 없다고 단언했다.[6] 근대 자연과학처럼 객관사물에 대한 가치중립적인 탐구는 성리학적 세계관에서는 무의미한 것일 뿐이었으니, 서구의 과학기술은 이해할 수 있는 토대가 없었다. 그들이 서학을 사학이라고 규정하고 배척한 것은 그것이 인욕을 충족시키는 데 기여할 뿐 천리를 체인하는 것과는 무관하다고 여겼기 때문이다.

그렇다고 이항로가 육체적 욕구 충족 자체를 부정한 것은 아니다. 다만 육체적 욕구 충족이 천리를 해치지 않는 범주여야지 인욕을 위주로 해서는 안 된다는 것이다. 즉 격물치지는 천리와 인욕의 대소大小 선후先後 경중輕重 주객主客 관계를 파악해 그 마땅함을 실천하는 데 주력해야 한다고 주장했다. 천리와 인욕을 준별峻別하지 않으면 그 미묘한 갈림길을 알아차리지 못할 뿐 아니라 물욕에 현혹되어 악에 빠질 수 있기 때문이다. 그렇다면 그는 서양 과학기술은 어디에 속한다고 판단하였는가? 그는 형기形氣에만 밝은 서양의 과학기술은 인욕을 채우는 것에 불과하다 판단하고, 성명性命과 도의道義를 밝히는 격물치지를 통해 서학의 불온함을 비판하고자 했다. 또 자본주의

---

5) 『華西先生文集』 권14 「溪上隨錄」1 : 性卽理也 有何形象摸捉 格物致知是明性之功.

6) 『華西先生文集』 권16 「溪上隨錄」3 : 君子格物窮理 當問其邪正 不當問其有無 存心處事 當視其善惡 不當視其能否.

체제가 인간의 욕망을 합리적으로 충족하는 것을 추구할 뿐 천리의 차원에서 절제의 대상으로 보지 않는 점을 비판하였다. 따라서 이항로는 자본주의를 통화通貨와 통색通色에 국한된 인욕일 뿐이라고 일축했다.

> 오늘날 학자로서 서양의 재앙을 잘 알고 있다면 선한 쪽 사람이다. 서양 학설은 비록 천만 가지 단서가 있지만 이것은 단지 무부무군無父無君을 근본으로 하는 것에 지나지 않으며 통화와 통색의 방법일 뿐이다.[7)]

재화의 충족과 육체적 욕망의 긍정을 당연한 것으로 여긴다면 이것은 인욕 추구임이 틀림없었다. 서학은 유학적 도덕의식이 부재할 뿐 아니라 인욕 충족을 위한 기술문명에 힘쓰는 삿된 학문이었다. 사사로운 인욕은 극복의 대상(克己)인데도 통화와 통색에 치중하는 것은 성리학적 사유에서는 용납할 수 없었다. 따라서 형기의 육체적 욕구를 충족하기 위한 기술은 이단과 사설邪說에 지나지 않았다. 특히 자본주의체제의 특징인 통화는 통색보다 더욱 경계해야 할 대상이라고 보았다.[8)]

서세동점의 근대는 사상적으로 유학적 보편문명이 서양의 과학문명과 충돌적으로 만나는 시기였다. 개항기(1876-1894)에는 과학기술을 앞세운 서학을 사학邪學이라고 규정하는 위정척사론과 서구적 문명성을 수용해야 한다는 문명개화론이 공존했다. 척사론자인 이항로

---

7) 『華西雅言』 권35 「洋禍」 : 今之學者 能知西洋之禍 則善邊也. 西洋之說 雖有千端萬緖 只是無父無君之主本 通貨通色之方法.

8) 박정심 『한국근대사상사』 천년의 상상 2016, 65-92쪽 참조.

는 성리학적 사유를 공고히 함으로써 유학적 보편이념을 유지하고자 하였다. 반면 오도서기론자吾道西器論者인 신기선은 정덕正德에 해당하는 효제충신의 강상윤리는 지키되 이용후생利用厚生에 도움이 되는 서기西器는 수용해야 한다는 논리를 전개하였다.[9] 그러나 국권 상실의 위기가 가속화되었던 자강기(1894-1910)에는 문명한 독립국을 건설하려는 자강론이 주류를 이루었다. 자강에 이르는 지름길이 문명화이고, 문명화하기 위해서는 신학을 수용하지 않을 수 없다는 판단이 거스를 수 없는 대세가 되었다.[10] 서양 문명을 적극 수용하여 부국강병과 국권 회복을 이룩하고자 했던 추세에 따라 서구 근대 학문인 신학新學은 새롭고 발전적인 것으로 수용해야 할 대상이 된 반면, 시대적 변화에 적절히 대응하지 못해 낡고 쓸모없다고 평가받은 유학은 구학舊學이 되었다. 풍부한 유학적 자산을 보유한 상태에서 신학과 구학을 구별하고 어떻게 취사선택할 것인가가 주요한 사상적 논제로 대두되었고, 보다 적극적으로 신학을 수용할 필요성이 부각되었다.

---

9) 신기선의 오도서기론은 도기상분상수론인데, 흔히 동도서기론으로 알려져 있다. '동도서기'라는 용어는 한우근의 「개화 당시의 위기의식과 개화사상」(『한국사연구』 2 1968년)에서 처음 사용된 이후 온건개화파 혹은 시무개화론의 이론적 배경으로써 거론되어져 왔다. 그러나 당대에 동양의 도로서 동도라는 개념은 사용되지 않았고, 동도서기론의 대표주자로 알려진 신기선은 '오도'라는 표현을 썼다. 또 흔히 동도서기론의 논거로서 제시되는 신기선의 『논정신편』 서문에도 유학을 '동양'의 도로 읽을 만한 내용은 없고, 서양인 및 서양 문화와 대비적으로 사용된 中土之人 및 中土之道가 곧 동양인과 유학과 일치한 개념도 아니다. 신기선의 서기수용논리는 도기상분상수론이다. 박정심 『한국근대사상사』 천년의 상상 2016, 95-113쪽 참조.

10) 究新子 『西北學會月報』 8호 「新學과 舊學의 구별」 45쪽 : 신학은 오늘날의 哲人志士가 정열적으로 연구한 신지식이니, 經濟 政治 農學 工學 化學 理學 등등 新學의 분과는 매우 많다.

서양 근대시민사회와 자본주의 발달은 정치 · 경제 · 과학 등 문화양식 전반에 걸친 변화 속에서 가능했던 점을 감안하면, 척사함으로써 성리학적 세계를 지키고자 했던 위정척사의 논리나 유학적 보편윤리를 지키되 우수한 서기를 수용함으로써 부국강병을 도모하려던 오도서기론이 설 자리를 잃는 것은 자연스러운 변화였다. 신학을 긍정적으로 받아들인다는 것은 '성리학만이 유일한 정학正學'이라는 사유의 균열을 의미하였다. 성리학은 더 이상 보편이념과 시대정신이 될 수 없었다.

자강론자들 중 일부는 유학적 사유를 부정하기도 하였다. 그런데 당시 가장 활발하게 논의되었던 논제는 유학의 장점은 지키되 서구 근대문명의 장점을 시급히 수용해야 한다는 신구학논쟁이었다.[11] 신구학논쟁의 주된 내용은 적극적인 신학 수용과 성리학에 대한 반성적 물음이었다. 전근대의 낡은 유학이념에 대한 반성적 물음은 곧 근대공간에서 유학은 어떤 역할을 해야 하며 무엇을 할 수 있는가를 묻는 것과 동일선상에 있었다. 성리학의 전근대적 사유구조는 집중적인 비판 대상이 되었으며, 성리학적 세계관을 고집하는 유림은 구습을 묵수하는 부유腐儒라고 비판받았다. 김갑순金甲淳은 "생존경쟁이 극렬한 20세기에 우리 한국민韓國民은 역사 이래로 경험하지 못한 흥망을 결정짓는 때를 당하였다. 따라서 대한민족은 온 힘을 다하여 자유자치自由自治의 생존 목적지를 궁구하지 않을 수 없다."고 판단하였다. 그

---

11) 『西北學會月報』 1권 8호(1909년 1월 1일)에서는 '舊學은 修齊治平의 道요 新學은 新知識으로 문명열강의 국이 모두 신학의 효력이다.'고 하였다. 또 신기선은 『畿湖興學會月報』에서 新學을 정치학 법률학 농학 공학 상학 의학 위생학 천문학 지리학 등으로 구분하고, 이를 배우지 않으면 안 된다고 주장하였다.

는 부유란 비루한 사상으로 인문人文 진화를 가로막는 자라고 규정하고, 부유가 자유자치한 국가 건설에 가장 큰 장애라고 주장하였다.[12]

자강기 지식인들은 서양과 일본의 힘은 과학기술과 그것을 가능하게 했던 근대 학문이라고 파악했기 때문에, 국권 상실의 위기 속에서 신학 수용은 재고의 여지가 없다고 판단하였다. '유학적 윤도倫道의 교화'에 해당하는 구학은 부족할 것이 없으므로 축소해도 되지만, '경쟁시대의 생업' 등 신학과 관련된 과학기술과 자본주의 도입 등은 자강한 국가를 건설하는 데 부족하기 때문에 증가시켜야 한다고 보았다.

> 아국我國은 사천 년 역사와 이천만 민중, 그리고 삼천 리 강산이 있다. 그리고 공맹孔孟의 실천적 윤도倫道에 교화되었던 과거의 일로 말하면 결코 다른 나라에 비하여 부족한 것이 없다. (중략) 그렇다면 앉아서 곤욕을 참고 망할 날을 기다리는 것이 옳은가?[13]

> 한국이 타인의 속박에서 벗어나 강토를 유지하고 민족을 보존하려면 태서신법泰西新法을 받아들이는 것 이외에 다른 도리가 없다. 그러므로 구습을 떨쳐 없애고(通祛)하고 신사상新思想을 크게 발휘(大發)하지 않으면 안 된다.[14]

김대희金大熙와 남궁식南宮寔은 국권 상실의 위기를 극복하기 위해서는 신학을 수용하지 않을 수 없고 구습인 유학은 없애야 한다고

---

12) 金甲淳『大韓協會會報』4호「腐儒」238쪽 참조.

13) 金大熙『大東學會月報』3호「國力」203-4쪽.

14) 南宮寔『大韓自强會月報』10호「非刷新이면 文明을 不可致오 非文明이면 人類를 不可保라」174쪽.

주장하였다. 그런데 신학의 문명성은 과학기술의 발전과 그에 기반한 전 지구적 자본주의체제, 그리고 제국주의 침략과 궤를 같이 하였다.

유럽중심주의를 기반으로 한 신학 및 서구적 근대성을 맹목적으로 수용한다는 것은 일본중심주의와 제국주의 침략을 '문명적 전범'으로 인정하는 것과 불가분의 관계에 있었다. 자강기 학술지들에서 활발히 논의되었던 신구학론의 초점은 신학 수용을 전제로, 신학과 구학의 관계를 묻는 것이었다.[15] 즉 우리에게 문명성은 부재하므로 '밖'으로부터 수용해야 할 것으로 인식하였고, 반면 풍부한 유산으로 여전히 삶에 많은 영향을 미치고 있는 유학을 어떻게 근대적으로 자리매김할 것인지는 부차적인 문제로 치부되었다. 신구학론자들은 근대적 문명성의 부재를 보호국이 된 근본 원인으로 인지하였으므로, 문명화를 위한 신학 교육이 급선무라고 진단하였다.[16] 신학은 과학적이고 객관적인 검증을 통해 획득된 참된 앎으로 받아들여졌다. 서구적 근대문명성을 담지한 신학은 새로운 근대적 삶을 해명해주는 사상체계였다는 점에서 성리학적 세계관과 구별되었다. 신학 수용은 그들처럼 열강국이 되고자 하는 열망을 담아냈다. 철도와 군함으로 표상되는 근대적 삶을 명쾌히 해명하는 사유체계란 차원에서 신학실사론新學實事論은 그 정당성과 시의성을 인정받은 반면, 유학은 유용성과 실학성을 상실한 쓸모없는 사상으로 전락하였다.[17] 따라서 과학과 기술을 '진

---

15) 박정심 「자강기 신구학체용론의 논리구조에 대한 비평적 연구」 『동양철학연구』 71집 동양철학연구회 2012, 「자강기 신구학체용론의 문명론과 주체인식에 관한 연구」 『동양철학연구』 73집 동양철학연구회 2013 참조.

16) 呂炳鉉 『大韓協會會報』 2호 「義務敎育의 必要」 83쪽.

17) 金思說 『大東學會月報』 1호 「學問體用」 48쪽 : 西儒之學은 理學과 文學으로부터 農工醫에 이르기까지 학문을 넓혀 實事로써 학을 삼지 않음이 없으니 東儒의 쓸모없는 군더더기 말(無用贅言)과는 같지 않다. 이것이 바로 오늘날 강약이

보'에 이르는 중요한 도구일 뿐만 아니라, 문명화를 실현하는 첩경으로 생각하게 되었다. 이러한 신뢰는 공중위생 교통 전신 생산관계 등 사회 전반에 걸친 변화를 통해 더욱 강화되었다. 그들의 과학기술을 수용하기만 하면 우리도 그들처럼 부강한 문명국이 될 뿐더러 국권회복도 가능할 것이라고 생각했지만, 문제는 그리 간단치 않았다.

대한자강회와 이를 계승했던 대한협회는 문명화文明化를 최우선과제라고 주장했던 대표적인 자강운동 단체였다. 문명의 전범인 서구열강, 그리고 아시아의 문명국인 일본에 대한 인식은 이토 히로부미(伊藤博文)에 대한 소개에서 여실히 드러난다. '동양평화'와 '상호부조'란 미명 아래 을사조약 체결을 강제했던 이토는 일본의 한국 지배 의혹을 불식시키고 일본이 한국을 문명 지도할 것임을 천명하였다.[18)]

> 소위 선진국으로서 '동양문명 제일의 지위를 점유한 일본국'이 한국에 해를 끼칠 일이 어찌 있으며, 또한 한국민의 원한을 살 짓(怨府)을 만들 일이 어찌 있으리오![19)]

대한자강회는 이토를 전폭적으로 신뢰하면서 일본의 보호국화를 문명지도론으로 이해하였다. 자강회 계열은 러일전쟁을 백인종과 황인종의 대결로 보고 일본을 동양평화의 수호자로 인지하였으며, 청과 한국이 일본과 연대하여 백인종의 침략을 물리쳐야 한다는 아시아연

나뉜 까닭이다.

18) 《皇城新聞》은 일본 내에서 주전론이 비등하였지만, 그가 주화론을 견지하였다는 점을 염두에 두고, 그를 '범속을 초월하여 사태를 꿰뚫어 보는 평화주의자'라고 평가하였다. 《皇城新聞》 1903.2.2. 〈奇書〉 참조.

19) 『大韓自强會月報』 11호(1906) 「別報 - 伊藤統監의 演說」 328쪽.

대론이 종국적으로 한국의 독립을 유지하는 길이라고 판단했다. 그들은 러일전쟁 이후 일본의 침략이 노골화되었는데도 여전히 문명지도론을 의심하지 않았다.

> 여러 해 동안 '일본정부가 아한我韓에 대하여 보호의 불명佛名을 자탁藉托하고 탐욕스러운 마음을 자행한다'는 일반적 의심으로써 모든 일에 지기志氣를 타락시키는 자가 다양하게 있었다. 그런데 이번 이토(李侯)의 연설은 명경明鏡처럼 일본 황실과 정부의 진의眞意를 철저하게 밝혔다. 그러므로 우리 관민은 이전보다 더욱 정신을 차리고 정치와 실업 분야에서 좋은 방향으로 진보하여, 조금이라도 머뭇거리거나 물러서려는 생각을 단호히 제거해야 할 것이다.[20]

특히 대한자강회와 대한협회 창립에 깊이 개입했으며 아시아연대론의 신봉자였던 오가키 다케오(大垣丈夫)는 대한자강회 고문으로서 수차례에 걸쳐 월보月報에 연설문과 기고문을 게재하였다. 그는 동문동종론同文同種論을 내세워 동양평화론과 일본문명지도론을 합리화하였다.[21] 또 한국이 문명화를 통해 자강을 이루어야 한다는 대한자강회의 입장을 두둔하면서, 자신은 동양의 영원한 평화를 위하여 한국의 문명 부강을 기도하며, 한국의 문명개화가 자신의 목표라고 하였다.[22] 그는 한국은 문명개화 없이는 국권 회복이 어려운데, 일본은

---

20) 朝陽樓主人 『大韓自强會月報』 11호 「別報 - 伊藤統監의 演說」 326쪽.

21) 『大韓自强會月報』 2호 「本會會報 - 演說 : 韓國三大病源中 一病源」 118쪽. 『大韓自强會月報』 2호「本會會報 - 演說 : 외국인의 오해」 140쪽 참조.

22) 大垣丈夫 『加越能鄕友會雜誌』 177호「告韓國君子書」 : 일본과 한국은 인종이 같고 문자도 같다. 또 地勢로 말하면 脣齒輔車와 같고, 國交로 말하면 그 유래가

한국의 국권 회복에 장애가 되기보다는 문명개화의 전범이자 동양평화를 위한 협력자라고 주장하였다.[23]

대한자강회는 대체로 이토 히로부미와 오가키 다케오의 의도를 긍정적으로 평가하면서 일본의 문명지도론을 적극 수용하고자 하였다. 대한자강회와 대한협회 조직에 깊이 관여했던 윤효정은 일본의 문명지도에 적극 동조하여 문명 부강을 계발하는 것이 보호국체제에서 벗어나는 길이라고 보았다. 일본보다 덜 문명화된 열등한 아한我韓이 근대적 진보와 문명에 대해 회의하거나 일본을 의심하는 것은 자신의 우매함을 드러내는 것에 지나지 않는다고 주장하였다. 이러한 주장을 비단 윤효정만 한 것이 아니었다. 오세창은 일본은 문명지도자로서 의인醫人인 반면 한국은 지도와 보호가 필요한 병든 자로 비유하며, 일본의 문명지도를 국권 상실의 위기를 극복할 해결책으로 간주하였다. 즉 야만이란 중병이 든 한국이 일본의 문명지도를 받는 것은 문명적 시혜이지 침략이 아니라는 견해이다. 국권 상실의 위기에 처한 미개한 약소국에 지나지 않는 한국이 앞서 문명화를 이룩한 동양 열강인 일본의 문명적 지도를 받는 것이야말로 가장 시의적절한 근대적 방책이라는 주장이다.

> 일본은 동양의 문명지도자이다. (중략) 아한은 병이 매우 깊은

오래되었다. (중략) 나는 일찍이 일본과 한국이 형제국이기 때문에 민과 민은 서로 친하고 국과 국이 서로 의지하고, 양국이 먼저 의결해야 한다고 했다. 또 청나라와는 일본이 牛耳를 잡고 있으니 삼국이 제휴한다면 동아의 발흥은 말할 필요도 없다. 차선혜 『애국계몽운동기 윤효정의 정치활동과 그 사상』 경희대 석사논문 1994, 46쪽 재인용.

23) 함동주 「대한자강회의 일본관과 '문명론'」 『동양정치사상사』 제2권2호 동양정치사상사학회 2003, 157-8쪽.

> 데도 의원과 약을 기피하는 습성이 있는 자이다. 의인醫人은 증상에 대하여 감화적感化的인 수단으로 한편으로는 깨우침을 열어주어 그 마음을 화열和悅하게 하고, 다른 한편으로는 약을 주어 병을 치료하되 간호자를 두어 의식을 적절하게 하고 동정이 도수度數에 적합하게 할 것이다. 그 결과 오랫동안 숭상해왔던 옛 자취를 거두어들여 수렴하고 나타난 효험인(現效) 신희新禧를 알릴 수 있게 될 것이다. 이때에는 한인도 역시 인정이 있는지라, 기쁜 마음이 생길 것이다. (중략) 이것이 의인醫人의 수단 가운데 가장 복된 것이다.[24]

많은 자강론자들이 일본 침략을 문명지도로 오인한 것은 그들의 개인적인 한계도 있었지만, 보다 근본적인 원인은 서구 근대 문명담론 자체의 문제였으니, 근대 문명담론이 타자화를 주체화로 오인하게 한 탓이다. 단선적 진보사관에 의거한다면 약자인 한국이 강한 문명국인 일본보다 앞서나간다는 것은 불가능했기 때문에, 문명화를 최선결 과제로 삼는다면 문명지도를 받는 것은 당연하게 된다. 이러한 문명화담론은 일본 침략을 용인하는 친일로 자연스럽게 귀결되었다.[25] 일본의 문명지도를 수용해야 한다는 주장은 청에 대한 인식에서도 고스란히 드러났다. 윤효정은 백인종과 황인종 간의 인종전쟁이었던 러일전쟁에서 일본이 승리한 것을 통해 청국인들도 황인종인 아시아인종의 전도前途에 할 만한 것이 있다고 확신하게 되어, 서구열

---

24) 吳世昌 『大韓協會會報』 5호 「對照的의 觀念」 305-6쪽.

25) 尹孝定 『大韓協會會報』 9호 「我會의 本領」 222쪽 : 지금 우리나라 정치는 일본 대표자가 지도 · 감독을 하고 있는데 그 眞意가 과연 우리 民國의 문명 부강을 계발하는 데 있다고 말하니, 우리국민 일반이 그 진의를 하루빨리 철저하게 이해하는 것이 옳다.

강의 이권침탈로 생긴 백인에 대한 두려움을 떨치고 분발하여 이권을 회복하려고 노력한다고 평가하였다. 윤효정의 청국에 대한 평가를 통해, 그가 동양 맹주인 일본을 같은 황인종인 청국의 각성에 도움을 주는 고마운 존재로 인식하고 있음을 알 수 있다.[26)]

문명화담론은 서구 근대문명을 문명다움의 전범으로 인식하고 일본의 문명지도를 기꺼이 수용함으로써 국권 회복이란 목적과 거리가 멀어지는 모순을 초래하였다. 문명 수용에 몰두한 근대지식인이 일본의 침략성을 투철하게 인식하지 못한 한계이기도 했지만, 보다 근본적인 문제는 앞서 지적한 대로 서구 근대문명이 문명성과 침략적 야만성을 동시에 지닌 야누스적 타자였다는 데 있었다. 대한자강회와 대한협회 계열처럼 문명화를 우선시한다면, 서구 문명성을 유일한 근대 전범으로 인식하게 되어 그들의 야만적 침략성을 비판적으로 인식할 수 없는 한계에 부딪히게 되었다.[27)] 야누스적 타자와 마주하여 근대적 주체성의 근간을 무엇으로 삼는지, 그리고 서구 근대적 문명성과 근대적 민족정체성 중에 어디에 역점을 두느냐에 따라 근대지식인의 사상적 갈래가 나눠다. 이것이 친일의 길을 걸었던 윤치호 · 윤효정 · 신기선과, 한국 근대주체의 정립을 통해 독립운동을 했던 박은식과 신채호의 결정적인 분기점이었다.[28)]

그렇다면 유럽 근대문명의 정수라고 판단했던 과학기술은 우리에

---

26) 尹孝定『大韓自强會月報』10호「淸國의 覺醒」170쪽.

27) 張志淵『大韓自强會月報』2호「嵩齋漫筆」98-9쪽 참조. 물론 당시 일본의 경제적 수탈과 지배에 대한 우려와 비판이 없었던 것은 아니지만, 그것이 문명지도론 자체에 대한 비판적 성찰과 저항으로 이어지지는 않았다.

28) 박정심「自强期 新舊學體用論의 文明論과 주체인식에 관한 연구」『동양철학연구』제73집 2013 참조.

게 무엇이었던가? 과학기술은 기존의 사유체계로는 정확히 인지할 수 없는 무엇이었지만, 그야말로 야누스적 힘을 가졌다. 과학기술은 서구적 근대가 우리에게 수용의 대상이면서 동시에 저항의 대상이 되었던 힘의 원천이었다. 공고한 성리학적 체계와 사서삼경을 지식의 저본으로 여겼던 도덕문명적 맥락을 해체시킨 것은 계몽주의 철학자들의 저서가 아니라 과학기술이었다. 성리학적 체계에서 『대학』의 격물치지는 과학을 번역하는 용어가 되었다. 그러나 '격물치지학(science)'은 천리 체인을 학문적 목표로 여기지 않았고, 과학기술적 발전을 통한 문명화를 추구하고자 하였다.[29] 서구 근대문명을 수용하지 않고는 다른 방법이 없다는 것을 현실적으로 인지하게 한 것 역시 과학기술이었다. 그러나 동시에 그것이 군국주의 수단이라는 것을 파악하는 데 그리 오랜 시간을 요하지 않았다.

척사론처럼 과학기술을 단순히 통화와 통색을 충족시켜주는 정교한 도구에 지나지 않는다고 거부하는 것으로 근대적 문제가 해결될 수 없었지만, 맹목적으로 수용하는 것 또한 최선의 해결책은 아니었다. 과학기술은 문명화의 첩경이면서 동시에 군국주의 수단이었다. 척사론이 제국주의 침략에 대한 비판이란 긍정적 측면이 없지 않지만, 현실적 대안으로는 충분하지 않았다. 더욱이 윤리적 삶을 강조하는 것이 불필요하다고 할 것은 아니지만, 맹자의 정전제에서 살펴볼 수 있듯이 윤리도덕은 사회경제적인 토대가 마련되어 있을 때 더욱 잘 실현될 수 있다. 그렇다면 국권 상실의 위기에 직면하여 민족적 생존을 담보하지 못하는 윤리도덕이라면 그것은 도덕의 본지를 상실

---

29) 격물치지학은 science에 대한 초기 번역어였다. 지금 우리가 사용하고 있는 '과학'이란 번역어는 1922년 崔錄東이 편찬한 한국 최초의 신조어 사전인 『現代新語釋義』에 보인다. 한림과학원 편 『한국근대 신어사전』 선인 2010 참조.

한 것으로 판단할 수 있다. 성리학적 사유로는 오롯이 해명할 수 없는 근대적 삶은 유학에 대한 비판적 성찰을 요구하였다. 주자학만이 유일한 진리라고 믿었던 박은식이 이에 대한 회의를 가졌던 근본적인 이유는 주자학을 비롯한 성리학이 '근대'라는 새로운 '지금 여기'를 이해하는 데 한계를 드러냈기 때문이다. 그는 세계 학설이 수입되고 언론의 자유를 만나 주자학 맹종에서 벗어나 근대적 맥락에서 유학을 비롯한 세계 사조를 탐색했으며, 주자학이 시의적절하지 못한 점이 있음을 깨닫고 당대 학계와 공유하여 양명학으로 사상적 전환을 단행하게 되었다고 고백하였다.[30)]

박은식은 폐습弊習을 독수篤守하기만 하고 구신求新의 시의時宜를 연구하지 않으며, 예의를 공담空談하고 경제를 강구하지 않는 것이 유림계의 폐습이라고 지적하였다. 그는 태서인泰西人의 이용후생하는 제조품을 비롯하여 융성한 신학문을 시의에 맞게 취하는 것이 옳다고 하였다.[31)] 박은식 철학의 핵심이 계몽이성과 마주한 치양지의 진아였지만, 그의 질문은 가시적인 것들, 즉 과학기술의 힘과 그것을 가능하게 했던 학문체계로서의 신학 수용 문제에서 출발하였다. 그는 과학기술의 현실적인 영향력과 사회적 파장에 대해 파악하였으며, 그 양상이 가진 문제점에 주목하면서 양명학으로 사상적 전환을 단행하였다. 그가 던졌던 근대적 질문은 '주자학을 맹종했지만 해명되지 않은 지금'을 어떻게 이해할 것인가였다.

30) 『朴殷植全書』 下 「學의 眞理는 疑를 좇아 求하라」 198쪽.

31) 『朴殷植全書』 下 「舊習改良論」 9쪽.

> 우리나라(吾國) 유림의 사상으로 말하면 모든 학자들이 한결같이 주자학을 숭상하고 독신篤信하여 유일무이한 법문이 되었다. 감히 한 글자라도 주자학과 다르면 사문난적으로 비판하였고, 양명학에 이르러서는 이단 사설로 배척하였다. (중략) 나도 그러한 사상계의 학풍에서 성장하여 정학正學은 주자학뿐이라고 인정하였다. (중략) 사상을 너무 속박하여 자유로운 연구의 신발명을 허락하지 않은 탓에 문화 진보에 장애가 되는 폐단이 적지 않았다.[32]

박은식은 당시 유학이 여전히 객관적 사물에 대한 탐구를 도외시하고 기술 분야를 천시하여 시대에 맞는 조치를 취하지 못했던 점을 비판하였다. 서구의 문명적 발전이 과학기술과 그에 기반한 자본주의에 기인한 것이라면, 신학 수용이 불가피하다는 것은 부인할 수 없는 현실이라고 판단하였다. 이것이 박은식이 조선왕조의 성리학적 세계관과 결별하고 양명학으로 사상적 전환을 하게 된 근본적인 이유였다.

2) 물질학과 실지학문의 공효功效

박은식은 근대는 과학적 실용을 요구하는 시대로서, 물질문명이 삶을 추동하는 핵심이 되었기 때문에 과학이 학문적 중심에 있으며, 과학연구가 가장 시급한 공부임을 인정하였다. 근대 이후 과학기술이 삶의 새로운 척도가 된 것은 분명한 사실이다. 서구 과학기술을 수용하여 부국강병을 도모하는 것은 불가피한 일이 되었다.

그도 여느 자강론자들처럼 사회다윈이즘의 경쟁논리를 수용하여 당대를 경쟁시대로 규정하였고, 특히 국가 간 물산경쟁이 핵심이라고 파악하였다.

---

32) 『朴殷植全書』 下 「學의 眞理는 疑를 좇아 求하라」 197쪽.

오늘날 세계는 물질문명으로써 삶을 영위하고 우승을 경쟁하는 시대이다. 그러므로 과학연구는 우리 학문계에 가장 시급하게 요구되는 공부라고 할 수 있다.[33]

그는 과학연구를 곧 국가 발전과 직결하여 이해하였고, 과학기술의 발전을 통한 실업의 발달도 추구해야 할 것으로 생각하였다.

무릇 국가의 승패와 사람의 생멸기관은 빈부강약貧富强弱에 달려있다. 같은 국가이며 동일한 인류인데 무엇으로 부강하며 무엇으로 빈약한가? 오로지 실업기관의 발달 여부에 따른 것이다.[34]

박은식은 물품 제조와 개량을 비롯한 실업 발달을 위해서는 먼저 물질의 이치에 대한 탐구는 물론 신학문을 배우지 않으면 안 된다고 보았다. 그는 천문天文 물리物理 화학化學 등 서양의 자연과학을 전폭적으로 수용하고, 광학光學 전기電氣 광물鑛物 기학汽學과 같은 응용과학도 시급히 배워야 한다고 강조하였다.[35] 예를 들어 광학鑛學의 실효는 땅 속에 묻혀 있는 자원을 밝게 살펴서 매장량의 많고 적은 것과 질의 좋고 나쁜 것을 측정하여, 무용한 물건을 유용한 것으로 변하게 하는 것이라고 하였다. 미국과 같은 나라는 상학商學이 발달했을 뿐만 아니라, 배 만드는 방법과 항해하는 기술 및 선로航路 측정, 그리고 천문天文, 경도經度와 경위緯度의 도수度數가 모두 그 묘리를 얻어 육대주 오대양에 걸쳐 멀리 교역에 힘쓰고 있다고 평가하였다.[36] 물에

33) 『朴殷植全書』 下 「學의 眞理는 疑로 좇아 求하라」 196-197쪽.

34) 『朴殷植全書』 下 「孰能救吾國者며 孰能活吾衆者오 實業學家가 是로다」 36쪽.

35) 『朴殷植全書』 下 「務望興學」 84쪽.

는 기선汽船이 있고 육지에는 기차가 있으며 전기를 밝히고 전신을 가설하여 먼 거리를 지척으로 만드는 것이 모두 격물치지格物致知의 공효功效라고 하였다.[37]

박은식은 객관사물에 대한 경험적 관찰과 실험을 통해 자연을 탐구하고 자연에 대한 과학적 탐구를 통해 물산物産을 풍부하게 하는 방법을 찾고자 한 것이다. 그는 물산에 대해 다음과 같이 정의하고 있다.

> 물산物産이란 우리 생활의 원소原素이다. 그 나라의 물산이 풍족하면 국민 생활이 풍족할 것이다. 생활이 풍족하면 종족이 번성하는 것은 또한 한결같은 원리이니, 물산은 곧 우리 인간의 생명에 관계되는 것이다. 물산을 풍족하게 할 방법은 물품 제조를 급속히 개량하여 옛것을 새롭게 하는 것이 첫째 법문이다.[38]

생활의 원소인 물산을 풍요롭게 하는 방법은 물품을 제조하고 개량하는 것 즉 실업의 발달이다. 국가와 사회를 발전시키는 원동력을 과학기술의 발달로 인식한 것은 그만큼 서구 과학기술의 충격이 컸음을 보여주는 것이라고 이해할 수 있다. 박은식이 서구 과학기술을 긍정하고 수용하는 것은 불가피했으니, 물산경쟁을 적극적으로 활용하여 부국강병을 이룩하고자 하였다.

> 오늘날 우리 한민족이 생존경쟁의 시대를 당하여 어찌 위태롭지 않으며 만 배나 두렵지 않으랴. 우리가 생존경쟁의 실패를 면

---

36) 『朴殷植全書』 中 「學規新論」 27-28쪽.

37) 『朴殷植全書』 中 「學規新論」 28쪽.

38) 『朴殷植全書』 下 「物質改良論」 38쪽.

하고 승리를 얻고자 한다면 먼저 물산경쟁의 승리를 도모해야 한다.[39]

물산으로 생리生利를 발달하게 하는 것이 부후富厚한 나라를 만드는 데 반드시 필요하다.[40]

박은식은 민족적 생존을 도모하기 위해서는 무엇보다 물산경쟁에서 승리해야 하며, 물산을 풍부하게 하기 위한 방법은 물품 제조와 개량이라고 보았다. 그는 물산경쟁에서 승리해야만 민족의 독립과 생활의 복지를 향유할 수 있다고 보았기 때문에 우리나라를 구하고 민중을 살릴 자는 실업가라고 하였다.[41] 그것은 문명 진화의 핵심이 과학기술의 진화에서 단적으로 드러나며 적자생존과 자연도태의 원리도 기술 진화에서 판가름 난다고 보았기 때문이다.[42] 박은식은 물질학物質學의 중요성과 효용效用을 당시 세계에서 가장 부강한 나라인 영국을 예로 들면서 논증하였다.

영국이 작은 나라이지만 문명의 발달과 국력의 팽창이 뭇 나라보다 앞서서 수십 년도 못되어 식민지 개척이 수만 리며 인민의 증식이 수천만에 이른 것은, 국민 학술계의 물질문명이 다른 나라보다 앞서서 실업의 이권이 비상하게 발전한 까닭이다. 와트의 증기기관과 아크라이트의 수력 방직기와 미치엘의 새로운 도자기 고안과 크럼프턴의 뮤울방적기와 마토크의 개스등이 가장 찬

39) 『朴殷植全書』 下 「物質改良論」 38쪽.
40) 『朴殷植全書』 下 「人民의 生活上 自立으로 國家가 自立을 盛함」 22쪽.
41) 『朴殷植全書』 下 「孰能救吾國者며 孰能活吾衆者오 實業學家가 是로다」 35쪽.
42) 《皇城新聞》 1909년 11월 13일 論說 「二十世紀의 新發明者」

양할만한 것이며, 기타 제조가의 신발명은 이루 다 헤아릴 수가 없다. 영국인이 이러한 물질문명으로 국력을 천백 배로 증가시키고 세계 역사상 일찍이 없었던 문명을 발전시켰으니, 물질학의 효력이 어찌 신령스럽지 않으며 어찌 넓고 크지 않은가![43]

물질에 관한 과학적 연구인 물질학은 사람의 노동생산성(人工)을 수백 배로 증가시켜 국력 또한 천백 배로 증가하는 효용이 있으며, 영국의 문명 발달과 실업 발전이 모두 물질학에 기인한다고 하였다.

물질의 이치를 연구하지 않고 실업을 강구하지 않으면 오늘날의 경쟁시대에는 생존이란 행복을 희망할 수 없다.[44]

이러한 사유는 서구 과학기술을 풍요와 발전의 원천으로 이해했음을 보여준다. 그가 과학적 학문연구 방법을 강조한 것은 당연한 귀결이었다. 그는 자연에 대한 탐구는 이목耳目의 청시聽視와 수족手足의 감각적 작용과 심사心思의 심리적 인식 작용을 이용한 실험 실습을 통해 가능하다고 보고, 실습의 중요성에 대해서도 다음과 같이 언급하고 있다.

우리들이 천하 사물에 대해 실지로 실습이 없고 단지 추상연구만으로는 그 이치를 진정 알 수가 없습니다. 여기에 하나의 오이가 있으니, 반드시 씹어서 맛보아야만 그 오이의 달고 쓴 것을 잘 알 것이니, 처음에 그것을 맛보지 않고 달고 쓴 것을 단정함은

---

43) 『朴殷植全書』 下 「孰能救吾國者며 孰能活吾衆者오 實業學家가 是로다」 36쪽.
44) 『朴殷植全書』 下 「孰能救吾國者며 孰能活吾衆者오 實業學家가 是로다」 37쪽.

역시 망상입니다.[45)]

그는 객관사물에 대한 초경험적이고 추상적인 연구보다는 실제적인 실험과 경험을 진리 탐구의 방법으로 제시하고 있다. 학문 탐구가 현실과 실지를 떠나서는 실효를 거둘 수 없다고 보고 서양의 선진 물질학과 과학적 연구 방법을 적극적으로 수용할 것을 주장한 것이다. 이러한 과학적 탐구는 자연과학 및 실업 발달을 가져와 국권 회복과 독립의 강력한 수단이 되리라 생각했기 때문이다.[46)]

그는 그동안 한국문화가 지나치게 윤리도덕만을 중시하여 물질에 대한 탐구가 소홀했다고 보았다.[47)] 따라서 서양 과학기술의 충격과 침략에 대응하기 위해서라도 물질학을 적극 개발하고 물산을 풍족하게 할 방도를 찾자고 하였다. 물질에 대한 탐구는 일차적으로 자연 속에 존재하는 사실적 연관을 파악하여 그 결과를 생활에 이용함으로써 삶을 풍요롭게 하려는 데 목적이 있다고 보았다.

자연에 대한 인식의 변화는 학문하는 태도에도 큰 영향을 미쳤다. 그는 종래의 학문이 허학虛學과 허문虛文을 숭상하고 실사實事를 탐구하지 않았음을 신랄하게 비판하면서,[48)] 논증과 합리성의 중요성을 부각시켰다.

---

45) 『朴殷植全書』 下 「孔夫子 誕辰 紀念會 講演」 60쪽.

46) 박정심 「박은식 格物致知說의 近代的 含意」 『양명학』 제21집 한국양명학회 2008 참조.

47) 《皇城新聞》 1908년 9월 27일자 논설 「物質의 文明이 爲富强之基礎」.

48) 『朴殷植全書』 下 「孰能救吾國者며, 孰能活吾衆者오 實業家가 是로다」 36쪽.

> 마틴 루터가 죽음을 무릅쓰고 분투하여 신교를 개조한 이후부터 학풍이 일변하고, 베이컨 데카르트 하르바르트 스펜서 칸트 등 여러 사람을 선후로 배출하여 일체의 입론이 진리에 귀착하는 데 힘쓰고, 고인의 학설에 대해서도 먼저 회의하는 태도를 견지하여 반드시 허다한 논증을 구하고 의문점을 푼 연후에야 비로소 합리적인 학설이 됨을 인정하였습니다. 그리고 더욱 발명에 박차를 가하여 어리석게 맹종하여 고인의 노예가 되지 않고 새로운 것을 힘써 창출하였으며, 실험하여 그 진리를 얻고 힘써 행하여 사물을 익혔던 까닭에 그 학술이 옛것에 뒤지지 않고 날로 진보하였습니다.[49]

그는 서양 학술의 장점을 논증에 의한 합리적 진리 탐구와 현실에의 적용으로 파악하였다. 이는 당시 유학계의 학문 풍토에 대한 비판과도 연결된다. 그는 성리학적인 리기 심성론에 천착하는 것은 세상을 구제하는 것이 아니라 우활한 선비가 되는 길이며, 유학에서 이단시하는 노불과 같이 현실적 맥락을 놓치게 되는 우는 범하게 된다고 우려하였다.

> 근세에 이르러 유가의 법도法度가 편벽되고 침체되는 병통을 면치 못하고 있는 것만 같다. 주공周公은 재주가 많고 기능이 많다고 했으며, 공자는 소년시절에 신분이 몹시 미천하여 비천한 일을 많이 할 수밖에 없었다고 했다. 기예와 일은 성인도 또한 많고도 능하였다. (중략) 그런데 오늘의 우활迂闊한 선비들은 눈을 감고 단정히 앉아 성정性情을 함양하는 일을 철두철미한 공부로 여기고

49) 『朴殷植全書』 下 「上雲人先生」 242쪽.

> 사물事物을 도외시하며, 그 몸은 소상塑像처럼 만들고 마음은 시들어 마른 나뭇등걸이나 식은 재처럼 만들어서 마치 노불佛老의 법문法門과도 같으니, 이러고서야 또한 무엇을 할 것인가? (중략) 시대의 학자들로 하여금 고금의 변역變易을 밝게 살피고 시대에 맞는 조치를 깊이 강구하고서 유교의 원리에 따라 새롭게 한다면 정치가 어찌 밝아지고 여유롭게 되지 않겠는가?[50]

박은식은 강상윤리만 고집해서는 시대문제를 해결할 수 없으며 시의에 맞춰 서양 학문도 개방적으로 받아들여야 실공實功을 거둘 수 있다고 하여, 학문의 개방성과 합리성을 중시하였다.

3) 지배 수단으로 전락한 과학

박은식은 생존경쟁에서 살아남기 위해서는 무엇보다 과학기술에 기초한 실업발달이 필요하다고 인정하였다. 이것은 서구 근대문명의 발전 원동력이 바로 과학의 발전이라고 생각했기 때문이다. 하지만 물질학을 비롯한 신학은 문명의 핵심이었지만 곧 군국주의의 수단이기도 했다. 과학적 진리는 사물에 대한 객관적 관찰과 실험을 통해 발견되는 것이기 때문에 가치중립적이라고 여기기 쉽다. 그러나 19세기 과학적 발전은 군국주의와 결코 무관하지 않았다. 과학기술은 유럽중심주의란 하나의 이데올로기를 구성하는 핵심적인 분야였으며,[51] 제국주의 침략을 백인의 의무 혹은 문명지도론으로 미화했던 인종주의와도 분리해서 논의할 수 없다. 박은식은 근대 과학 성과를 수용하는 것이 급선무라고 생각했으면서도 과학기술이 군국주의의

50) 『朴殷植全書』 中 「學規新論」 11쪽.

51) 마이클 에이더스 『기계, 인간의 척도가 되다』 산처럼 2011 참조.

수단으로 전락하는 문제에 대해 고민하지 않을 수 없었다. 그러므로 '과학기술과 그 문명성을 어떻게 이해할 것인가'는 박은식 사상에서 중요한 논제였다.

박은식은 물질학의 효용성을 인정하면서도 그것이 제국주의 침략과 직결된다는 점을 분명하게 인식하였다. 서구 근대 과학기술이 수용과 저항의 양가적 대상이라는 점이 그의 고민을 깊게 하였다.

> 물에는 기선汽船이 있고 육지에는 기차가 있으며, 전기를 밝히고 전신電信을 가설하여 만 리나 되는 먼 거리를 지척으로 만드는 것은 모두 격물치지의 공효이다. 위의 것들은 예를 든 것이니, 나머지는 모두 이를 미루어 알 수 있다.[52]

박은식은 서구 열강의 힘과 근대적 편리성이 모두 격물치지학에서 비롯되었다는 점은 인정하였다. 하지만 그것이 곧 제국주의 침략으로 이어지는 현실에 대해서도 직시하였다.

> 세계열강이 자국민을 식민하여 도처에 황무지를 개척하는데, 대포와 거함巨艦으로 선봉을 삼아 우매하고 열약한 민족의 소유지를 점탈占奪하되, 바닷길을 따라 수만 리를 넘나들며 많은 돈을 들여 식민정책을 실행하고 있다. 이러한 식민시대를 당하여 우리 민족의 지식과 세력이 다른 민족보다 열등하면, 토지도 우리의 소유가 아니며 가실家室도 우리 소유가 아니며 물산物産도 우리 소유가 아니며 생명도 우리 소유가 아니다.[53]

52) 『朴殷植全書』 中 「學規新論」 論國運關文學 148쪽.
53) 『朴殷植全書』 下 「本校의 測量科」 98쪽.

민족의 지식과 세력이 다른 민족보다 열등하면 열강의 식민지로 전락할 수 있다는 급박함이 신학 수용을 더욱 적극적으로 추진하게 했다. 그러나 대포와 거함을 만들 수 있는 과학기술이 곧 군국주의를 자행하는 수단이요, 우리가 수용하고자 하는 그들의 문명성이 제국주의 침략의 통로임을 경험하는 데는 오랜 시간을 필요로 하지 않았다.

박은식은 성리학적 격물치지가 서구 근대 과학기술에 의해 해체된 가운데, 유학적 본지를 구현할 수 있는 길을 모색하였다. 그는 양명학으로 사상적 전환을 단행하였고, 일본 근대 양명학의 영향을 받았다. 그런데 일본 양명학이 천황제 국가 이데올로기를 생산하는 것에 집중하였다면, 박은식은 격물치지 및 견문지에 대한 본연지적 성찰에 집중하였다. 박은식은 경술국치 이후 사회다윈주의와 과학기술의 폐해에 대해 1920년 저술에서 다음과 같이 구체적으로 언급하고 있다.

> 지난 시대의 문명은 인류가 상호 다툼에 이용하였지 결코 인도人道와 평화를 위한 사업은 아니었다. 적자생존適者生存의 논법만이 유일한 진리였고, 우세한 자가 이기고 열세한 자는 패한다는 약육강식弱肉强食이 세계의 일반적인 관례였으며, 군국주의軍國主義 침략정책이 생존의 목적이 되었다. 소위 문명화된 민족들이 그 생각과 지력을 다해 지극히 교묘한 기술을 발전시키는 것은, 오직 살인하기 위한 무기나 나라를 도둑질하기 위한 간사하고 능청스러운 책략을 얻기 위함이었다.[54)]

박은식은 과학기술이 문명적 발전을 가져오기도 하지만 군국주의 수단으로 전락하여 제국주의 침략의 첨병이 되는 현실을 간파하였다.

---

54) 『朴殷植全書』 上 「韓國獨立運動之血史」 513쪽.

이른바 선진 문명이라고 하는 서구 열강이나 일본이 하는 행위는 과학기술의 발달을 무기 삼아 제국주의 침략을 단행하고, 유럽중심주의나 동양주의로써 그것을 정당화하는 데 지나지 않다는 점을 지적한 것이다. 이것은 부도덕한 폭력이지 결코 문명다운 문명이 아니었다. 그는 과학기술이 인간의 보편이념과 도덕에 위배되어서는 안 된다고 점을 분명히 하였다.

근대는 자연과학적 진리와 효용이라는 합리성에 기반을 두었으며, 그것을 무기로 새로운 시대를 열었다. 과학과 기술이 상호 밀접한 관계를 맺으면서, 기술은 과학적 지식의 응용을 통해 매우 빠른 속도로 고도의 발전을 이루었다. 그러나 자연을 이용할 수 있는 기술적 능력의 획기적 증대는 동시에 자연과 인간 자신을 파괴할 수 있는 능력을 동반하였다. 과학은 서양의 우월성을 보여주는 대표적인 '증거'로서 유럽의 과학은 사람들이 자연, 시간과 공간, 그리고 신체를 정복할 수 있게 했다.[55] 19세기에 들어 이러한 경향은 더욱 뚜렷해졌다. 과학과 기술, 근대성과 진보는 문화들 간의 차이를 이해하는 가장 중요한 기준으로 작동하였다. 사람들 사이의 차이를 설명하려는 인종주의 역시 인간에 관한 '과학적 탐구'로 발달하게 되었다.[56] 근대문명은 자연과학적 합리성을 명분으로 내세웠지만, 그것은 합리적 선善을 통해 새로운 시대를 열었다기보다 군함과 힘을 행사하는 방식을 사용하였다. 자연과학의 효용은 대포와 군함의 힘을 앞세운 물리적 침략에 그치지 않았다. 의학과 위생방역의 통제를 통한 신체적 통제와 단발령 등의 방법을 통해 더욱 깊숙이 그리고 야만적인 방법을 동원하여 기

55) 조앤 샤프 지음 이영민 박경환 옮김 『포스트식민주의의 지리』 여이연 2011 46쪽.
56) 조앤 샤프 지음 이영민 박경환 옮김 『포스트식민주의의 지리』 여이연 2011 65쪽.

존의 문화체계 자체를 거부하고 유럽 근대문명만이 유일한 보편이라고 강제하는 광범위한 문화 폭압으로 이어졌다.

박은식은 올바른 가치판단과 당위법칙을 정립하기 위해서는 사실판단에 대한 바른 이해가 선행되어야 하며, 동시에 자연에 대한 객관적 이해를 비롯한 모든 사실판단이 궁극적으로 바른 삶을 지향하는 것과 괴리되어서는 안 된다는 입장을 견지하였다. 물론 그의 이러한 견해가 과학지식의 가치중립성 문제를 구체적으로 심도 있게 논의한 것은 아니다. 그러나 서구 자연과학의 충격 속에서 유학은 인간의 도덕성과 인격의 함양에 기여할 수 있다는 주장을 논리적으로 해명하고자 하였다. 이런 측면에서 본다면 박은식이 실험 관찰과 같은 객관적인 탐구에 기반한 물질학의 중요성을 인정하면서도, 다시금 과학기술의 발달이 가치판단과 불가분의 관계에 있어야 한다는 점을 분명히 하며 과학지식의 도덕성을 문제 삼았던 점은 나름대로 큰 의의가 있다고 할 수 있다. 이는 서구 문명의 파고 속에서 자연을 단순히 자원으로 바라보는 근대적 자연관을 유학적 관점에서 비판적으로 성찰했기 때문이다.

박은식처럼 견문지見聞知에 대한 본연지적本然知的 성찰을 주장하면, 그것은 과학기술이 가치중립적이라는 견해와 바로 부딪친다. 당시 과학지식은 가치중립적이기 때문에 논란의 여지가 전혀 없고, 전적으로 합리적이며 공평하다고 여겼기 때문이다.[57] 인식대상에 대한 이성적 판단은 객관적이고 보편적인 인식이라고 생각했다. 계몽이성 역시 대상의 객체화를 가장 중요한 원리로 받아들였고, 객관적 자연을 있는 그대로 표현하는 것(진리)은 수학적 언어로 가능하다고 여겼

---

57) 조앤 샤프 지음 이영민 박경환 옮김 『포스트식민주의의 지리』 여이연 2011, 66쪽.

다. 모든 수학적 계산은 이미 알려진 양을 근거로 한다. 모든 것을 계량하고 계산함으로써 그것을 표현하는 숫자의 성질상, 자연은 그것이 지닌 고유의 질적인 측면을 잃어버린 채 계산 가능한 형태로만 측정되었다. 이것은 곧 수학적 언어로 표현될 수 없는 것은 배제한다는 것을 뜻한다. 계산 가능한 현상만을 '사실'로 인정하는 계몽, 즉 도구적 이성과 과학적 지식은 대상 속에 은폐된 어떠한 자질도 남아 있는 것을 허용하지 않는다.[58] 그래서 근대 자연과학의 성과는 계몽의 가장 든든한 지원군이었으며, 자연과학은 계몽에 의지하였다.

계몽주의의 아들인 과학주의는 과학의 발전을 인간사회의 정치적 경제적 재앙을 막을 수 있는 구세주로 찬양받았다. 하지만 과학은 진보의 수단이 아니라 지배의 도구로 전락했다.[59] 과학기술은 자본주의가 산업화에 부과한 방법 및 수단과 밀접한 관련이 있다. 과학의 발전은 생산과정과 밀접하고 생생하게 관계하고 있던 때에만 성장 진화해 왔다. 즉 과학의 번영기는 경제활동 및 기술 진보 시기와 일치한다. 기술의 개선은 대체로, 그것이 특정 개인이나 계층을 이롭게 하고 때로는 전쟁의 경우처럼 다른 개인과 계층을 파멸시키는 데 직접 이용된다는 자극 하에서 일어났다.[60] 18세기 계몽주의시대는 비교를 위한 기초로서 과학과 가술의 중요성이 높아지던 시기였다. 자본주의는 유럽의 경제에 박차를 가했고 과학적 지식은 새로운 생산방식을 발전시키는 데 사용되었다. 유럽인들은 자신의 경제와 사회가 빠르게 발전하는 것을 목도했다. 그들에게 시간이 멈춰버린 문화로 혹은 쇠락해

---

58) 권용선 『이성은 신화다, 계몽의 변증법』 그린비 2003, 69-71쪽.

59) 노명우 『계몽의 변증법 : 야만으로 후퇴하는 현대』 살림 2005, 36쪽.

60) 존 버널(John D. Bernal) 趙弘燮 編譯 「과학이란 무엇인가」 『現代의 科學技術과 人間 解放』 한길사 1993, 36-37쪽 참조.

가는 문명으로 비추어진 비서구지역의 상황과 비교했을 때, 자신들의 모습은 매우 역동적이고 활기찬 것이 분명했다.[61)]

과학기술의 발전이 경제 정치적 차원의 가시적 변화에 국한되었던 것은 아니다. 자연과학은 계몽에 의지하였고, 계몽의 핵심은 동일성의 원리와 체계 지향이다.[62)] 계몽은 동일하지 않는 것은 추상적인 크기로 환산해서라도 비교 가능한 것으로 만들어 '체계' 속에 포함시키고, 계산 가능하지 않은 것, 즉 숫자로 환원되지 않는 것은 모두 가상의 영역으로 추방하거나 '없는 것'으로 간주한다. 즉 계몽은 사유와 수학을 일치시키려 한다. 선택된 지식은 곧 보편적이고 자명한 것이 됨으로써 의심할 수 없는 현실적인 이성으로, 체계의 원리가 되고 지배의 작동방식이 된다. 체계 구축이라는 계몽의 이상을 실현하기 위해 계몽은 주술세계에 남아있는 비체계적 요소를 제거한다. 베이컨은 탈마법(탈신화화)를 통해 인간이 주인이 되고, 이를 통해 진보한다는 사상을 가장 극명하게 보여주었다. 그는 미신을 정복한 오성이 탈마법화된 자연 위에 군림해야 하며, '인간이 자연으로부터 배우고 싶어하는 것은 자연을 완전히 지배하기 위해 자연을 이용하는 법이라고 생각했다.[63)] 아무도 의심할 수 없는 견고한 질서가 된 '체계'는 그 자체로 억압적이다. 체계는 언제나 다수의 힘이 개별적 인간을 압도하는 방식, 즉 사회의 억압은 언제나 동시에 집단에 의한 억압의 경향 속에서 계몽의 신앙이 된다. 신화를 해체하고 인간을 세계의 중심에 놓은 체계에서 인간은 절대적인 위치에 서게 되고, 지구상에 존재하는 모든 생물체는 인간을 기준으로 분류되고 기록된다.[64)]

---

61) 조앤 샤프 지음 이영민 박경환 옮김 『포스트식민주의의 지리』 여이연 2011, 64쪽.
62) 노명우 『계몽의 변증법 : 야만으로 후퇴하는 현대』 살림 2005, 91쪽.
63) 노명우 『계몽의 변증법 : 야만으로 후퇴하는 현대』 살림 2005, 118-9쪽.

계몽은 합리적으로 사물을 파악하고 그것에 질서를 부여하여 세계를 수립하는 과정 속에서 만들어지며, 이 속에서 세계는 탈마법화된다. 막스 베버는 "합리화가 의미하는 바는 세계를 설명하는 데 더 이상 신비롭고 불가측한 힘에 의존하지 않아도 된다는 사실이다. 세계는 이제 탈주술화되었다."고 하였다. 이성의 빛이 세상을 밝히기 전, 인간의 능력으로 이해할 수 없는 부분들이 많았기 때문에 자연은 인간에게 공포의 대상이었다. 이때 자연에 대한 공포는 불가해한 세계의 존재를 인정하는 '신화'를 만들어낸다. 그러나 계몽은 주술과 신화의 세계를 자연에 무지한 인간의 관념이 만들어낸 상상적 허구로 전도시킨다.[65] 그리하여 계몽은 자연을 단순히 객체의 지위로 전락시킨다.[66] 모든 것은 계산 가능한가, 그리고 얼마나 쓸모있는 것인가에 따라 가치가 매겨진다. 계몽이 진행됨에 따라 과학과 지성의 힘으로 자연을 지배하게 된다. 이제 자연은 인간 혹은 주체와 대립하는 객체, 정복하고 지배해야 할 대상으로 전락한다.[67]

유럽인들의 자연 정복은 곧 지구상의 다른 사람들에 대한 지배로 이어졌다. 왜냐하면 '야만인(savages)'은 자연으로부터 여전히 분리되지 못하여, 자신이 처한 환경을 거의 개조할 수 없기 때문이었다. 18-19세기 자연은 인간에게 위협을 주는 강력한 존재였고, 자연은 길들여져야만 한다는 관점이 호응을 얻었다. 이러한 역사적 과정을 거치면서 과학은 여러 사회 간의 차이를 구별 짓는 지배적인 형태로서 격상된 지위를 갖게 되었다.[68] 과학적으로 탐구된 근대지식은 지배

64) 권용선 『이성은 신화다, 계몽의 변증법』 그린비 2003, 72쪽.
65) 권용선 『이성은 신화다, 계몽의 변증법』 그린비 2003, 54-5쪽.
66) 노명우 『계몽의 변증법 : 야만으로 후퇴하는 현대』 살림 2005, 120-1쪽.
67) 권용선 『이성은 신화다, 계몽의 변증법』 그린비 2003, 56-7쪽.

권력의 근간이 되었다. 예를 들면 지리 지식은 제국의 해외 정복활동에 실제적인 도움을 제공함으로써, 식민주의를 간접적으로 지원했다. 자연뿐만 아니라 인간도 과학적 인식대상에서 예외가 아니었다. 신체의 일부분을 계측하여 '과학적 방식'으로 인종을 분류했던 체질인류학은 신체적 차이에 대한 과학적 설명을 통해 인종 간의 차이를 탐구하는 '과학'으로 간주되었다. 신체는 인종주의적 과학 측정의 핵심적인 대상이었다. 신체의 모양을 통해 영혼도 볼 수 있다는 암묵적인 정신-신체 결합 논리도 발전하였다.[69] 인간과 세계에 대한 과학적 탐구와 인식은 곧 유럽중심주의가 참임을 입증하는 도구가 되었고, 비서구지역에서 유럽중심주의는 절대적인 이데올로기로 작동하였다. 한국 역시 이러한 과학기술의 파고에서 결코 자유롭지 못했다.

서구적 문명성과 과학적 탐구를 어떻게 이해하고 어떤 관계맺음을 할 것인가는 결코 쉬운 문제가 아니었지만, 그들의 문명논리에 매몰당하지 않기 위해서는 그것을 어떻게 수용하고 또 어떤 논리로 그에 저항할 것인가를 물어야 했다. 그들의 장점을 인정하고 수용하지만, 계몽이성에 매몰되지 않고 과학기술이 군국주의 수단으로 전락한 부도덕성을 비판할 수 있는 논거를 제시할 필요가 있었다. 이것은 제국주의 침략의 부당성을 논증하는 기제이기도 했기 때문에 매우 중요한 문제였다. 또한 신학 수용은 근대적 자강을 이룰 수 있는 길이기도 했지만, 맹목적인 서구화는 그들처럼 되려는 열망에 매몰되어 몰주체적 주체를 양산할 위험이 있었다.

박은식은 이러한 모순성을 양명학적 사유 속에서 고민하였다. 서구

68) 조앤 샤프 지음 이영민 박경환 옮김 『포스트식민주의의 지리』 여이연 2011, 66쪽.
69) 조앤 샤프 지음 이영민 박경환 옮김 『포스트식민주의의 지리』 여이연 2011, 71쪽.

적 문명성을 거부할 수 없지만, 맹목적으로 수용할 수도 없는 상황에서 서구적 근대성의 폭력성을 양명학적 견지에서 비판하고자 하였다. 그는 시무時務로서 수용하지 않을 수 없는 문명화가 우리에게 무엇인지 주체적 관점에서 물음으로써, 비가시적인 계몽이성의 동일화전략과 거리두기가 가능해졌다. 그리고 치양지의 진아를 통해 한국적 근대를 건설하고 동시에 서구적 근대에 압도당하지 않으면서 그들과의 관계맺음할 것을 고민하였다. 이러한 모든 사상적 모색은 서구적 근대성 넘어서기를 함축하고 있었다. 그는 과학기술이 견문지의 영역에 해당한다고 이해하고, 이는 양지의 본연지적 판단을 벗어나서는 안 된다고 보았다. 그렇다면 과학기술이 서구적 근대성의 폭력성과 유럽중심주의를 정당화하는 수단일 뿐 아니라 제국주의 침략의 도구로 전락함으로써, 과학기술의 발전이 궁극적으로 인간다운 삶을 실현하는 방법이 되기 어렵게 된 현실을 문제 삼아 마땅했다. 그래서 그는 견문지에 대한 본연지적 성찰을 통해 과학기술의 도덕성을 문제 삼고 더 나아가 인격의 본령을 수립하는 본연지의 중요성을 강조하였다.

4) 견문지見聞知와 본연지本然知의 구분

박은식은 양명학의 견문지見聞知와 덕성지德性知 개념을 통해 과학기술의 도덕성 문제를 해결하고자 하였다. 그는 우선 견문지의 영역에 해당하는 물질학의 효용에 대해 긍정하였다. 사물에 대한 객관적 지식의 확충은 과학기술의 발달과 사회생활의 진보를 가져오기 때문에, 서구 자연과학을 적극적으로 수용할 수밖에 없다고 인정하였다. 박은식은 생존경쟁 시대에 생존을 도모하기 위해서는 과학을 연구하는 것이 시급하지만, 그렇다고 인격을 함양하는 일을 소홀히 할 수는 없다고 하였다. 이 지점에서 그는 사물에 대한 객관적 인식이 윤리적 행위의 올바른 방향과 준거를 제시하지 않는다는 것을 문제 삼았다. 지육智育의 일과 덕육德育의 일은 다른 차원의 문제이므로 혼잡스럽게 섞어서는 안 된다는 것이다. 우선 박은식은 당시 문명과 각종 과학은 격물궁리의 공부로 지육의 일이고, 마음의 이치에 대한 학문은 덕육의 일이라고 구분하였다.

> 현시대의 학문은 각종 과학으로, 즉 격물궁리格物窮理의 공부이니 지육智育의 일이다. 반면 심리학心理學은 덕육德育의 일이다. 그러므로 이를 혼잡스럽게 섞는 것은 옳지 않다.[70)]

과학은 앞서 논의한 물질학 내지는 격물치지학에 해당하는데 이는 자연법칙에 대한 사실적 판단에 치중하므로 지육이라고 하였다. 그는 자연과학은 객관 사물에 내재한 이치를 인식하는 인지人智의 영역으로, 외적 사물의 원리를 연구하여(卽物窮理)지식을 개광開廣하는 '견문지'에 해당하는 것이라고 하였다.

> 견문지는 외면적外面的인 사물의 원리를 연구하여 지식을 개광開廣하는 것이니, 멀리 바깥 사물에서 앎을 얻는 것(遠取諸物)이다.[71)]

객관사물의 원리에 대한 연구는 일차적으로 과학적 탐구이므로 성리학의 천인합일과 같은 차원의 도덕적 가치를 내재하고 있다고 생각되지 않는다. 따라서 사실판단과 가치판단을 분리하지 않는 성리학의

---

70) 『朴殷植全書』 下 「儒敎求新論」 47쪽.

71) 『朴殷植全書』 下 「學의 眞理는 疑로 쫓아 求하라」 199쪽.

격물치지적인 인식과는 전혀 다르다. 즉 성리학의 격물치지는 본성을 회복하고(復其初) 천리를 체인하는 도덕적 성격이 강했던 반면, 근대 견문지의 영역은 사물에 대한 객관적 자연법칙에 대한 앎을 통해 과학기술과 실업의 발달은 가능하게 하지만 인간의 윤리적 문제에 대한 답을 제시하지는 않는다. 물론 근대적 삶은 물질문명을 발달에 기대어 유지되기 때문에 성리학적 세계관을 고집하거나 과학적 탐구를 도외시해서는 안 된다는 점을 분명히 하였다.

> 대개 정신상의 문명은 철학으로써 구하고, 물질상의 문명은 과학으로써 구하는 것인데, 지금 세계 인류가 물질문명으로써 생활을 요구하고 우승을 경쟁하는 시대이므로 과학연구가 우리 학자계學者界에 가장 시급하고 긴요한 공부라 할 것이다.[72]

박은식은 주자학적 격물치지의 영역에 포함될 수 있었던 객관사물의 원리 탐구는 이미 자연과학으로 대체되어버렸으며,[73] 또 그동안 조선사회를 이끌어 왔던 성리학의 이념이 그 자체만으로는 시대정신이 될 수 없는 상황에 직면하였다. 성리학적 이념이 근대사회의 윤리문제에 답을 제시하지 못한다고 판단한 그는, 과학기술에 의존한 근대적 삶에 대한 윤리적 성찰이 유학적 사유 안에서 어떻게 재정립될 수 있는지를 물을 수밖에 없었다. 그는 물질문명 발달에 필요한 각종 과학과 인격의 본령을 수립하는 본령학문本領學問은 다른 차원의 문제라고 보았다. 과학적 실용을 요구하는 시대이지만 인격을 함양하고

---

72) 『朴殷植全書』 下 「學의 眞理는 疑로 좇아 求하라」 196-197쪽.

73) 『朴殷植全書』 下 「儒敎求新論」 47쪽: 지금 시대의 學問은 各種科學이 곧 格物窮理의 공부이다.

자 한다면 철학을 폐할 수 없다고 하였다.

> 인격人格의 본령本領을 수립하고 인심人心의 함닉陷溺을 구제救濟하고자 한다면 철학哲學의 진리眞理를 발휘發揮하는 것이 또한 하나의 큰 사건이다.[74)]

그는 생존경쟁 시대에는 과학연구가 시급하지만 인격을 함양하는 덕육도 소홀히 할 수 없으며, 인격을 함양하는 철학적 물음 역시 중요하다고 하였다. 근대는 각종 과학이 복잡하고 인생 사업이 날로 급변하는 시대이기 때문에, 오히려 본령학문이 더욱 필요하다고 보았다. 또 철학적 진리 탐구는 과학적 연구와 달리 실지적實地的으로 '주체적 심득心得'이 있어야만 학리學理를 말할 수 있다고 하여,[75)] 견문지와 구별되는 본연지의 독자적인 영역을 확보하고자 하였다. 그리고 유학 역시 이러한 시대적 변화에 대응하여 주자학을 묵수하기보다는 양명학의 간이직절한 양지에 주목할 필요가 있다고 판단하였다.[76)]

> 각종 학술이 다투어 진보하며 날로 고도화되지만 모두 물질문명을 극단화한 것이요 도덕을 밝히는 것은 아니다. 인격의 본령을 수립하며 인심의 함닉陷溺을 구제하자면 왕학의 간이직절이 필요하다. 천덕왕도지학天德王道之學은 인류평화를 근본으로 하는 것인데 천하의 형세는 그와 반대이므로, 이 시기에 도덕을 밝히고 인도人道를 유지하며 백성에게 행복을 주고자 하면 양지의 학인

---

74) 『朴殷植全書』 下 「學의 眞理는 疑로 좇아 求하라」 196-197쪽.

75) 『朴殷植全書』 下 「學의 眞理는 疑를 좇아 求하라」 196-7쪽.

76) 『朴殷植全書』 下 「儒教求新論」 47쪽.

양명학에 의거해야 한다.[77)]

자연과학적 발달이 물질적 삶을 풍요롭게 하는 효용성을 부정하지는 않지만, 바람직한 삶은 단순히 물질적 풍요만으로 얻어지는 것이 아니라면, 자연과학적 진리 또한 윤리적 판단의 주재를 받을 필요가 있다고 판단하였다. 그리고 박은식은 과학과 철학의 괴리를 매개할 수 있는 철학적 기제로서 양명학의 견문지와 덕성지德性知의 관계를 활용하였다. 즉 견문지 영역(智育)을 인정하면서도, 다시금 본연지 영역(德育)을 통해 과학과 도덕의 관계맺음을 재구축하고자 하였다.

견문지와 덕성지의 구분은 장횡거에 의해서 제시되었다. 장횡거는 덕성지란 본심의 작용으로서 경험적 활동인 견문에 의지할 필요가 없으며 견문지에 의해 발생하지도 않는다고 하였다. 그런데 양명은 "양지는 견문에 의해 있는 것은 아니지만, 견문은 양지의 작용이 아닌 바가 없다.[78)]"고 하였다. 이 말은 양지를 확충하는 것이 학문의 근본이지만, 구체적이고 실제적인 견문 경험이 치양지의 발용 아님이 없음을 강조한 것이다. 즉 견문지가 치양지와 별개의 독자적인 지식영역이 될 수 없으며, 시비와 진위를 판별할 때 축적된 객관 지식이나 성현의 경험을 준거로 삼기보다는 양지의 항조恒照가 보다 근본적이고 중요하다는 것이다. 그래서 양명은 객관정리적客觀定理的 리와 전통적 권위에 묶이지 않고 상황을 주체적으로 판단하고 지행합일적 실천으로 옮아갈 수 있는 주체성과 역동성을 강조하였다.

양명은 일상생활에서 보고 듣고 응수하는 것이 비록 수천 가지로

---

77) 『朴殷植全書』 下 「日本陽明學會 主幹에게」 238쪽.

78) 『傳習錄』 中 「答歐陽崇一」 168조목 : 良知不由見聞而有 而見聞莫非良知之用.

많더라도 양지의 작용이 아님이 없다고 전제하고, 덕성지가 견문에서 함양되는 것은 아니지만, 견문지 또한 양지의 작용이 아님이 없다고 하였다.

> 양지는 견문에 막힘이 없으면서도 견문에서 떨어져 있지도 않다. (중략) 지금 오로지 견문의 말단만 구한다고 말한다면 이것은 핵심을 잃어버리고 부차적인 뜻에 떨어진 것이다.[79)]

양명은 견문지 또한 양지의 작용으로, 양지는 견문에 결코 막힘이 없다고 하였다. 양지는 견문을 주재하기 때문에 견문의 말단만을 추구해서는 안 되지만, 보고 듣고 응수하는 견문지를 제외한다면 실현할 수 있는 양지 또한 없기 때문에 양지와 견문은 하나의 일이라고도 하였다.[80)] 양명은 양지의 작용이 비단 견문지의 영역에 한정된 것은 아니지만 견문지 또한 양지의 작용임을 인정하고 있으며, 견문지에 대한 덕성지적인 성찰을 강조하였다. 즉 양명학은 사물과 관계맺음하고 있는 인간 주체의 도덕적 판단을 보다 중시하며, 객관적 정리定理보다는 상황 변화에 따른 주체적 판단과 적극적 실천을 강조하였다.

박은식은 이러한 양명학적 특징을 근대적으로 해석함으로써 근대 한국사회가 안고 있던 문제를 해결하고자 하였다. 그는 인간 삶에 필요한 물질의 영역을 발달시키기 위해서는 서구 자연과학을 십분 활용하되, 인간의 도덕적 문제는 양명학을 바탕으로 재정립하고자 하였

---

79) 『傳習錄』 中 「答歐陽崇一」 168조목 : 良知不滯於見聞 而不亦不離於見聞 (중략) 今云專求之見聞之末 則是失卻頭腦 而已落在第二義矣.

80) 『傳習錄』 中 「答歐陽崇一」 168조목 : 蓋日用之間 見聞酷酢 雖千頭萬緖, 莫非良知之發竅用流行, 除卻見聞酷酢, 亦無良知可致矣. 故只是一事.

다. 자연과학적 진리가 윤리적 판단의 준거가 될 수 없는 반면 동양철학은 '본연지本然知'로서 인격의 본령을 수양하는 영역을 담당할 수 있다고 하였다. 본연지는 본심지지本心之知인 양지가 객관사물에 대한 객관적 인식을 물론 가치판단까지 아우르는 앎인데, 이것은 양지가 만물을 주재하기 때문에 가능하다. 그가 양명학이 본심지지를 강조하였지만 결코 물리지지物理之知를 소홀히 하지 않았다고 평가한 것은, 바로 양지가 이 두 영역을 조화할 수 있는 허령한 본각이라고 판단한 것과 밀접한 관련이 있다.

> 인격을 수양하는 본령학문本領學問은 본연지本然知의 영역이요, 덕육德育이다. 본연本然의 지知는 허령虛靈한 본각本覺으로서 人事인사와 만물萬物을 조탁照燭하는 것이니, 이는 가까이 자신의 몸에서 취하는 것(近取諸身)이다. 천지天地(의 사물)이 비록 멀리 있으나 나의 허령虛靈이 가히 통通하고, 만물이 비록 많으나 나의 허령虛靈이 가히 응應한다. (중략) 허령虛靈한 본각本覺은 참으로 조화造化의 정령精靈이오 만물萬物의 주재主宰이다.[81]

박은식은 객관적 사물 인식 문제는 서구의 자연과학적 사유방식을 따르지 않을 수 없다고 인정하였다. 그러나 동양철학은 인격의 본령을 수양하는 영역을 담당할 수 있으니, 이를 '본연지本然知'라고 하였다. 그는 본령학문을 덕성에 관한 것으로 규정하고, 그것은 각자 자신의 양지를 실현하는 일이기 때문에 자신의 몸에서 취해야 한다는 것이다. 그러나 본연지적 성찰은 개인의 차원에 머무르지 않고 인간과 지식체계 그리고 자연과의 관계 등을 전반적으로 물을 수 있으며, 더

81) 『朴殷植全書』 下 「學의 眞理는 疑로 쫓아 求하라」 199쪽.

나아가 자연과학적 지식이 인간 주체와 어떤 관계맺음을 해야 하는지에 대해 판단할 수 있을 뿐만 아니라 만물을 주재할 수 있다고 보았다. 따라서 자연과학적 진리가 인류평화에 해가 된다면 그것을 맹목적으로 추구해서는 안 된다. 이는 과학기술의 발전이 결국 제국주의적 침략의 도구가 된 현실에 대한 비판적 성찰과 연관된다. 박은식은 견문지에 대한 본연지적 성찰을 통해 근대 과학기술의 발달이 종국에는 군국주의의 도구로 전락한 측면을 비판할 수 있었다.

2. 견문지에 대한 본연지적 성찰

1) 양명의 주자 격물치지格物致知 비판

주자학에서 격물치지는 천리를 궁구하는 데 매우 중요하다. 인사는 물론이거니와 만물에 내재한 분수적分殊的 차원의 천리를 알아가는 과정(格物)을 통하여 천리를 활연관통豁然貫通할 수 있기 때문이다. 주자는 모든 존재자(天下之物, 衆物)에 나아가 그에 내재한 리理를 탐구해야 한다고 하였고, 따라서 격물의 격格을 '이르다(至)'라고 해석하였다. 인사人事와 만물萬物에 내재한 리에 대한 구체적 탐구가 바로 즉물궁리卽物窮理이다. 즉물궁리는 객관사물의 자연법칙을 알기 위한 실험 관찰적인 방법과 무관하니, 격물치지의 대상인 '물'은 단순히 객관적인 인식이나 지식적 대상이 아니다. 그럼에도 주자학의 물리적物理的 측면에서 보면, 외재 사물은 그 자체로서 일차적인 지식의 대상이 될 수 있다. 만물에 분수적 차원의 천리가 내재되어 있기 때문이다. 사물에 나아가 그 이치를 탐구하고 비교 추론을 통해 정밀하게 분석하는 것이 곧 천리天理를 체인하는 하나의 방법이 될 수 있다.

대상을 정밀하게 관찰하고 연구하는 것은 지식의 영역이다. 인식 주체가 인사와 만물에 나아가 사事와 물物의 이치를 탐구하는 격물의 방법은 다양할 수 있다. 예를 들면 독서에 의한 지적 탐구나 인물에 대한 비판적 평가, 혹은 구체 사물에 대한 실천적 탐구 등이 모두 격물의 방법들이다.[82] 주자는 즉물궁리적인 앎을 지극히 하면 천하지물天下之物의 표리表裏와 정조精粗에 대해 활연히 관통하게 된다고 하였다.

양명과 비교한다면 주자는 천리를 체인할 수 있는 방법으로서 덕성을 함양하는 것(尊德性)보다는 경전과 성현의 말씀에 대한 탐구(道問學)에 더 치중했다고 볼 수 있다. 상대적으로 주자는 객관사물에 내재한 이치를 탐구하는 것(格物)을 보다 중요하게 여겼기 때문에 주자학에서 객관 사물세계는 어느 정도 독자적인 학문 탐구 영역을 확보할 수 있다. 그러나 주자학이 객관사물의 법칙성(所以然之故/만물의 존재원리/사실판단의 영역)을 인정했다고 해서 그것이 곧 서구 근대 자연과학 법칙과 같은 의미를 가지는 것은 아니다. 주자학에서 리의 존재론적 차원은 당위법칙인 윤리적 차원(所當然之則/가치판단의 영역)을 해명하기 위한 기제라고 하겠다. 즉 도리道理와 사리事理, 그리고 물리物理는 천리가 내재되어 있다는 차원에서 서로 동질적이며, 이와 같은 천인합일적 논리구조는 당위규범을 실천하도록 하기 위한 형이상학적 전제 구축이었다고 이해할 수 있다. 따라서 즉물궁리는 천리를 체인하기 위한 것이지 객관사물에 대한 과학적 인식을 목적으로 삼은 것이 아니었다. 주자학에서 리는 사물이나 현상을 해명하거

82) 『大學或問』: 格物亦非一端 如或讀書講明道義 或論古今人物而別其是非, 或應接事物而處其當否 皆窮理也.

나 분석하는 데 사용할 수 있는 과학적 법칙이 아닐뿐더러, 자연과 인간은 객체와 주체라는 이분법적 사유구조로 인식되지 않으며 자연적인 것과 그렇지 않은 것을 분리해 주는 경계가 없다.

그런데 서구 자연과학을 번역할 경우, 기존의 용어 가운데 가장 유사한 개념을 사용하는 것 또한 자연스러운 현상이라고 하겠다. 서구 근대 학문을 수용하면서 과학을 격물치지학格物致知學으로 번역한 것도 같은 이유였을 것이다. 또 서양과학에 비견할만한 과학적 전통을 내부에서 찾고자 했던 호적胡適(1891-1962)은 주자의 격물치지설에서 과학적 '방법'과 과학적 '정신'을 발견하고자 하였다. 호적은 격물의 노력에서 과학적 정신을 찾을 수 있다고 생각했으며, 주자의 격물이론 속에서 '탐구와 연구의 정신, 방법, 및 과정에 대한 몇 가지 원칙들'을 보았다.[83] 그러나 주자학의 격물치지는 명선明善에 초점을 두어 존재원리와 당위법칙의 유기적 연관성을 주장한 것이었고, 자연과학의 번역어로서의 격물치지학은 객관사물에 대한 사실판단에 한정된 것이다. 그러므로 주자의 격물치지와 번역어로서의 격물치지학이 동일한 의미를 내포하고 있지는 않았다.[84]

한편 양명은 주자가 격물치지를 즉물궁리로 파악하여 심心과 리理, 심心과 물物을 이분화시켰다고 비판하였다.[85] 그래서 양명은 주자의

---

83) 胡適 「中國思想 속의 科學精神과 科學方法」 박성래 편저 『중국과학의 사상』 전파과학사 1993, 39-72쪽 참조.

84) 박정심 「개항기 格物致知學(science)에 관한 연구」 『한국철학논집』 제20집 한국철학사연구회 2010, 「근대 '格物致知學(science)'에 대한 유학적 성찰」 『한국철학논집』 제43집 한국철학사연구회 2014 참조.

85) 『傳習錄』 中 「答顧東橋書」 135조목 : 朱子所謂格物云者, 在卽物而窮其理也. 卽物窮理是就事事物物上求其所謂定理者也. 是以吾心而求理於事事物物之中, 析心與理爲二矣.

즉물궁리설이 결국은 외外로 내內를 보충하는 것에 불과하다고 보았다. 양명은 주자처럼 격格을 지至로 해석하여 각각의 사물에 내재되어 있는 이치를 탐구한다면 결국 밖으로 끊임없이 나가기만 하지 결코 덕성을 함양하는 내적인 방향으로 전환하기 어렵기 때문에, 격은 지至와 정正 두 가지 의미로 해석해야만 그 본래 의미를 올바르게 파악할 수 있다고 주장하였다.

> 주자 이후 학문을 한다는 사람은 지식을 격물치지의 '지知'라 여기고, 사람의 마음에 갖추어져 있는 것은 단지 깨달음에 불과하다고 하였다. 그리고 리理는 천지 만물에 공통적으로 내재하는 것이므로 꼭 천지 만물의 이치를 궁구한 연후에야 비로소 우리 마음의 깨달음이 나와 하나로 합치한다고 생각하게 되었다. 즉 아무리 내외의 구분이 없다고 주장해도 실제는 전적으로 외부에 대한 견문見聞에 의해 자신의 깨달음을 보충하지 않을 수 없다고 하니, 양명이 유감으로 여긴 것은 바로 이런 점이었다.[86]

『명유학안明儒學案』의 평가에서도 드러나듯이 양명은 천리 체인이 단순히 '외부로부터의 견문'에 의해 보충될 수 있다고 보는 것은 잘못이라고 보았다. 이는 궁리窮理 자체에 대한 비판이라기보다는 객관적 사물에 대한 탐구에서 가치판단의 전제를 발견하고자 한 주자학적 방법에 대한 비판으로 이해할 수 있다. 양명은 격물치지란 욕심에 따라 움직이고 사사로움에 가린 의념을 바르게 하는 것이라고 이해하였

86) 『明儒學案』卷10「陽明傳」: 先生憫宋儒之後 學者以知識爲知 謂人心之所有者不過明覺 而理爲天地萬物之所公共 故必窮盡天地萬物之理 然後吾心之明覺 與之渾合而無間. 說是無內外 其實全靠外來聞見 以塡補其陽明者也.

다. 그러므로 격물이란 내 마음의 양지인 천리가 각각의 사물에 이르면 각각의 사물이 모두 그 이치를 얻는 것이라고 규정하였다.[87)]

격물치지에 대한 이러한 견해 차이는 주자가 『대학』을 불완전하다고 보고 격물치지에 대한 보망장補亡章을 찬술한 반면, 양명은 주자의 보망장이 도리어 『대학고본大學古本』의 성의誠意의 약화를 초래한다고 보는 데서도 드러난다. 양명은 『대학고본』을 그대로 읽으면 팔조목八條目의 중심은 성의가 되어 결과적으로 주자와 같은 격물치지는 필요가 없어진다고 하였다. 또 격格을 정正으로 물物을 사事로 해석하는 것은,[88)] 주자의 객관정리적客觀定理的 차원의 격물을 비판하는 의미와 함께, 격물을 마음이 가 있는 실제적인 일에서 바르게 하는 것으로 이해함으로써 팔조목의 논리를 일관된 형태로 파악하여 행行을 철저화한 것이다. 주자는 격물치지를 도문학道問學의 일로 성의를 존덕성尊德性의 일로 구별하여 생각하였으나, 양명은 격물을 존덕성을 위한 착수처의 의미로 전환시켰다. 양명은 격물치지를 성의의 근간으로 이해하였으며, 격물치지와 성의는 양명학의 핵심인 치양지의 두 과정으로 보았다.

> 치양지설致良知說에 대해 자세하게 말한다면 때에 따라 일에 나아가 그 양지良知를 실현하는 것이 격물이고, 참되게 치양지를 드러내는 것이 성의이다.[89)]

---

87) 『傳習錄』 中 「答顧東橋書」 135조목 : 吾心之良知卽所謂天理也, 致吾心良知之天理于事事物物則事事物物皆得其理矣. 致吾心良知者致知也, 事事物物皆得其理者格物也.

88) 『傳習錄』 上 「陸澄錄」 86조목 : 問格物. 先生曰格者正也. 正其不正 以歸於正也.

89) 『傳習錄』 中 「答聶文蔚 二」 187조목 : 區區專說致良知, 隨時就事上致其良知 更是格物, 著實去致良知 更是誠意.

> 내가 말하는 격물치지는 우리 마음의 양지가 모든 사물에 이르는 것이다. 우리 마음의 양지는 천리天理이다. 우리 마음의 양지, 즉 천리를 사사물물에 이르게 하면 사물이 모두 그 이치를 얻게 된다. 우리 마음의 양지를 바르게 실현하는 것이 치지致知이다. 사사물물이 모두 그 이치를 갖게 되는 것이 격물格物이니, 마음과 이치를 합하여 하나로 하는 것일 뿐이다.[90]

양명이 격물치지를 성의의 근간으로 이해했다는 것은 그가 시비와 선악을 판단하는 주체의식의 자각과 능동성을 강조한 것으로 이해할 수 있다. 양명학에서 양지는 보편적 리와 개체의 마음이 하나 된 것이다. 치양지致良知란 인간 주체의 의념이 주체 속에 내재한 천리와 합일하여 선한 상태에 이르는 것이요, 이는 곧 '각각의 사물이 각각 그 이치를 얻게 된 것'을 의미한다.[91]

『대학고본』에 보망장을 보태어 격물치지를 중심으로 『대학』을 이해한 주자의 격물치지설이 주지적主知的 성격이 강한 반면, 『대학고본』 체계를 그대로 인정한 양명은 성의를 중심으로 대학을 이해하였다. 격치를 중심으로 하든 성의를 중심으로 하든, 주자와 양명의 격물치지에 대한 이해는 인성의 본래성을 회복하고 천리를 체인하고자 하는 목표는 같다. 그러므로 격물치지설이 단순히 인식론의 차원에 국한된 것은 아니다. 모든 존재자(天下之物)에 내재한 리理를 궁구하여 활연관통한 경지에 도달하는 것이나 지나치게 밖으로 향했던 시선

---

90) 『傳習錄』 中 「答顧東橋書」 135조목 : 若鄙人所謂 格物致知者 致吾心之良知於事事物物也. 吾心之良知卽所謂天理也. 致吾心之良知之天理於事事物物 則事事物物皆得其理矣. 致吾心之良知者致知也. 事事物物皆得其理者格物也. 是合心與理而爲一者也.

91) 楊國榮 著 宋河璟 譯 『陽明學通論』 박영사 1994, 64-65쪽 참조.

을 돌려 내 마음의 양지를 실현하는 것은, 결국 존덕성과 도문학 가운데 무엇을 보다 중요하게 생각하느냐의 문제라고도 할 수 있다. 그런 측면에서 보면 주자와 양명의 격물치지설은 모두 근대 자연과학적 사물 인식과는 질적으로 다른 차원이다. 근대 자연과학을 사물에 대한 객관적 사실판단을 하는 학문이라고 한다면, 그것은 사물에 대한 가치판단과는 무관하기 때문이다.

2) 박은식의 격물치지와 본심지지本心之知

주자는 즉물궁리를 통해 활연관통한 경지에 도달함으로써 천리를 체인할 수 있다고 제시하였다. 주자가 중화신설中和新說 이후『대학』의 격물치지 이전의 단계로서『소학小學』의 쇄소응대灑掃應待를 강조했던 것은, 즉물궁리가 단순히 지식적 차원에서의 국한되는 것이 아니라 천리를 명확히 알아야 올바르게 행위할 수 있다는 관점에서 벗어나지는 않음을 보여준다. 반면 양명은 격물치지가 아니라 성의를 중심으로『대학』을 이해하고 치지를 치양지로 해석하였다. 그러므로 주자학의 격물치지를 단순히 견문지의 영역으로 국한시키는 것은 본지에서 벗어난 것이지만, 양명학과 견준다면 주자의 격물치지가 객관정리客觀定理의 독자적인 영역을 용인한 것으로 볼 수 있다. 즉 과학을 격물치지학으로 과학자를 격물군자로 번역한 것은, 주자학의 격물치지가 객관 사물에 대한 객관적인 법칙으로 받아들일만한 요소가 있었기 때문이었다. 물론 근대 문명사적 전환기에는 주자학과 양명학의 격물치지에 대한 견해 차이가 중요한 논제가 될 수는 없었다.

한국이 사상적으로 직면한 가장 큰 문제는 즉물궁리를 통한 천리체인이란 성리학적 세계가 해체되었다는 점이다. 이것은 격물치지에 대한 이해를 둘러싸고 벌어진 주자학과 양명학의 사상적 분화와는 질적으로 차이가 있었다. 즉물궁리는 과학적 탐구로 대체되었으며, 성리학적 성인 되기는 더 이상 학문의 목표가 아니었다. 성리학은 '낡고 쓸모없는' 구학舊學으로 전락하였다. 이것은 성리학적인 천인합일의 세계관이 붕괴되었음을 의미하며, '어떻게 살 것인가'라는 질문 앞에 새롭게 놓이게 되었다는 것을 뜻하기도 하였다.

합리적이고 과학적인 삶을 추구하는 길을 선택할 수도 있었다. 과학적 실용과 효용이 문명과 야만을 가르는 준거로 작동하는 근대체계에서는 마땅히 가야 할 길처럼 여겨질 수 있기 때문이다. 그러나 과학은 생활의 편리와 물질적 풍요를 가져왔지만, 동시에 군국주의의 도구이기도 하여 근대적 폭력의 첨병 역할을 하였다. 성리학적 격물치지는 과학적 탐구 방법에 밀려 해체되었으나 과학적 합리성을 맹목적으로 추종할 수도 없었기 때문에, 근대적 맥락에서 격물치지를 이해할 필요가 있었다.

박은식은 과학적 실용을 요구하는 시대의 '격물치지'의 의미는 무엇인가를 물었으며, '인격의 본령을 수양하고자 한다면 철학을 또한 폐할 수 없다.'는 결론에 도달하였다. 앞에서 언급했듯이 격물치지설에 국한시켜 보면 주자의 학설이 객관 사물의 이치를 인정하기 때문에 서구 근대과학사상을 수용할 수 있는 학문적 유사성이 더 많은 것처럼 보인다. 그럼에도 불구하고 박은식은 서구 근대과학사상을 수용하면서 왜 양명학을 사상적 근저로 중시하였을까?

일차적으로는 당시 유림들은 주자학적 세계관을 지키려는 입장을 견지하였다. 그들은 유학의 보편이념인 도리道理가 위협받고 있다고 판단했기 때문에, 존리적尊理的 차원을 적극 옹호함으로써(衛正) 제반 현실 문제를 해결하고자 하였다(斥邪). 하지만 성리학을 기반으로 한 조선왕조의 붕괴 자체만으로도 유학의 '도덕성'이 지도력을 상실해가고 있던 상황에서, 서양의 물리적 침략에 대한 성리학적 대응은 실질적인 효과를 얻기 어려웠다. 게다가 격물치지학이란 번역어에서 유추할 수 있듯이, 주자의 객관정리에 대한 즉물궁리에 비견될 수 있는 견문지적인 영역은 막강한 파급력을 가진 서양과학으로 대체되어 버렸다. 이러한 역사적 격변에 직면하여, 성리학적 세계관 및 격물치지설을 고수하는 한 서구 근대과학을 수용할 수 있는 길은 보이지 않았다. 성리학자들에게 근대과학은 인욕人欲을 추구하는 사학邪學 이상이 될 수 없었기 때문이다. 양명학의 격물치지 또한 그런 측면에서는 일정한 한계를 가지고 있었다.

박은식은 이 문제를 매우 심각하게 고민하였다. 그는 당시 강상윤리에 사로잡혀 시대적 변화를 제대로 인식하지 못하고 있다고 판단되는 성리학적 세계 인식에 대해서는 비판적이었다. 그는 당시 유림이 성리학을 묵수한 채 시대변화를 직시하지 못하고 있다고 판단했지만, 그렇다고 유학적 사유를 탈피하여 서구 근대문명을 전폭적으로 수용하는 것 또한 옳지 않다고 생각했다. 박은식은 사실판단에 치중한 근대과학의 중요성을 인정하면서도 가치판단의 문제를 동시에 해결하기 위한 사상적 기저로서 양명학을 활용하였다. 일차적으로 박은식은 주자학과 양명학의 본지 및 격물치지설을 '과학기술시대'라는 근대적 맥락에서 다시 이해하였다.

우선 박은식은 『대학고본大學古本』에 대한 양명의 견해를 받아들여, 주자의 『대학』 이해를 비판적으로 바라보았다.

> 나는 주자의 『대학』에 의심스러운 점이 세 가지 있다. 첫째, 『중용中庸』과 『대학』이 모두 『예기禮記』 중에 전하는데, 어찌하여 『중용』은 일체 착간이 없는데 『대학』의 착간은 이처럼 많은가? 둘째, 『대학』의 치지致知는 성의誠意의 근본이 되는데, 보망장에서는 궁격중물窮格衆物을 치지致知의 공부를 삼으니 또한 절실하지 않은 것 같다. 셋째, 물유본말物有本末 일절은 원래 해석할 수 없는데 청송장聽訟章으로 본말을 해석하는 것 또한 견강부회인 것 같다.92)

그는 여러 가지 면에서 주자의 신본新本에 의심할만한 것이 있다면 차라리 『대학고본大學古本』을 따르는 것이 옳다고 하면서, 양명과 같이 『대학』의 격물치지를 성의의 근본으로 이해하였다. 그는 학자들이 주자와 양명의 동이同異를 논하지만, 존덕성 도문학의 문제에 있어서 근본적으로는 다르지 않다고 보았다. 그러면서도 그는 주자와 양명의 동이에 대해서 다음과 같이 요약하였다.

> 주자와 왕양명(朱王)의 동이를 말하더라도 주자는 중물지리衆物之理를 격格한 것으로 지知의 지극함을 삼고, 왕자王子는 본심지지本心之知를 치致한 것으로 지知의 지극함을 삼았다. 주자의 치지는 후천지지後天之知요 왕자의 치지는 선천지지先天之知이니, 선천과 후천이 원래 서로 분리되어 있지 않다. 주자가 어찌 일찍이 본심지지本心之知를 버렸겠으며, 왕자가 어찌 물리지지物理之知를 버렸겠는가? 다만 그 학문에 들어가는 입두처入頭處에 우직迂直의 부동不同이 있을 뿐이다.93)

---

92) 『朴殷植全書』 中 「王陽明先生實記」 96쪽.
93) 『朴殷植全書』 中 「王陽明先生實記」 183쪽.

박은식은 양명의 격물치지가 본심지지를 지극히 하였지만, 결코 주자학의 물리를 소홀히 한 것은 아니라고 보았다. 다만 양명학은 주자학이 도리와 물리가 합일되어야 하는데도, 외래의 견문에 치중하여 오히려 외적인 정리定理에 얽매이게 된 측면을 비판하였다고 이해하였다. 즉 양명학이 물리의 영역을 소홀히 했다기보다는 그것이 본심에 근거하지 않으면 안 되는 측면을 강조한 것으로 이해하였다. 박은식은 양명학의 본심지지가 결코 물리와 동떨어진 것이 아니라고 강조하면서, "양명학이 불교처럼 공空에 떨어지지도 않고 주자학처럼 물物에 얽매이지도 않아 모든 일萬事 주재主宰가 되니 신묘하다.[94]"고 평가하였다.

> 선생의 학이 본심지지本心之知를 제출하였기 때문에 세속유世俗儒가 선禪과 가깝다고 기롱하였다. 그러나 이러한 견해는 선은 오로지 본심을 구하고 물리를 버리지만, 선생은 본심과 물리를 합하여 하나로 삼은 것을 알지 못한 것이다. 또 왕학王學의 양지가 선교禪敎의 정지淨智와 비슷하나 양지는 천리를 본체로 삼는 반면, 정지는 공적空寂을 본체로 삼는다. 그 대본大本이 이미 저절로 같지 않으니 어찌 선과 가깝다고 의심하는가? 왕학의 참된 도리(眞詮)을 헤아리지 않고 문득 비방하는 것은 문호의 편견에 불과하다.[95]

박은식은 양명학이 본심과 물리를 합하여 하나로 삼았다고 요약하였다. 따라서 양명이 선과 가깝다는 비판은 편견에 불과하며, 양명은

94) 『朴殷植全書』 中 「王陽明先生實記」 138-139쪽.

95) 『朴殷植全書』 中 「王陽明先生實記」 48쪽.

결코 물리를 소홀히 하지 않았다고 보았다. 도리어 양명은 주자의 격물치지가 물物에 얽매였던 점을 바로 잡았다고 보았다. 그렇다면 박은식은 '본심과 물리를 하나로 합한 양명학'을 근대 공간에서 어떻게 재해석하고 있는가?

> 고동교顧東橋가 보낸 편지에서 "오로지 본심本心을 구하고 드디어 물리物理를 버린다."고 한 것은 본심을 잃은 것이다. 무릇 물리는 내 마음에서 벗어나 있지 않으니, 내 마음을 도외시하고 물리를 구하면 물리가 없다. 물리를 버리고 내 마음을 구하면 내 마음이 또 무엇인가? 마음의 본체는 성性이요 성은 곧 리이다. (중략) 주자가 말한 격물은 즉물궁리하는 것이다. 사물에 나아가 리를 궁구한다는 것은 직접적인 인사나 만물에 일일이 나아가 정리定理를 구하는 것이다. 이는 사사물물 가운데서 우리 마음을 찾는 것이니 심과 리가 나뉘어 둘이 되는 것이다.[96]

박은식은 고동교가 보낸 편지에 대한 양명의 답변 요지를 정리하면서, 양명이 나흠순과 『대학』의 격물에 관한 논의에서 『대학고본』을 토대로 대학을 이해해야 한다고 한 입장에 동의하고, 학문을 강론하는 데 있어서 입과 귀로 하는 자와 몸과 마음으로 하는 자로 구분하였다. 그는 격물치지와 성의정심이 한 가지 공부이므로 수신과 정심이 두 갈래 공부가 될 수 없음을 강조하고, 주자의 격물의 문제점을 다음과 같이 지적하였다.

---

96) 『朴殷植全書』 中 「王陽明先生實記」 150-1쪽.

격물은 『대학』 공부의 착수처이니 처음부터 끝까지 철저히 해야 한다. 처음 공부를 시작하는 사람에서 성인에 이르기까지 오직 이 공부뿐이니, 다만 입문할 때에만 이 단계의 공부가 있는 것은 아니다. 대개 『대학』의 정심 성의 치지 격물은 모두 수신이며, 격물은 수신에 힘쓰는 토대와 같은 것이다. 그러므로 격물은 그 마음의 사물을 바르게 하는 것이며 그 의념의 물을 바르게 하는 것이고, 그 물의 지를 지극히 하는 것이다. 그러므로 여기에 어찌 안과 밖, 이곳과 저곳의 구별이 있겠는가?[97]

박은식은 격물치지와 성의정심이 모두 수신의 공부이며, 의념과 의념의 대상으로서의 물이 안팎으로 구별되어서는 안 된다고 단언하였다. 이것은 견문지의 영역과 본연지의 영역이 별개로 구분되는 것이 아니며, 견문지와 본연지가 하나의 공부라는 견해이다. 즉 견문지가 본연지와 별도의 독립적인 영역으로서 가치중립적인 학문이 되어서는 안 된다는 것이다. 과학기술을 비롯하여 모든 학문이 비록 연구 방법과 분야가 다를지라도 궁극적으로 인간다움을 실현하는 데로 귀결되어야 한다는 주장이다. 즉 인간 본성에 위배되어서도 안 되며, 부도덕과 폭력의 수단으로 전락해서도 안 된다. 그리고 그것을 판단하고 실천할 수 있는 까닭은 본심지지가 있기 때문이라고 하였다.

3) 심외무물心外無物과 발본색원론拔本塞源論

양명은 객관 사물의 실재를 부정하지는 않았지만, 그의 주요 관심은 역시 사물에 대한 존재론적 해명보다는 인륜이었음은 주지의 사실이다. 양명학의 물物은 인간 의념이 작용하고 있는 인식대상을 의미

97) 『朴殷植全書』 中 「王陽明先生實記」 127-8쪽.

하며, 만물이든 인사人事이든 물은 독자적인 범주를 가질 수 없다. 즉 의념의 대상이 되는 모든 존재자는 그에 대한 올바른 시비판단과 실천을 통해서만 그 본래적 의미를 드러낸다. 이러한 양명학의 관점은 객관 사물에 대한 지적 탐구 자체를 부정하는 것이 아니라, 도덕 주체와 관련하여 지식의 도덕성을 중요시하는 것이다. 즉 양명학은 객관 사물에 대한 지적 탐구가 궁극적으로 인간의 가치판단과의 연관성 속에서만 그 본래적 의미를 드러낸다는 측면을 강조한다. 이것이 바로 '의념이 작용하고 있는 대상으로서의 물'이며, '내 마음의 양지를 각각의 사물에서 실현한다.'는 격물치지의 뜻과 일맥상통한다. 인식 주체는 의념이 작용하고 있는 자리에서 그에 맞게 응하기 때문에(隨感隨應), 인간이 마주한 대상에 따라 판단 내용이 달라진다. 근대적 삶에서 실제적 경험세계인 대상물에 대한 경험적 실증적 측면을 소홀히 다룰 수 없다면, 그런 측면을 충분히 인정할 수 있다. 그렇지만 그것이 치양지에 위배되는지 아닌지 여부는 반드시 물어야 한다. 이러한 대응은 주자의 즉물궁리가 성현의 말씀인 경전에 대한 지식적 탐구에 치중한 것에 비해서 오히려 경험적이고 실제적이다.

양명의 격물치지설을 주자와 비견한다면 존덕성의 측면을 강조한 것은 맞지만, 그가 말한 심외무물[98]을 굳이 인간 심성 영역에 국한하여 이해할 필요는 없다. 물이 의념이 작용하고 있는 대상이라고 한다면, 이것은 '사물과 관계맺음을 하고 있는 의념'의 뜻을 포함하고 있기 때문이다.

---

98) 『傳習錄』 上 「徐愛錄」 6조목 : 意在於視聽言動 則視聽言動便是一物. 所以某說無心外之理 無心外無物.

> 몸의 주재主宰는 바로 심心이며, 심이 발현한 것이 의념意念이다. 의념의 본체가 지知이며, 의념이 있는 곳이 바로 물物이다.[99)]

의념의 소재所在인 물物은 이미 인간 의식이 작용하여 관계맺음하는 존재이므로, 인간 의식과 무관한 외재적인 지식 대상이 아니다. 양명은 물에 대해 다음과 같이 구체적으로 설명하고 있다.

> 의념이 작용하는 곳에는 반드시 그 물이 있으니, 물物은 곧 사事이다. 예컨대 의념이 부모를 섬기는 데 작용하면 부모를 섬기는 것이 곧 하나의 물이 되며, 의념이 백성을 다스리는 데 작용하면 곧 백성을 다스리는 일이 하나의 물이 되며, 의념이 책을 읽는 데 작용하면 곧 독서가 하나의 물이 되며, 의념이 송사를 처리하는 데 작용하면 송사를 듣는 것이 하나의 물이 된다. 무릇 의념이 작용하는 곳에 물이 없지 않다. 이 의념이 있으면 곧 이 물이 있고, 이 의념이 없으면 곧 이 물이 없다. 물은 의념의 작용이 아니겠는가?[100)]

여기서도 알 수 있듯 양명은 물을 의념이 작용하는 대상으로 파악하였으니, 의념이 부모를 섬기는 데 있으면 부모를 섬김이 물이며, 의념이 독서에 작용하면 곧 독서가 인식의 대상이 된다. 그러므로 양

---

99) 『傳習錄』 上 「徐愛錄」 6조목 : 身之主宰便是心, 心之所發便是意, 意之本體便是知, 意之所在便是物.

100) 『傳習錄』 中 「答顧東橋書」 137조목 : 意之所用必有其物, 物卽事也. 如意用於事親 卽事親爲一物, 意用於治民, 卽治民爲一物, 意用於讀書 卽讀書爲一物, 意用於聽訟 卽聽訟爲一物. 凡意之所用 無有無物也, 有是意卽有是物, 無是意卽無是無物矣. 物非意之用乎? (같은 내용이 『朴殷植全書』 中 「王陽明先生實記」 151-2쪽에 있다.)

명은 '물즉사物卽事'라고 하였다. 인간 주체가 인식대상으로 삼는 물은 인사에 국한되지 않으니, '의념이 있으면 곧 물이 있다.'는 것은 객관사물 또한 인식의 대상이 될 수 있음을 의미한다. 객관사물에 대한 과학적 탐구 역시 의념이 작용하는 대상이라면 하나의 물이다.

> 물에 대하여 말하면 격한다고 말하고, 의에 대해 말하면 성한다고 말하고, 지에 대해 말하면 치라고 말하고 심에 대해 말하면 정이라고 합니다. 정이란 심을 바르게 한다는 것이며 성이란 의념을 참되게 한다는 것이며 치란 양지를 실현한다는 것이며 격이란 물을 바로잡는다는 것입니다. 이것은 모두 리를 궁구하여 본성을 실현하는 것이다. 천하에는 본성 밖의 리가 없고 본성 밖의 사물이 없습니다.[101]

'심외무물心外無物'은 인식대상이 실재한다는 사실을 부정하는 것이 결코 아니다. 양명은 주자에 비해 '내內'를 더욱 강조하여 불교의 선과 비슷하다는 비판을 받았다. 그러나 양명학이 주자학의 유산인 객관사물의 조리條理를 부정하지 않는다는 점에서 선과는 근본적으로 다르다고 하겠다. '심외무물'은 객관 대상의 존재 자체를 부정하는 것이 아니기 때문에, 양명학을 주관유심주의로 규정하는 것은 온당치 않다. 양명의 심외무물과 격물치지설은 주자의 즉물궁리가 심과 리, 심과 물을 지나치게 이원화한 폐단을 바로잡기 위함이었다. 양명의 격물치지설은 주자의 격물설 전체를 부정한 것이라기보다는 그 폐단을

---

101) 『傳習錄』 中 「答羅整菴少宰書」 174조목 : 就物而言謂之格, 就知而言謂之致, 就意而言謂之誠, 就心而言謂之正. 正者 正此也, 誠者 誠此也, 致者 致此也, 格者 格此也, 皆所謂窮理以盡性也. 天下無性外之理, 無性外之物.

보완한 것으로 이해할 수 있다. 양명의 심외무물의 '물'은 인간의 의념과 분리해서 독자적인 범주를 가질 수 없다는 견해를 담고 있다. 즉 객관 사물이 항상 주체와의 어떤 관계맺음을 하느냐를 보다 중시하는 관점이라고 하겠다. 여기에서 양지와 객관 사물과의 관계성 문제가 도출된다.

> 선생께서 남진으로 유람 가셨을 때, 한 친구가 바위틈의 꽃나무를 가리키며 여쭈었다. "천하에 마음 밖의 물이 없다고 하셨는데, 이 꽃나무와 같은 것은 깊은 산 속에서 저절로 피고 지니, 나의 마음과 무슨 상관이 있는 것입니까?" 선생께서 말씀하시기를, "네가 이 꽃을 보지 못하였을 때 이 꽃은 네 마음과 같이 적막한 곳으로 돌아간다. 네가 이 꽃을 보았을 때 이 꽃의 색깔이 일시에 명백해지니, 곧 이 꽃은 네 마음 밖에 있는 것이 아님을 알 수 있다"고 하셨다.[102]

양명은 '산속에 절로 피었다 지는 꽃'의 실재나 그에 대한 탐구를 부정한 것이 아니라, 인식주체가 꽃을 보았을 때 '자기 색깔을 분명히 드러내는' 꽃의 의미성을 물었던 것이다. 내 마음과 무관하게 피었다 지는 꽃의 존재에 대해서 말한다면 그것은 내 마음과 무관하게 실재한다. 그러나 꽃이 궁극적으로 어떤 형식을 띠고 드러나는지, 즉 꽃의 색깔이 분명해지는 것은 이미 꽃의 심미형식과 관계되는 것이다. 만일 객관 사물이 주체와 연관되지 않는다면 그것은 어떤 의미도 드러

---

102) 『傳習錄』 下「黃省曾錄」 257조목 : 先生有南鎭 一友指岩中花樹問曰 "天下無心外之物 如此花樹 在深山中有自開自落 於我心亦何相關?" 先生曰 "你未看此花時 此花與汝心同歸於寂 你來看此花時 則此花顔色一時明白起來 便知此花不在你的心外".

낼 수 없다. 이것을 표명한 것이 바로 '네가 꽃을 보지 못하였을 때 이 꽃은 네 마음과 같이 적막한 곳으로 돌아간다.'는 의미이다.[103] 이를 적극적으로 해석한다면 양명은 객관 사물과 인간 주체와의 '관계성'에 주목한 것으로, 인식 주체의 삶이 다른 사람과 사회를 비롯하여 객관 사물과도 분리되어 있지 않음을 강조한 것이다.

심외무물은 인식주체와 인식대상 사이의 관계와 인식에 관한 논의이다. 인식주체와 대상의 관계의 긴밀성을 보여주는데, 논점은 인식주체의 윤리성이다. 삶의 맥락에서 의념의 대상인 모든 '물', 그것이 생물이든 무생물이든지 간에 또 객관 사물이든 사람이든지 간에 그 대상과 어떤 관계맺음을 할 것인가를 판단하고 실천하는 것은 나이다. 인간다운 삶을 가능하게 하는 것이 인仁이라면, 인간이 관계맺음하고 있는 모든 것이 인의 실현을 지향해야 하는데, 그 출발점이 바로 '나'이니, 이것이 곧 인을 행하는 것은 나에게 달려있다(爲仁由己)는 뜻이다. 따라서 기술이 삶을 심각하게 변화시키고 삶의 새로운 척도가 되었음에도 불구하고, 과학기술이 삶의 절대적인 척도가 되거나 인간보다 우위에 있어서는 안 된다. 치양지적 주체는 계몽이성과 같이 이원화된 인간중심주의는 아니며, 자연을 단순히 자원화하거나 정복의 대상으로 보는 것과 동일하지 않다. 인간다움(仁)을 지향하는 진아적 주체는 과학기술의 양면성을 깊이 성찰하고 어떤 관계맺음을 할 것인가를 문제 삼았고, '인간의 존엄이나 세계적 대동평화보다 우선하는 보편이념은 없다.'는 전제를 놓치지 않는다는 점에 주목할 필요가 있는 것이다.

박은식은 치양지의 '치'를 격물치지와 지행합일이라고 하였으며, 양

---

103) 韓正吉「왕양명의 마음의 철학에 관한 연구」연세대 박사학위논문 1999년 86쪽.

지가 시대적 변화에 대응하여 혈구지도絜矩之道와 같은 준거가 될 수 있다고 판단하였다.

> 양지가 절목의 변화에 응하는 것은 곡척과 자 컴퍼스가 사각형과 원 길이의 장단을 재는 것과 같다. 절목의 때에 따른 변화를 미리 예단할 수 없는 것은 사각형과 원 길이의 장단이 무궁한 것과 같다. 그러므로 곡척과 컴퍼스가 참으로 성립되면 사각형과 원을 속일 수 없으니, 천하의 사각형과 원을 그릴 수 있는 기준이 되어 그 쓰임이 무궁하다. 또 자가 참으로 성립되면 길이의 장단을 속일 수 없으니, 천하의 장단을 재는 기준이 되어 그 쓰임이 무궁하다. 양지를 진실로 이루면 절목의 변화를 속일 수 없으니, 천하의 절목의 변화에 기준이 되어 무궁하게 응할 수 있다. 한 터럭만한 것이라도 천리에 어긋남이 있는지를 내 마음의 양지 일념의 작은 것에서 찾지 않으면, 배움이 장차 무슨 소용이 있겠는가?[104)]

한국 근대의 문명사적 전환은 왕조의 교체나 주류담론의 변화와 같은 기존의 역사적 변화와는 질적으로 다른 측면이 많았다. 오랫동안 삶의 준거로서 작동했던 유학은 시대적 보편으로 역할을 하지 못한 채 근대적 격변과 맞닥뜨렸다. 박은식은 이러한 역사적 격변기일수록 양지의 판단과 실천이 중요하다고 판단하였다. 인욕의 엄폐를 극복하여 천리 그대로의 본심을 회복한다면, 어떤 상황에서도 올바른 판단을 할 수 있기 때문이다. 박은식은 양지가 시대적 변화 속에서 시비판단의 준거로서 제 역할을 다하기 위해서는 발본색원이 무엇보다 중요하다고 강조하였다. 발본색원은 『춘추좌씨전春秋左氏傳』「소

---

104) 『朴殷植全書』 中 「王陽明先生實記」 152쪽.

공昭公」9년 조에 나오는 말로, "나무의 뿌리를 뽑아내고 샘물의 근원을 막는다.(拔去木之本, 充塞水之源)."는 뜻이다. 발본은 삿된 의념을 싹이 발현하는 그 찰나에 뽑아버리는 것이며, 색원은 삿된 의념이 나오는 근원처를 막아버리는 것이다. 그러므로 발본색원은 성인을 마음을 회복하는 지름길이다. 양명은 발본색원론이 세상에 밝혀진다면 성인 되기를 배우는 것이 훨씬 쉬워질 것이라고 하였다.[105] 양명은 영명한 양지를 밝혀 사욕과 물욕을 발본색원함으로써 지행합일을 실천할 것을 촉구하였다.

> 요즘 사람들의 학문은 지와 행을 두 가지로 나누기 때문에, 한 의념의 발동이 불선할지라도 아직 행하지 않았다는 이유로 곧바로 금지하려고 하지 않는다. 내가 지금 지행합일을 말하는 것은 바로 사람들에게 한 의념의 발동이 곧 행위를 한 것임을 알게 하려는 것이다. 발동한 곳에 불선이 있으면 곧바로 불선한 의념을 극복해야 한다. 반드시 그 뿌리까지 철저히 제거하여 한 의념의 불선도 가슴 속에 잠복해 있지 않도록 해야 한다. 이것이 내가 주장하는 근본 취지이다.[106]

양명은 행을 의념의 발동이라고 함으로써 의념 상의 불선에 대해서 그 뿌리를 제거하려는 공부에 힘쓰지 않는 잘못을 지적하고, 발본에

---

105) 『傳習錄』 中 「答顧東橋書」 142조목 : 夫拔本塞源之論不明於天下, 則天下之學聖人者, 將日繁日難, 斯人淪於禽獸夷伙, 而猶自以爲聖人之學.

106) 『傳習錄』 下 「黃直錄」 226조목 : 今人學問 只因知行分作兩件, 故有一念瓇動, 雖是不善, 然卻未曾行, 便不去禁止. 我今說個知行合一, 正要人曉得一念發動處, 便卽是行了. 發動處有不善, 就將這不善的念克倒了. 須要徹根徹底 不使那一念不善潛伏在胸中. 此是我上上言宗旨.

힘써야 함을 강조하였다. 또한 의념이 발동하는데 부지불식간에 사욕이나 물욕이 끼어들어 선을 좋아하고 악을 싫어하는 것(好善惡惡)에 방해가 되지 않도록 할 것을 강조하였다.

> 양명선생께서 일찍이 "사람이 단지 선을 좋아하기를 색을 좋아하듯이 하고, 악을 싫어하기를 악취를 싫어하듯이 할 수 있으면 곧 성인이다."고 하셨다. 내(황직黃直)가 처음 그것을 듣고 매우 쉽다고 느꼈으나 체험해보니 그 공부를 착실하게 하기란 어려웠다. 예를 들면 일념이 비록 선을 좋아하고 악을 싫어할 줄 알더라도 저도 모르는 사이에 (사욕이나 물욕이) 끼어들어 뒤섞이게 된다. 그러자마자 선을 좋아하는 것이 색을 좋아하는 것과 같고 악을 싫어하는 것이 악취를 싫어하는 것과 같은 마음이 아니다. 선을 참으로 좋아할 수 있다는 것은 의념에 선하지 않음이 없는 것이고, 악을 참으로 싫어한다는 것은 의념이 악에 이름이 없는 것이다.[107)]

치양지를 하기 위해서는 사욕이나 물욕이 호선오악好善惡惡하는 의념의 발동에 끼어들지 않도록 하는 것이 중요하다고 한 것이다. 그러므로 발본과 색원은 진아가 되는 중요한 공부라고 할 수 있다. 박은식도 발본색원론의 중요성을 강조하면서 그것이 근대적 맥락에서 재음미되어야 하는 측면을 지적하였다.[108)] 특히 근대사회가 생존경쟁과 지식 및 기능의 우열만을 삶의 척도로 삼는 시대이기 때문에, 발본색

107) 『傳習錄』 下 「黃直錄」 229조목 : 先生嘗謂人但得好善如好好色, 惡惡如惡惡臭, 便是聖人. 直初聞之, 覺甚易, 後禮驗得來, 此箇功夫著實是難. 如一念雖知好善惡惡, 然不知不覺又夾雜去了. 才有夾雜, 便不是好善如好好色, 惡惡如惡惡臭的心. 善能實實的好, 是無一念不善矣. 惡能實實的惡, 是無念及惡矣.

108) 『朴殷植全書』 中 「王陽明先生實記」 152쪽.

원을 통해 치양지가 제대로 실현되도록 하는 것이 각별히 중요하다고 보았다. 그는 근대사회가 지식과 가능의 우열만을 중시하여, 인간다운 삶을 지향하기보다는 경쟁의 전쟁을 가열하는 데에 치중하는 현실을 지적하였다.

현 인류의 생존경쟁이 오직 지식과 기능의 우열만 중시하니, 발본색원을 주장하는 것이 물정에 어둡고 절실하지 않다고 여길 수 있다. 그러나 성현은 천하의 다툼을 종식시키고 환란을 구하는 것을 마음으로 삼았으니, 어찌 지식과 기능으로 경쟁의 전쟁터에서 싸워 민생의 화禍를 더하는 일을 할 수 있겠는가! 이것이 바로 성인의 뜻이 인의가 되는 이유이다.[109)]

당시 인류가 직면한 지나친 경쟁지식과 기능의 우열만 중시하는 것은 발본색원을 제대로 하지 않은 탓이기도 하였다. 지식과 기능이 불필요하다는 주장이 아니라, 그것이 인의를 도외시하고 무한경쟁으로 치닫는 점을 지적한 것이다. 발본색원은 의념이 작용할 때 사욕과 사의에서 발현하는 의념을 근본적으로 제거하는 발본과 이러한 의념의 근원을 막아버리는 색원을 통해 양지가 사사물물에서 올바르게 실현되도록 하는 수양론이다. 이러한 수양론이 근대 문명적 삶과는 거리가 멀뿐 아니라 과학자들과는 더욱 관계가 없다고 볼 수 있다. 그러나 박은식은 과학자들이야말로 발본색원이 필요하다고 역설하였다.

발본색원론이 근세 과학자의 입장에서 보면 당연한 업무 및 인류 생활과 거리가 멀다고 하겠으나, 많은 과학자의 성향이 항상

109) 『朴殷植全書』 中 「王陽明先生實記」 156-7쪽.

개인의 사사로운 생각은 많고 공공의 이해에는 관심이 적다. 그러니 폐단을 어찌 다 막을 것인가? 그러므로 선생의 발본색원론은 또한 교육에 도움이 될 수 있고 과학자의 병을 치료할 수 있다.[110)]

박은식이 과학자에게 발본색원론이 반드시 필요하다고 보았다는 점은 주목할 만하다. 근대 이후 삶의 변화에 가장 큰 영향력은 미치는 것은 과학기술이다. 과학자의 사회적 역할은 갈수록 강화될 것이므로, 그들의 도덕성은 아무리 강조해도 지나치지 않다. 과학적 연구성과는 가치중립적이라고 믿지만 사실이 아니며, 그것이 삶에 미치는 파급력을 생각한다면 과학자들야말로 발본색원의 교육이 절실하다고 할 수 있다. 과학기술의 발달이 인간다운 삶을 위한 수단이어야지 그것이 목적이 될 수 없다면, 더욱 그렇다.

4) 본연지의 근대적 성찰

박은식은 양명학적 사유를 근간으로 객관 사물에 대한 과학적 탐구를 인정하지만 과학적 탐구가 인간 주체와 무관하게 독자적 영역을 갖는 것은 아니라는 주장을 제기하였다. 근대는 견문지가 확장되어야만 생리경쟁生利競爭에서 이길 수 있는 수단인 부국강병과 자본주의의 발달을 도모할 수 있었다. 그러나 자연에 대한 탐구가 인간 주체와 어떤 관계맺음을 해야 할 것인지를 묻게 되면, 과학지식의 도덕성과 경쟁의 공정성을 문제 삼지 않을 수 없다. 박은식은 견문지식과 기술발달을 통해 문명화를 이룩하는 것이 시대적 요청이지만, 그렇다고 맹목적으로 물질문명을 추구하는 것은 옳지 않다고 판단하였다. 그는

110) 『朴殷植全書』 中 「王陽明先生實記」 157쪽.

문명화도 필요하지만 그것이 국권 회복과 민족 발전의 수단이라고 하였다. 또한 과학지식이 군국주의의 침략 도구로 악용되어 인도주의에 위배된다면 그것이 과연 인간 삶에 무슨 의미가 있는지를 되물었다. 그는 과학기술이 살인하기 위한 무기 제조나 제국주의적 침략의 도구로 사용되는 측면을 신랄하게 비판하면서, 물질문명의 발달에 대한 도덕적 성찰을 강조하였다.

과학기술에 대한 비판적 성찰을 가능하게 한 것은 바로 허령虛靈한 본각本覺인 양지이다. 치양지적 인간은 사사물물에서 양지를 구현하고자 하지만, 이성적 인간은 자연 위에 군림한다. 서구 근대사상가들은 존재자들의 존재를 가능케 했던 신비롭고 초월적인 질서나 인간의 영역을 벗어난 진리가 있음을 부인하고, 이성적인 인간 주체를 절대화했다. 근대과학은 존재하는 모든 것들의 근본에 깔려있는 자연법칙을 밝혀내면 진리의 주인이 된다고 생각했다.[111] 서구 근대의 실험 관찰을 통한 수학화된 지식은 가치중립적이며 객관성과 보편성을 확보한다고 믿었다. 계산 가능성과 유용성의 척도에 들어맞지 않는 것은 계몽이성에게는 의심스러운 것으로 여겨진다.[112] 데카르트는 합리적이고 명징한 개념들로 지식의 체계를 쌓아갈 수 있을 것인가를 고민하였고, '나는 생각한다 고로 존재한다.'는 명제로 논리의 우주를 건축하고자 했다. 갈릴레이는 데카르트와 달리 추상적 사색보다는 '사실의 관찰'을 중요시했다. 우주의 질서가 하나의 '사실'로 인식되기 시작했고, 관찰과 실험에 의한 개념 정립이 보편적인 것으로 간주되었다. 베이컨의 관심

111) 이상욱 외 『욕망하는 테크놀로지』 동아시아 2009, 58-9쪽.

112) 아도르노 · 호르크하이머 김유동 옮김 『계몽의 변증법』 문학과지성사 2001, 25쪽.

은 정당한 과학적 행동들로 인간을 인도하는 일에 있었는데, 그는 인간이 새로운 지식을 사용하여 자연 위에 군림할 '힘'을 획득하고 그럼으로써 행복해진다고 생각했다.[113)]

그렇다면 근대 유럽지식인의 믿음처럼 과학적 지식은 참으로 가치중립적이며 보편타당한가? 우리는 권력화된 지식이 놓인 '맥락'을 깊이 살피지 않을 수 없다. 과학적 지식과 그것이 놓인 맥락을 학문적 탐구의 대상으로 삼을 때라야 비로소 '관계망'들이 보이기 시작한다. 이성적 인간이 자연으로부터 배우고 싶어하는 것은 자연과 인간을 완전히 지배하기 위해 자연을 이용하는 법이다. 오직 그것만이 유일한 목적이었다.[114)] 계몽의 핵심이 이성의 주체적 사용이라고 했을 때, 주체는 객관적 대상을 탐구함으로써 지식을 획득한다. 무엇을 안다는 것은 그 '무엇'에 대한 정보를 얻고 그것의 정체를 파악함으로써 대상이 주는 '공포'로부터 벗어난다는 것을 의미한다. 일단 대상에 대한 공포가 사라지면, 그것에 대한 '지식'을 토대로 그것을 '지배할 힘'을 얻게 된다. 지식은 지배와 권력의 물질성을 구성하는 핵심적인 지반이 된다. 그 자체로만 존재하는 '순수한' 지식은 없다.[115)]

근대지식에서 모든 관계의 원리는 '힘'이 된다. 이성의 힘으로 자연을 지배하려고 하는 계몽의 의도는 모든 지배의 논리 속에서 동일하게 작동된다. 관계의 원리인 '힘'을 인정하는 순간, 세계는 지배하느냐 지배받느냐를 가르는 처절한 싸움터로 돌변하고 어디에도 평화와 위안은 없다. 싸움에 이기더라도 기다리고 있는 것은 그 '힘'이 행사되는 대상으로부터 '소외'되는 것뿐이다.[116)] 지식은 곧 인간을 지배하거나

---

113) 권용선 『이성은 신화다, 계몽의 변증법』 그린비 2003, 61쪽.

114) 아도르노 · 호르크하이머 김유동 옮김 『계몽의 변증법』 문학과지성사 2001, 23쪽.

115) 권용선 『이성은 신화다, 계몽의 변증법』 그린비 2003, 68-9쪽.

권력에 순종하기 위한 '기술'로 변신한다. 지배를 위한 기술이 되어버린 지식의 목표는 어떻게 대상을 지배할 것인가 하는 방법과 얼마나 효율적으로 타인의 노동을 착취할 수 있을 것인가의 문제, 그리고 얼마나 최소한의 비용으로 이것을 이룰 수 있을 것인가라는 문제만을 고민하게 된다. 따라서 지식은 진리를 찾기 위한 것이 아니라, 지배를 위한 효율적인 처리방식을 이론적으로 축적하는 작업이 되어버리는 것이다.[117] 이와 같이 최대한의 효율성을 지향하는 이성의 작용을 '도구적 이성'이라고 한다. 도구적 이성은 우리가 주어진 목적을 성취하기 위한 수단을 어떻게 하면 가장 경제적으로 응용해 낼 수 있을까를 계산할 때 의지하게 되는 일종의 합리성을 추구한다. 도구적 이성은 '인간에 의한 자연의 지배'라는 측면에서는 해방이다. 그러나 도구적 이성의 영향력을 행사하는 범위의 확대는 자연뿐만 아니라 우리의 생활까지 지배하게 되리라는 불안감도 폭넓게 확산시킨다. 과학기술의 막강한 권위 속에서 도구적 이성의 지배는 분명히 나타나고 있다. 기술적인 해결책과 분명히 다른 도덕적 정신적 계몽 같은 것이 요구되는 상황이나 경우들이라 할지라도 도구적 이성은 기계적 기술적 해결책만 찾는 것이 마땅하다고 믿게끔 조작한다.[118]

베이컨이 "인간의 우월성은 의심할 여지없이 '지식'에 있는 것이다. 지식은 많은 것들을 자신의 내부에 간직하고 있다. 우리가 자연의 인도를 받아 발명에 전념한다면 우리는 실제로 자연 위에 군림할 수 있을지도 모른다.[119]"고 한 언급에서, '힘'을 의미하는 지식은 인간을

116) 권용선 『이성은 신화다, 계몽의 변증법』 그린비 2003, 58쪽.

117) 권용선 『이성은 신화다, 계몽의 변증법』 그린비 2003, 63쪽.

118) 찰스 테일러 지음 송영배 옮김 『불안한 현대사회』 이학사 2001, 참조.

119) 베이컨 『In Praise of Knowledge』 『계몽의 변증법』 22쪽 재인용.

노예화하는 데 있어서나 지배자들에게 순종하는 데 있어서 어떠한 한계도 모른다. 기술은 이러한 지식의 핵심이다. 지식의 목표는 '방법', 타인 노동의 착취 그리고 '자본'이다.[120]

하지만 아도르노와 호르크하이머는 '지식을 통한 인간의 행복'은 '계몽'이 지닌 불행의 싹이라고 보았다. 그들은 자연을 탈마법화 함으로써 그것을 노동의 대상으로 인식하고 지배하기 시작한 인간의 오성(혹은 지식)이 또 다른 인간을 대상화하고 그의 노동을 착취하는 것으로 나아갔던, 그리고 지식 그 자체가 세속화되어 노동의 착취와 자본의 축적을 위한 기술과 방법으로 전락해갔던 것 등을 지적한다.[121] 계몽은 자기 자신에 대해서도 폭력을 휘두를 수 있는 그러한 '사유'였기에 신화를 파괴할 정도로 충분히 강했으며, 권력과 인식은 동의어가 되었다.[122] 지배는 통치의 차원을 넘어서 모든 관계에서 파생되는 힘의 역학에 관한 문제이다. 때문에 그들은『계몽의 변증법』에서 자연에 의한 인간의 지배, 인간에 의한 자연의 지배, 더 나아가 인간에 의한 인간의 지배를 모두 문제 삼는다. 문제는 인간이 자연을 지배하면서부터 자연으로부터 분리되는 '소외'를 경험했던 것처럼, 모든 지배하는 힘을 행사하는 주체는 그 힘이 행사되는 대상으로부터 반드시 소외된다는 점이다. 인간은 자신의 존재를 화폐로 교환할 수 있는 노동 능력에 준해서만 증명할 수 있게 되고, 이 과정 속에서 주체는 물화物化된다.[123] 계몽이성이 인간의 자유와 해방을 지향했지만, 그것이 또 다른 의미의 공포, 즉 인간 소외와 자연과 인간에 대한 지배로 귀결

---

120) 아도르노 · 호르크하이머 김유동 옮김『계몽의 변증법』문학과지성사 2001, 22쪽.

121) 권용선『이성은 신화다, 계몽의 변증법』그린비 2003, 62쪽.

122) 베이컨『신기관』『계몽의 변증법』23쪽 재인용.

123) 권용선『이성은 신화다, 계몽의 변증법』그린비 2003, 59쪽.

됨으로써 그 본래 목적을 달성하기보다는 지배의 도구로 전락했다.

과학적 근대지식은 계몽이성의 체계를 유지하는 도구로서 자연에 대한 인간의 지배, 인간에 의한 인간의 지배를 가능하게 하는 기능을 수행했다. 또한 객관 사물에 관한 과학적 탐구가 자연법칙을 이해하는 새로운 장을 열었지만, 그것이 곧 인간이 어떻게 살아야 하는지에 대한 온전한 해답을 제시하지는 못했다. 근대는 과학기술 발달에 따른 물질적 풍요와 인간 욕망의 합리적 충족을 기반으로 하는 자본주의가 발달하였다. 그러나 삶의 모든 문제가 물질적 풍요를 추구함으로써 해결되는 것은 아니다.

박은식의 본연지적 성찰이 최근에 논의되고 있는 과학기술에 대한 철학적 성찰과 같이 정치한 이론적 체계를 갖춘 것은 물론 아니다. 그러나 서구 근대의 이분법적 사유에 근간했던 과학기술에 대해 도덕적 성찰을 주장했다는 점과, 유학적 사유에서 새로운 메타인문학을 모색해볼 수 있는 사상적 단초를 제공할 수 있다는 측면에서 의미가 있다고 하겠다. 그는 과학과 물질문명에 대한 반성적 성찰을 통해 그것이 과연 바람직한지를 되물을 수 있어야 한다고 보았다. 20세기의 계몽이성은 자본과 권력이라는 현실적인 힘에 포획된 도구적 이성으로 전락했고, 과학기술 역시 군국주의의 수단으로 전락함으로써 그 부정적 측면을 여실히 드러냈다. 근본적으로 과학적 탐구는 인간다움을 구현하는 문제에 대해 충분한 해답을 제시하지 못했다. 박은식은 양지를 근간으로 과학적 탐구에 대한 본연지적 성찰이란 중대한 진전을 제시하였다. 과학기술의 발전이야말로 생존경쟁시대에 필요한 것이지만, 다시금 그가 덕육德育의 영역을 문제 삼은 것은 성리학적 도덕규범이 와해되어 근대사회에 적합한 윤리규범을 재정립해야 하는 문제와 밀접한 관련이 있다. 그는 자본주의적 혹은 과학적 인간 되기도 요구되지만, 윤리적 차원을 도외시해서는 안 된다는 점을 강조하였다. 근대적 사업들을 잘하는 것 못지않게 도덕적 삶 역시 중요한 영역이라고 하였다.

> 무릇 인간이 학문을 닦는 것은 두 가지 목적이 있으니, 도덕은 성현 되기를 목적으로 하는 것이고, 사업은 영웅 되기를 목적으로 한다.[124)]

특히 과학적 탐구의 결과인 기술적 발전은 불가사의한 것이 많아 사욕과 물욕을 자극할 가능성이 있다고 보았다. 이러한 시대일수록 치양지의 윤리성은 더욱 절실하다고 판단하였다. 박은식은 양명학의 격물치지와 치양지를, 과학기술이 삶의 새로운 척도로서 작동하는 현실에 대한 비판적 성찰의 준거로 제시하였다. 앞서 살핀 비와 같이 양명은 '물'을 '사'라고 하였고,[125)] '의념의 소재가 물이다.'고 한다면 일차적으로 물은 인사人事로 이해할 수 있다. 그런데 '명각의 감응이 물이다.'고 한다면, 물은 인사란 인간 행위와 인식대상으로서의 존재자를 모두 포함한다.[126)] 그러므로 인사와 만물에 대한 의념의 발동은 선과 불선이란 판단하에 놓이게 되며, 이것이 선이 되기 위한 과정으로 바로잡음(格)이 중요해진다. 박은식은 양명이 그의 문인 추수익鄒守益에게 보낸 편지글을 요약하면서, 그가 주자학이 즉물궁리와 선지후행의 공부에 치중하여 문장과 견문에 빠져 성심과 실의를 상실했다고 비판하였다고 강조하였다.

---

124) 『朴殷植全書』 下 「告我學生諸君」 49쪽.

125) 『傳習錄』 下 「黃以方錄」 317조목 : 我解格作正字義, 物作事字義.

126) 蔡仁厚 『왕양명 철학』 서광사 1996, 76쪽.

후세의 근심은 전적으로 선비들이 공허한 문장으로 서로 기만하고, 성심誠心과 실의實意가 있다는 것을 몰라 그런 폐습이 쌓여 이루어진 것이다. (중략) 세속의 유학자들은 각각 한쪽으로 치우친 견해에 나아가 모방하여 치장하고, 경전의 장구를 빙자한 뜻을 가지고 꾸민다. 그리하여 그 폐습에 익숙하여 스스로 믿고 편안하게 여긴다.[127)]

양명은 이 편지글에서 견문적 앎이 성의와 무관하게 단지 주지적 차원에 치중하는 당대의 학문풍토를 비판하고, 치양지는 견문을 반드시 필요로 하지 않는다고 강조하였다.

양지는 지선한 본체이므로 반드시 견문을 빌어올 필요가 없다.[128)]

그러므로 주자학의 격물치지는 견문적인 공부에 치중하여 도리어 도와 멀어지는 폐단이 발생했다고 판단하였다.

구천九川이 "오직 송나라 유학자들이 지를 해석하는데 감각적 경험으로 얻는 것을 성의 본체로 인식하므로 견문이 많아짐에 따라 도에 대한 장애가 날로 깊어졌습니다. 지금 선생께서 양지 두 글자를 찾아내시니 이는 예나 지금이나 인간의 진면목이니 다시 무엇을 더 의심하겠습니까?"라고 말했다. 선생(양명)이 "그렇다!"고 답했다.[129)]

---

127) 『朴殷植全書』 中 「王陽明先生實記」 158쪽.

128) 『朴殷植全書』 中 「王陽明先生實記」 95쪽.

129) 『朴殷植全書』 中 「王陽明先生實記」 133-4쪽.

양명학은 치양지의 도덕적 앎은 견문지의 확충을 기다리지 않으나, 견문지의 영역 또한 의념의 대상으로서 사사물물에 포함된다면, 양지적 판단에서 예외일 수 없다는 점을 지적한 것이다. 즉 치양지가 반드시 견문지의 증익을 필요로 하지 않으나, 견문지 또한 양지의 판단을 벗어나지는 않는다. 박은식도 양명의 견문지에 대한 양지적 판단이 근대 과학기술의 문제점을 판별하는 준거가 된다고 보았다.

> 대개 (양명) 선생의 학문은 본체지지本體之知를 얻는 것이므로 견문을 증익할 필요가 없으니, 당연히 실용과는 거리가 있을 것이다. 그러나 사물에 임하고 변화에 대처하는 것을 항상 헤아리되 한층 어려운 일을 만날 때마다 더욱 정신을 쏟는다. (중략) 본체가 공부이고 공부가 곧 본체이니, 공허한 데 떨어지지 않고 사물에 막히지도 않아 만사의 주재가 된다.[130)]

양명학에서 물物은 나의 마음이라는 주관적 토대를 벗어나 독자적으로 존재할 수 없다. 심외무물心外無物은 객관 대상의 존재 자체를 부정하는 것이 아니라, '대상과 인식 주체의 관계성'에 더욱 주목하는 입장이라고 할 수 있다. 양명학에서 물物은 인사人事를 의미하며 격물格物은 정물正物의 의미로서 시비 · 선악을 판단하는 문제이다. 그러므로 객관 사물 세계이든 인사이든 물은 독자적인 범주를 가질 수 없으며, 앎은 실천을 통해서만 그 본 모습을 드러낸다. 이러한 양명의 '물' 이해에 근거한다면 과학기술을 비롯한 신학新學 역시 의념의 대상이 되는 '물'의 범주에서 벗어나 있지 않다. 실험과 관찰이란 과학적 지식의 탐구 방법은 견문에 해당한다. 견문지가 견문을 통해 인식된

---

130) 『朴殷植全書』 中 「王陽明先生實記」 138-9쪽.

내용이라고 할지라도 역시 양지를 벗어나 있는 것은 아니다. 그러므로 견문지적 앎은 가치중립적일 수 없다. 객관 사물에 대한 과학적 탐구가 견문지의 영역이라면 곧 본연지적 성찰의 대상이 된다. 따라서 과학기술이 제국주의와 전쟁의 도구로 전락했다면 당연히 비판의 대상이 된다. 견문지 역시 치양지의 대상이며, 가치판단의 대상이어야 한다. 양지의 판단을 벗어나 존재하는 것은 없기 때문이다.

> 양지는 견문을 통하지 않고도 존재하나 견문은 모두 양지의 쓰임이 된다. 그러므로 양지는 견문에 막히지 않으나 또 견문과 분리되어 있지 않다. (중략) 그러므로 양지를 발현 확충해나가는 것이 학문의 핵심이며 성인이 사람을 가르치는 가장 중요한 뜻이다. 지금 말단인 견문을 오로지 구한다고 한다면 이는 핵심을 잃어 부차적인 것에 떨어진다.[131)]

박은식은 양지는 견문에 의거하지 않고 본유하나, 견문은 양지의 주재를 벗어나서는 안 된다고 하였다. 견문지의 영역인 모든 지식과 기능이 양지의 작용을 벗어나 있어서는 안 된다고 한 것은, 과학기술이 궁극적으로 인간다운 삶을 영위할 수 있는 수단이어야 하는 점을 강조한 것이다. 이는 본연지가 견문지의 부차적인 것으로 전락해서는 안 된다는 뜻이다. 삶의 모든 영역과 활동이 곧 사사물물이므로 견문과 행동을 제거하면 양지를 확충할 장이 없게 된다. 논의의 초점은 견문지에 해당하는 과학적 탐구를 거부하는 것이 아니라 과학적 탐구 역시 양지의 주재가 필요하다는 것이다. 치양지는 반드시 실제의 일과 행위상에서 이루어지기 때문이다.[132)] 그러므로 천만 가지 견문과

131) 『朴殷植全書』 中 「王陽明先生實記」 161-2쪽.

행동이 모두 치양지의 범위를 벗어나지 않도록 하는 것이 학문의 핵심처라고 하였다.

> 무릇 학문공부가 핵심적인 것이 당연하다. 만약 핵심처에 집중하는 것이 치양지를 일삼는다면 다양한 견문이 모두 치양지의 공효가 아님이 없게 된다. 일상생활에서 견문과 행동이 비록 천 가지 만 가지로 단서가 많더라도 모두 양지가 발휘되어 유행하는 것이니, 견문과 행동을 제거하면 양지를 발현 확충할 수 없다.[133]

모든 지식과 활동이 양지의 판단과 주재를 벗어나지 않아야만 인간다운 삶이 가능할 것이다. 과학기술은 삶의 풍요를 가져오기도 했지만, 제국주의 침략을 가능하게 했던 수단이었다. 과학적 탐구가 반인륜적 폭력으로 전락하지 않으려면, 무엇보다 과학자의 윤리적 판단과 실천이 요구된다고 하겠다. 이것이 바로 박은식이 과학자에게 발본색원을 교육할 필요가 있다고 강조했던 이유이다. 과학자의 학문적 탐구가 언제나 양지의 허령명각이 만물의 주재가 되도록 해야 한다는 것이다.

> 천지가 비록 멀지만 나의 허령은 통할 수 있고, 만물이 비록 많으나 나의 허령이 응할 수 있다. (중략) 천하의 무엇이 이보다 더 고상하고 정결하고 광명한 것이 있으리오. 참으로 조화의 정령이고 만물의 주재이다.[134]

---

132) 『傳習錄』 下 「黃以方錄」 317조목 : 先儒解格物爲格天下之物, 天下之物何格得? 且謂一草木一木亦皆有理, 今如何去格? 縱格得草木來 是如何反來誠得自家意?

133) 『朴殷植全書』 中 「王陽明先生實記」 162쪽.

134) 『朴殷植全書』 下 「學의 眞理는 疑를 좇아 求하라」 199쪽.

박은식은 도덕과 분리된 객관 사물의 탐구를 인정하지만, 사물과 인간주체와의 관계성을 문제 삼을 수 있었다. 그리고 경제발전의 중요한 요소로서의 과학보다는, 열강의 국가적 힘을 강화하는 도구가 되어, 제국의 통치와 착취의 수단으로 전락한 과학지식에 대한 도덕적 성찰을 할 수 있었다. 이것은 바로 허령한 본각인 양지에 의해 가능하였다. 과학적 방법으로 자연을 탐구하고 활용하여야만 (견문지의 영역) 부국강병과 자본주의의 발달을 도모하여 생리경쟁生利競爭에서 이길 수 있다. 그러나 과학기술의 발달이 종국에는 제국주의 침략의 도구로 전락했다면 과연 과학기술이 인류의 삶에 무엇인지를 다시 묻는 것은 당연하다. 이것이 바로 박은식의 양명학 사상의 큰 특징이다.

박은식이 근대 일본 양명학의 영향을 받았지만, 그것과는 사상적으로 큰 차이가 있었다. 박은식은 양명학을 과학적 실용이 삶의 척도로 자리잡는 시대적 특징과 관련하여 견문지에 대한 본연지적 성찰을 강조하였다. 그러나 이노우에나 다카세가 견문지를 언급할 때는 서양 윤리학을 염두에 두고 있었다. 윤리학은 'ethics'를 번역한 것으로 '이론학理論學'의 의미를 갖고 있었다. 그래서 다카세는 양명은 도덕실천가이지 윤리학자가 아니라고 하면서, 윤리학자가 비록 만 권의 윤리서를 정독하더라도 이들을 바로 도덕가라고 부를 수 없다고 하였다. 즉 서양의 이론적인 윤리학을 수용해서는 행위의 올바른 지침을 얻을 수 없다는 것이다. 이노우에는 덕성지를 장점으로 하는 양명학의 역할은 서양에서 들어온 공리주의 혹은 이기주의의 전파를 저지하고 다 함께 애국의 덕성을 키우는 것, 즉 국민적 도덕심을 발양하는 것이라고 주장하였다. 그는 제국헌법과 교육칙어는 일본의 국체를 확립하기 위해 수호되어야 하는 반면, 서양의 공리주의나 이기주의는 국민적 도덕심을 파괴하는 것으로 보아 경계하였다.[135] 즉 일본 근대 양명학은 양명학의 덕성지를 충군와 애국이란 국민도덕의 차원에서 강조하였고, 이것은 결국 천황제 국가 이데올로기인 충효일본忠孝一本 이념의 근간이 되었다.

석기시대부터 현대에 이르기까지 인류의 손에서 기술이 떠났던 적은 없다. 하지만 근대 이전에는 기술이 그 자체로 인류의 문제로 대두되지는 않았다. 과학과 기술 그 자체가 문제가 된 것은, 인간이 자기 목적을 위해 사용하는 하나의 수단으로 여겼던 것이 인류의 통제를 벗어나서 그 자체로 하나의 시스템을 갖기에 이르렀고, 그 영향 역시 막대한 지경에 이르렀기 때문이다. 세계대전과 원자폭탄 투하 등 근대 초기에는 예상하지 못했던 비극이 인류의 생존 자체를 위협하는 지경에 이르렀고, '과학기술이란 무엇인가?'라는 질문을 다시 던지게 하였다. 전근대의 기술은 인간의 노동을 도와주는 도구의 역할을 했다면, 근대 기술시스템은 인간의 노동을 종속시키며 때로는 인간의 통제와 지배를 벗어나기도 한다. 이것은 마치 기술이 살아 움직이면서 인간을 지배한다는 얘기가 아니라, 기술로 인해서 더 큰 권력을 얻은 사람들이 기술을 통한 암묵적이고 보편적인 지배와 권력을 행사한다는 의미이다.[136]

기술이 발달할수록 인간과 기계의 관계는 이원화되기보다는 더욱 밀접해지고 불가분의 연관성을 갖게 되었다. 기계와 더욱 긴밀해진 인간은 삶 깊숙이 침투한 기계와 어떤 관계맺음을 해야 할 것인가를 되묻기에 이르렀고, 기계와 인간의 '공존'을 생각해야 하는 현실에 직면해있다. 기술은 여기저기 옮겨 다니면서 확장되고, 인간과 사물, 사

135) 이혜경 「박은식의 양명학 해석 - 다카세 다케지로와의 차이를 중심으로」 『철학사상』 55집 서울대학교 철학사상연구소 2015, 11쪽.

136) 이상욱 외 『욕망하는 테크놀로지』 동아시아 2009, 24쪽.

물과 사물, 인간과 인간의 새 관계를 만들어낸다. 기술의 본질은 인간을 소외시키는 것이 아니라 인간에게 새로운 관계를 맺도록 하며, 인간과 자연, 주체와 객체의 사이에 위치함으로써 서구철학의 이분법에 도전하고 있다.[137] 기술의 역할이 더 적극적으로 증대되고 인간과 기술의 경계는 더욱 모호해졌지만, 인간과 기술 '사이'의 관계윤리는 인간이 물어야 할 질문이지, 과학기술 자체에 그 답이 있다고 하기는 어렵다. 인간은 주어진 삶의 맥락에서 삶 속으로 들어와 삶의 양식 전반에 걸쳐 심대한 영향을 미치는 기술이 어떠해야 하는지 답할 수 있어야 한다. 이미 인간다움에 관한 질문은 인간의 윤리적 차원에 국한되지 않고 기술의 '기술다움'과 연계되어 있다. 기술은 단순히 수단으로 제한되지 않고 사람과 '사이'에 놓임으로써 삶을 변화시키고, 다시 인간의 인간다움을 되묻고 있기 때문이다.

---

137) 이상욱 외 『욕망하는 테크놀로지』 동아시아 2009, 85-6쪽.

결론

진아론과 인仁의 문명다움

1. 계몽이성과 다른 길, 양지

역사적으로 근대는 서구 근대를 배제하고 이해할 수 없다. '근대'를 초역사적 개념으로 확장하여 논의하는 것은 서구 중심적 근대에 대한 비판으로서 일정한 의미가 있다고 하더라도, 세계적 지평의 근대사 자체를 왜곡할 우려가 있다는 점에서 한계가 있다고 하겠다. 오히려 서구 근대에 대한 비판적 성찰을 통해 그 성격을 철저히 규명하고 그들과 우리가 어떤 관계에 놓여있는지 면밀히 검토하는 것이 전근대와 근대, 그리고 대안적 근대를 통시적으로 인식할 수 있는 출발점이라고 생각한다. 서구 근대에 대한 이해 없이는 한국 근대를 인식하는 것이 불가능하기 때문이다. 한국 근대에 대한 앎은 곧 지금 여기에 있는 우리 삶이 어떤 맥락에서 구성되었는지를 파악할 수 있게 만든다. 이는 우리 삶의 방향을 제시해주는 방향타 역할을 할 것이다.

앞서 살핀 바와 같이 서세동점의 한국 근대는 문명사적 전환이 일어난 전대미문의 시대였다. 근대는 오랫동안 정치이념으로서 삶의 토대가 되었던 유학은 낡고 쓸모없는 것으로 치부되었으며, 유럽중심주의적 문명과 계몽이성의 동일화전략이 과학적 참으로 또는 유일한 보편이념으로 강제되는 시기였다. 그러나 서구적 근대만이 유일한 근대라고 여기는 것 역시 유럽중심주의적 사유이다. 비서구지역의 근대가 곧 서구적 근대를 단순히 모방하거나 번역한 것이라고 단정 짓는다면, 비서구지역은 주체적으로 역사를 창조해나갈 수 없는 비주체적이고 피동적인 타자가 된다. 서구적 근대를 유일한 전범으로 삼아 스스로를 타자화하고, 근대를 '실패'로 인식하는 것이야말로 유럽중심주의의 재생산이다.

서구적 근대는 그들의 문명성을 수용하면서 동시에 침략적 폭력에 대해서는 저항해야 하는 두렵고 강력한 야누스적 타자였다. 분명한 사실은 서구 근대문명과 일본 제국주의 침략에 매몰당하지 않았기 때문에 독립이 가능하였다. 그렇다면 그들의 문명성에 동화되지 않고 다른 근대 역사 창조가 가능했던 철학적 토대는 무엇이었던가? 한국 근대가 서구적 근대의 단순 모방이나 번역이 아니라 한국 근대사 또한 하나의 근대 역사라고 한다면, 한국 근대철학은 어떤 특징을 가지고 있는가? 또 서구 근대의 야누스적 타자성과 이른바 한국철학은 어떤 연관성이 있는가? 이런 질문들은 아직 제대로 물어지지도, 철학적으로 심도 있는 논의가 이뤄지지도 않았다. 다른 한편으로 전근대 유산을 재음미하는 작업도 필요하다. 서구적 근대문명이 유일한 전범으로 자리매김하는 과정에서 형성된 사유체계에 대한 비판적 성찰은 식민주의를 넘어서 '지금 여기 나'에 대한 역사적 재인식을 통해 한국적 정체성을 정립해가는 길이기 때문이다. 이러한 다각적인 논의가 서구적 근대의 폭력성을 넘어설 수 있는 혜안을 제시할 것이다.

철학적 사유는 나름의 역사성을 가질 뿐 아니라, 시공간을 넘나들면서 서로 교류한다. 교류 자체보다는 지금 여기란 맥락에서 어떤 관계맺음을 하면서 교류하느냐가 더 중요한 관건이다. 서구 문명을 보편으로 인식한다면 한국은 야만상태이기 때문에 '계몽'의 대상으로 전락한다. 계몽이성을 토대로 한 세계관을 보편이념으로 받아들이면 서구 문명에 대한 적극적인 수용을 넘어서 맹목적인 선망과 극복하기 어려운 열등감을 낳을 우려가 있으며, 이것은 타자와 마주 선 자신을 오히려 타자화시키는 문제를 유발한다. 즉 한국은 스스로 열등한 타자 이외에는 다른 길을 발견할 수 없어 열등한 약자의 지위를 승인하고 서구 열강이나 일본의 문명화 세례를 받아들일 수밖에 없게 된다. 윤치호나 대한협회 회장이던 김가진金嘉鎭처럼 일본 침략을 경쟁의 결과일 뿐만 아니라 우리나라가 산업화할 수 있는 계기라고 인식하면, 일본 지배는 곧 문명화이기 때문에 이에 저항하는 것은 무지몽매한 배일주의排日主義에 지나지 않는다. 그들을 시대를 앞서나간 애국계몽운동가로만 볼 수 없는 이유가 여기에 있다. 그렇다고 위정척사파처럼 그들을 금수만도 못한 야만이라고 배척하는 것이 참된 선택이었을까? 근대사적 경험을 통해 그렇지 않았음을 우리는 보았다.

유럽 근대문명은 세계적으로 큰 영향을 미쳤고, 유학과 충돌하였다. 그런데 이성의 역사는 제국주의 침략과 세계대전이란 폭력의 역사와 불가분의 관계에 있다. 근대 문명성에 대한 비판적 성찰이 서양 내부에서도 있어야 하지만, 유럽중심주의적 맥락 밖에서 그들을 볼 필요도 있다. 밖에서 성찰하는 것이 필요한 이유는 밖이기에 보다 잘 볼 수 있는 측면이 없지 않기 때문이다. 또 '밖에서 봄'은 근대적 중심의 안과 밖의 경계를 허무는 역할을 담당한다. 서구 근대와 마주한 유학은 유럽중심주의적 근대 인식의 '밖'을 사유하는 하나의 전략일 수 있다. 한편 유학 역시 근대적 안이면서 동시에 밖일 수 있다. 중요한 것은 인류가 지향할만한 보편적 가치가 있으면서 서로 다른 역사적 문화적 경험의 차이를 존중할 수 있느냐이다. 유학적 자산도 시대적 보편성과 괴리된 측면은 당연히 비판받아야 한다. '인仁은 근대에 어떤 가치를 담고 있어야 하는가'라고 묻는다면, 도덕적 평등을 넘어 보다 적극적으로 사회 정치적 평등을 지향해야 한다고 답할 수 있다. 양반 중심의 신분 질서를 벗어난 것이 하나의 사례이다. 근대의 가장 큰 특징은 개인의 발견이었으니, 신분사회로부터 해방되어 자유와 평등을 법적으로 보장받게 된 것은 큰 진전이라고 하겠다. 그것을 가능하게 한 것이 계몽이성이었다. 탈마법화와 세속화를 통해 인간은 자신의 삶을 주체적으로 영위할 수 있는 주체가 되었다. 유럽의 역사적 맥락과는 동일하지 않지만, 근대적 인간의 발견은 자유와 평등이란 이념과 무관할 수 없다. 하지만 근대적 인간이 곧 계몽이성에 의해서만 가능한 것은 아니다. 그런 측면에서 유학이 민중 중심의 평등시대 이념으로서 거듭나야 한다고 했던 박은식의 주장은 탁견이라고 하겠다. 전근대적 유학이 도덕적 평등성에 기반한 반면, 박은식은 유학의 지평을 신분적 사회 국가적 평등으로 넓혔다. 사회적 평등에 기초한 무문자와 진아의 발견은 근대적 주체이면서 동시에 근대국가주의의 한계를 극복할 수 있는 주체였다는 점에서 큰 의미를 갖는다. 물론 박은식이 국가적 차원에서 민중 중심의 유학과 평등주의가 어떻게 구현될 수 있는지 구체적인 방안을 제시하지는 못했다. 이는 식민지로 전락하여 이념을 구체화할 정치적 장을 상실한 것이 가장 큰 요인이었다.

철학은 '지금 여기 나'에 대한 성찰이요 알아차림이니, 철학적 앎은 삶과 무관할 수 없다. 지금 우리가 누리는 것 가운데 '근대'란 시공을 통과하지 않은 것은 없다. '지금 여기'는 전근대적 유산과 근대적 격변이 온축된 장場이지만, '나(한국인)'는 전근대와 근대, 그리고 근대적 폭력을 넘어설 수 있는 통찰을 제대로 하고 있지는 못하다. 그렇다면 지금 여기의 한가운데 서 있는 나는 어떻게 생성되었는가? 우리는 박은식의 진아론을 통해 한국 근대철학적 문제에 대한 실마리를 얻을 수 있다. 진아론은 전근대 유산인 성리학적 맥락을 탈피하여 근대적 자장 속에 유학 이념을 재정립했다는 측면에서 높이 평가할 만하다. 이는 주자학 맹종으로는 해명되지 않는 '근대'적 삶의 발견이었으며, 서구와 '다른' 한국 근대에 대한 새로운 인식이기도 하였다. 이를 통해 근대의 가장 큰 유산이라고 할 수 있는 이성적 주체에 대한 비판적 성찰이 가능했다. 박은식의 '진아'는 유학적 보편성과 함께 민족적 주체성과 정체성을 담지한 한국의 근대주체였으니, 도덕적 자율성을 본유한 주체로서 모든 존재와 관계맺음을 하고 있는 열린 존재였다. 따라서 진아는 이성적 주체와 달리 타자에 대한 배제와 차별의 원리를 전제하지 않았다.

계몽이성의 길을 맹종하지 않을 때라야 비로소 백인우월주의적 주체의식에서 벗어나 자기성찰이 가능해진다. 양지적 주체 인식은 계몽이성과 다른 길을 보여주었을 뿐만 아니라, 타자와의 바람직한 관계맺음을 모색하였다는 점에 주목할 필요가 있다. 공존적 관계맺음은 주체와 타자의 차이 인정과 공존을 전제할 때라야 가능하다. 계몽이성처럼 타자를 배제하고 차별하는 주체라면 바람직한 관계맺음은 불가능하기 때문이다. 양지는 배제와 동일화전략의 수단이 되었던 계몽이성 자체 및 그에 기반한 서구 근대문명을 비판적으로 성찰할 수 있는 근거根據를 제공하였다. 서로 다른 주체의식이 공존함으로써 타자는 자기 이해의 토대일 뿐 아니라 자기반성의 계기가 되며, 서로 어떤 관계맺음을 할 것인지를 묻는 시발점이 된다.

공존적 관계맺음을 위해 우리가 극복해야 할 선결과제가 바로 식민주의이다. 식민주의는 식민지인을 결핍된 타자로 만들어 결과적으로 비주체적 주체성을 초래한다. 비주체적 주체성은 곧 주체의 파괴를 의미한다. 예를 들면 룸바(Loomba)는 "인도인들은 영국적 가치를 모방하지만, 절대로 똑같이 재생산해 낼 수 없다. 자기 자신과 '실제' 사이의 영원한 간극을 인식함으로써 자기 자신의 종속성을 확인하게 된다."고 말한다. 이처럼 피식민지인은 결코 완전하게 식민 지배자의 가치를 복제하는 것이 불가능한데, 이러한 불완전성으로 인해 식민 지배자의 우월성이 유지될 수 있었다. 또 자신과 실제 사이의 영원한 간극을 인식함으로써 자기 자신의 종속성을 확인하게 된다.[1] 식민 지배를 당했던 비서구인은 자신이 인종적으로 다르다는 '사실'과 문명과 발전의 모형으로 떠받들어지고 있는 식민 지배자의 문화에 대한 '열망' 사이에 갇히게 되어, 있는 그대로의 자신을 대면할 힘을 상실하게 된다. 에드워드 사이드가 오리엔탈리즘에서 설명했던 것처럼 정체성은 부정적인 특성을 타자에 투영함으로써 정의된다. 백인 주체에게 있어서 흑인 타자는 자아의 외부에 있는 모든 것이었다. 반대로 흑인 주체에게 백인 타자는 바람직한 모든 것을 정의한다. 즉 불균등한 권력관계로 인하여 백인은 단지 타자일 뿐만 아니라 주인이기도 했던 것이다. 또 흑인성은 백인 주체를 승인하지만, 백인 주체는 흑인 주체를 공허하게 만든다.[2] 비서구지역에서 유럽중심주의에 입각한 결핍된 타자로서의 자기 인식을 벗어나 주체적인 자신을 발견하지 못한다면, 제국주의 침략과 식민주의를 극복하고 공존적 관계를 통한 상생

---

1) 조앤 샤프 지음 이영민 박경환 옮김 『포스트식민주의의 지리』 여이연 2011, 213쪽.

2) 조앤 샤프 지음 이영민 박경환 옮김 『포스트식민주의의 지리』 여이연 2011, 214-5쪽.

의 길을 모색하는 것은 애초에 불가능하다. 박은식의 진아론은 바로 이러한 새 길을 가능하게 한다는 점에서 큰 의미가 있다.

2. 중심주의 폭력성 넘어서기와 '문명다움(仁)'

시간 속에 존재하는 모든 것은 역사를 갖는다. 문명 또한 예외는 아니다. 문명 혹은 문화는 인간의 자기 이해의 바탕이 될 수 있는데, 문명 혹은 문화란 인간이 자신과 타인 그리고 자신을 둘러싸고 있는 자연에 대해 행하는 활동 전체를 가리킨다. 그런데 지금 우리가 사용하는 이 개념은 그 발생 시기뿐만 아니라 그 내용으로 보더라도 특별히 근대적인 것이다. 문명 혹은 문화는 유럽의 민족주의적 보편주의를 담고 있는 역사적 개념이었다. 또한 근대 유럽의 정치 경제 사회 전 분야를 망라하는 사회적 체제를 반영한 삶의 총체이기도 하였다. 번역어로서의 문명(civilization) 혹은 문화(culture)는 전근대적 사유와 그에 기반한 체계를 근본적으로 의심하게 하는 주요 개념어였다. 특히 이 개념은 역사와 진보라는 개념과 결부되어 있으며, 그 자체로 하나의 발전과정이 되고 말았다.[3] 이 개념은 가치평가와 뗄 수 없는 관계를 지닌 탓에 그 내부에서도 세분화가 이루어진다. 즉 특정한 개인 단체 또는 민족이 어떤 특정한 척도 하에서 볼 때 문화가 위대하다거나 보잘것없다고 평하고, 선진문화라거나 미개발문화라고 말하게 되는 것이다. 18세기 후반 문화와 문명은 독일 혹은 영국과 프랑스의 민족적 자긍심을 드러낸다는 차이가 있지만, 본질적으로 유럽 공통적인 자의식과 우월감을 표현하고 있었다.[4] 1920년대 일본에서 물질문

---

3) 외르크 피쉬 『코젤렉의 개념사사전1 - 문명과 문화』 푸른역사 2010, 13-4쪽.
4) 외르크 피쉬 『코젤렉의 개념사사전1 - 문명과 문화』 푸른역사 2010, 16-7쪽.

명과 정신문화로 두 개념어의 차이를 구분 짓기도 하였지만, 근대적 맥락에서 문명은 문화를 포괄하는 개념이었다고 할 수 있다.

서구 근대문명 담론은 과학적 지식과 그에 기반한 기술을 삶의 새로운 척도로 삼았으며, 이러한 과학적 세계관이 곧 역사적 진보로 환치되었다. 그런데 한편으로는 과학과 기술의 발전이 인류 전체의 행복과 평화를 구축하는 수단이기보다는 제국주의 침략과 세계대전의 도구가 되었으며, 비서구지역을 열등한 타자로 취급하는 준거가 되었다. 하지만 유럽 근대문명은 여전히 세계를 인식하는 중요한 토대로 작동하고 있고, 문명적 인종적 차별이 완전히 종식되었다고 말하기는 어렵다고 생각한다. 또 문명 간의 충돌이 일어날 경우, 일정한 지역에 국지적으로 한정되기보다는 광범위하게 문제가 발생한다. 문명은 여전히 국가를 기본단위로 하지만 동시에 일정한 지역의 특성을 한정 짓는 개념이기도 하고, 또한 지역적 범위를 넘나들며 많은 영향을 미치고 있다. 따라서 문명의 문명다움을 성찰하는 것은 바로 이러한 역사적 경험에 대한 새로운 통찰을 필요로 한다. 한국에서 문명을 문제 삼는다는 것은 이러한 근대적 역사 경험으로부터 자유로울 수 없다. 따라서 한국에서 문명을 묻는다는 것은 전통, 그리고 근대적 경험과 서구 근대문명의 영향을 전제한다.

유학은 계몽이성과 다른 차원에서 문명다움(仁)을 제시함으로써 시중지도적 면모를 드러낼 수 있다. 물론 한자어로서 문文과 명明은 요순의 정치를 찬미하는 데 사용되었고 civilization과 다른 의미였으니, 유학에 근대적 의미의 문명 개념은 존재하지 않았다. 그리하여 문명을 묻는다는 것은 곧 근대사적 경험과 불가분의 관계에 있으며, '유학문명'이란 이런 개념사적 문맥 하에 놓여있다. 무엇보다 유학문명은 중국중심주의적 중화주의와는 다른 개념이다. 중화주의는 화하

華夏와 사이四夷로 구성된 천하를 지리적 범주로 하여 유교적 예치질서를 실현하고자 했다. 그러나 근대는 중화주의가 붕괴되고, 유럽중심적 문명체계에 편입되는 변화를 겪었다. 그런데 화하와 사이의 경계 또한 단순히 지리적 경계를 구분하는 물리적 구분에 국한되지 않고, 유학적 이념을 얼마나 잘 이해하고 구현했는가에 따라 중화와 오랑캐라는 엄연한 차이가 존재했다. 비록 서구 근대문명과 작동원리와 방식이 달랐지만, 그것이 문명과 야만을 가르는 준거로서 작용했던 점은 동일하다.

한국은 전근대에는 중화주의의 영향을 지대하게 받다가, 근대에 들어서서 서구와 일본의 근대적 경험을 중층적으로 수용하게 되었다. 특히 식민지 경험은 한국의 삶과 사상에 직접적이고도 심대한 영향을 미쳤다. 한국은 전근대와 근대의 중심주의를 주변에서 경험하였다. 중화주의 해체와 유럽중심주의 및 동양주의 수용이 갈마들면서 중심 문명에 대한 물음을 던질 수밖에 없었다. 중층적인 타자중심주의 파고 속에서 주체적 자기 이해와 온전한 삶을 사는 것은 매우 어려운 일이었다. 특히 중화주의가 해체된 자리에 들어선 일본 중심의 동양주의에는 지역적 연대와 평화를 구현할 지역으로서의 '동양'이란 존재하지 않았고, 제국주의 침략성을 은폐한 제국 일본만 있었다. 아시아 연대론이 동양평화론으로, 다시 대동아공영권으로 이어진 동양주의가 모두 일본의 제국주의와 긴밀한 연관성을 가졌던 것이 이를 방증한다.

근대국가적 맥락에서 인을 어떻게 이해하고 구현할 것인가가 동아시아 근대유학의 핵심 문제였다. 일본은 중화주의가 해체된 자리에 동양주의를 재배치하였다. 동양주의는 연대가 아니라 침략이었으며, 평화가 아니라 폭력이었다. 동종동주동문론을 이론적 토대로 했던 동양주의는 동문론을 내세워 유학적 외피를 입었지만, 동문론이 한중일 삼국을 중심으로 한 동아시아의 문화적 정체성과 지역적 연대를 위한 것은 결코 아니었다. 그런 측면에서 당시 '동양'이란 지역개념을 하나로 묶을 수 있는 문화적 동질성은 존재하지 않았으며, 동문론이 지역연대의 이념으로서 한중일 삼국을 비롯한 아시아지역 국가들이 공통으로 지향할만한 이념성을 담고 있지도 않았다. 1930년대 황도유학 역시 천황제 국가에 대한 충성이데올로기였으니, 근대 일본에서 제기된 근대유학은 제국주의 침략을 정당화하는 이념이었다는 차원에서 반유학적反儒學的이었다고 평가할 수 있다. 근대는 국가체제였기 때문에 유학이 국가적 문제에 대한 해답을 제시할 수 있지만, 그것이 인에 위배되어서는 안 된다. 근대적 인은 폭력이 아닌 평화를, 배제가 아닌 공존을, 특정계급을 위한 이데올로기가 아니라 도덕적 사회적 평등을 지향한다. 그런 차원에서 본다면 오랜 역사를 지닌 중화주의가 중국 중심의 패권주의로 환원되어서는 안 된다. 일본의 동양주의가 군국주의적 폭력을 정당화하고 동문론과 황도유학으로 주변국을 동일화했던 역사 역시 되풀이되어서는 안 된다. 유럽중심주의가 아시아지역의 유일한 전범이 아니었듯 아시아의 팽창적 자국중심주의 또한 해답이 아니기 때문이다.

중화주의나 동양주의처럼 팽창적 자국중심주의를 고집한다면 대동사회로 나아갈 수 없다. 경계를 해제하지는 않으나 횡단하고, 경계 너머 관계맺음이 일방적 위계질서의 강제가 아니라 상호 간의 동등성을 존중할 때라야, 비로소 연대와 평화를 함께 탐색할 수 있을 것이다. 그래서 박은식은 한국 민족의 당면과제를 강권의 제국주의를 이겨내고 평등주의를 실현하는 주체가 되는 것으로 설정하였다. 이는 국가나 인종에 의한 차별이 없는, 힘에 의한 상하관계가 아니라 도덕적 주체로서 인권을 인정받는, 그러면서도 서로의 다름이 인정되는 사회를 지향한 것으로 이해할 수 있다. 제국주의 침략 한 가운데서 제국주의 침략을 넘어서서 세계평화를 지향하면서도, 민족 문제를 놓치 않았던 박은식 사상의 의의가 여기에 있다.

인도주의와 인류평화가 실현되는 공동체는 와야 할 미래이다. 그러나 공동체를 실현할 토대로서의 '지역'에 대한 담론은 간단치 않은 문제이다. 대동사회를 실현할 주체가 인욕에 엄폐당하여 사욕이나 자민족중심주의에 매몰되어 있다면, 그 어떤 정치한 담론을 제시하더라도 국경을 넘어선 연대는 불가능할 것이다. 타자에 대한 배제와 폭압을 통한 주체의 무한 팽창은 주체와 타자 모두에게 불행한 일임을 근대사가 여실히 보여주었다. 중심주의적 사유와 체제로는 평화 구축이 어렵다. 중화주의 복원 역시 우리가 갈 길이 아님은 분명하다. 반대로 강유위의 태평세가 억압과 차별의 경계를 허문다는 측면에서는 매우 가치 있지만, 경계허뭄이 곧 평화와 인류애 구현을 담보하지는 못한다. 아시아공동체를 실현하기 위해서는 이러한 근대경험을 반면교사로 삼을 필요가 있다.

박은식은 근대적 맥락에서 유학문명을 재건하고자 하였고, 또 한국을 유교국이라 규정지었다. 유학문명이란 근대적 자장 하에 있으니 민족국가적 삶을 심도있게 살펴야 할 것이나, 그렇다고 국가에 한정되어서도 안 된다. 그는 한국을 세계평화 실현의 구심점으로 삼았다. 그런 의미에서 박은식의 유학문명은 국가적이면서 동시에 세계적이다. 유학의 인은 배제와 차별의 논리를 넘어서 관계중심의 仁(나다움, 인간다움)을 지향해야 한다. 즉 주체적 정체성이 타자에 대한 인정 및 상생의 원리로 작동해야만 나와 너는 동등한 소통의 주체들이 될 수 있다. 인을 실행하는 것은 나에게 달려있기 때문에(爲仁由己), 자기중심성을 갖는다. 그러나 그것은 사욕私欲의 팽창이나 타자에 대한 배제와 차별을 의미하는 것이 아니라, 다움의 관계맺음을 통한 인간다움을 지향한다. 인은 나다움을 상실함으로써 너다움과 만나는 것이 아니라 참 나다울 때 비로소 너와 진정으로 만날 수 있다. 나다움이 도덕성과 시의성을 상실한다면 너와 만날 수 없지만, 너가 팽창적 폭력으로 나의 생존을 위협한다면 저항하는 것 또한 인이다. 옳고 그름을 판별하는 기준이 인과 불인不仁이기 때문이다. 존재하는 것 가운데 자기동일적인 것은 아무것도 없지만, 모든 것은 서로 각자의 다움을 자기 자리에서 구현(各得其所)하면서 인륜이란 관계망으로 촘촘히 연결되어 있다(和而不同). 만물일체지인萬物一體之仁은 생생한 개별자의 삶이 인이란 윤리적 질서를 벗어나는 것이 바람직하지 않다고 말한다.

박은식은 대동사상을 통해 만물일체지인의 경지를 잘 보여주었다. 그는 양지적 주체가 한국의 독립을 추구하지만, 그것이 자국팽창주의로 귀결되지 않고 세계평화를 실현하는 중심 역할을 해야 한다고 보았다. 중화주의 유럽중심주의 동양주의 등 우리에게 영향을 미친 중심주의의 동일화전략과 폭력성에 대한 비판이 곧 자국중심주의를 정당화해주는 것은 아니다. 타자중심적 보편주의에 대한 주체적 비판에 근거한 자가적自家的 중심주의는, 소통과 연대의 구심점으로서 세계평화와 인도주의를 실천하는 주체가 될 때 가치가 있다. 그의 사상이 민족주의적 성향이 강하지만, 그가 단순한 민족주의가 아닌 까닭이 여기에 있다. 박은식이 《황성신문》에 동양평화론에 대한 긍정적 견해를 밝힌 직접적인 논설은 없지만, 《황성신문》은 《독립신문》의 논조를 계승하여 동양평화론을 적극 찬성하였다. 유럽에 비하면 오랫동안 역사적으로 문화적 동질성을 공유해 왔기 때문에 동문론은 유학적 이념을 계승한 것으로 오인할 위험성이 적지 않았으며, 특히 사회다윈주의를 수용했기 때문에 인종주의적 동종론 역시 당대를 이해하는 중요한 척도로 받아들여졌다. 즉 유교적 문화의 보편성을 동양 인식의 근간으로 받아들인다면 황인종이란 혈통과 유학이란 문명의 동일성을 강조하게 되어, 민족적 정체성을 근간으로 한 근대국가 체제 유지 및 제국주의 침략 극복 문제와 모순적으로 만날 수밖에 없었다. 반면 신채호는 동양주의와 민족주의의 경계를 정확하게 인식함으로써, 동양주의를 시대문제 해결책으로 수용하는 것의 한계를 날카롭게 지적하였다.

식민기(1910-1945)에 접어들면서 박은식이 동양주의적 사유의 한계를 분명히 인식하고 그 문제점을 비판하면서 체계화한 것이 대동사상이었다. 그의 대동사상은 한국의 독립이 세계평화 구현의 구심점이 되어야 한다는 주장을 제시한 것이기도 했지만, 유학문명이 지향해야 할 방향성도 명확히 보여준 것이었다.

> 지난 시대의 문명이란 인류가 상호 다툼에 이용했지 결코 인도와 평화를 위한 사업은 아니었다. 적자생존의 논법만이 유일한 진리였고 우세한 자가 이기고 열세한 자는 패한다는 약육강식이 세계의 일반적인 관례였으며, 군국주의의 침략정책이 생존 목적이었다. 소위 문명화된 민족들이 그 생각과 지력智力을 다해 지극히 교묘한 기술을 발전시키는 것은 오직 살인하기 위한 무기나 나라를 도둑질하기 위한 간사하고 능청스러운 책략을 얻기 위함이었다. (중략) 구주대전이 일어나 역사 이래 없었던 참극을 연출하여 전 세계의 일대 비운悲運을 가져오게 했다. 승자와 패자를 막론하고 모두 시체와 유혈에 휩싸였으며, 소모된 물자는 갠지즈강의 모래알만큼이나 많았다. 이것이 소위 문명이 가져다 준 선물이란 말인가![5]

박은식은 이족통치의 억압에서 벗어나 대한의 완전한 자주독립을 선언한 〈대한독립선언서〉(1919)에 신채호와 함께 서명하였다. 선언서는 첫째 일본의 합병 동기는 그들의 범일본주의를 아주亞洲에 실행하는 것이니 그들은 동아의 적이라고 단언하였다. 둘째 일본의 합병 수단은 사기강박과 불법무도와 무력폭행을 모두 구비한 것이니 그들은 국제법규의 악마라고 규정하였다. 셋째 일본의 합병 결과는 군경의 만권蠻權과 경제의 압박으로 종족을 마멸하고 종교를 억박抑迫하며 교육을 제한하여 세계문화를 저장沮障한 것이니, 그들은 인류의 적이라고 선포하였다. 따라서 한국의 독립은 야비한 정궤政軌를 초월한 진정한 도의를 실현하는 것이라고 정의하였다. 공의公義로 독립한 자는 공의로써 군국전제를 제거하고 민족평등을 전 지구에 널리 실행할 것이니 이것이 독립의 제일 중요한 의미라고 하였다. 더 나아가 대한 독립의 사명은 대동평화를 실현하는 데 있다고 하였다. 그 구체적인 내용으로 모든 동포에게 동권동부同權同富를 시행하고 남녀 빈부를 고르게 하는 것은 물론 국제적인 불의를 감독하는 것이라고 하였다.[6)]

> 동심동덕인 이천만 형제자매여! 국민 본령을 자각한 독립인 것을 기억할지며, 동양평화를 보장하고 인류 평등을 실현하기 위한 자립인 것을 명심할지며, 황천皇天의 명령을 공경하여 모든 사망邪網에서 해탈하는 건국인 것을 확신하여 육탄혈전으로 독립을 완성할지어다![7)]

---

5) 『朴殷植全書』 上 『韓國獨立運動之血史』 「우리 독립운동을 촉진시킨 세계개조의 신문화」 513쪽.

6) 강만길 편 『趙素昂』 「대한독립선언서」 한길사 1982, 9-11쪽 요약.

진아는 지금 여기란 자기 삶의 맥락을 중심에 놓지만, 그 중심이란 타자에 대한 배타적 차별을 위한 원심圓心이 아니라, 나와 너의 올바른 관계맺음을 기반으로 서로의 다움을 실현하는 구심점의 역할을 한다. 그것은 개인적 차원에 그치지 않고 민족국가와 세계적 차원에서도 동일한 원리로 작동한다. 그는 한국 독립이 팽창적 자국중심주의를 위한 것이 아니라 대동평화와 인류 평등을 구현하는 중심 역할을 해야 한다고 하였는데, 이것이 바로 근대적 만물일체지인이다. 인이란 각자의 다움을 통해 올바른 관계맺음을 함으로써 세계평화를 구축해나가는 것이다.

3. 관계 중심의 철학과 도덕적 성찰

이성적 인간은 자연을 실험 관찰 대상으로 삼았는데, 종국에는 인간 자신마저 과학적 탐구의 대상이 되었다. 과학적 지식과 기술은 여전히 자연과 인간을 이해하는 중요한 준거이며, 과학지식은 지배의 수단으로서 위력을 발휘하고 있다. 이러한 과학기술적 세계에서 우리가 간과할 수 없는 중요한 문제는, 인간이 스스로 지배의 대상이 되었다는 것이다. 심지어 인간 신체마저 상품화하여 거대한 시장을 형성하고 있으니, 인간은 자유로워지기보다는 몸에 더욱 갇히는 지경에 이르렀다.[8] 기술의 지향점에 관한 철학적 물음은 이 시대에 가장 심

---

7) 강만길 편 『趙素昂』 「대한독립선언서」 한길사 1982, 11-2쪽.

8) 로리 앤드루스 · 도로시 넬킨 지음 김명진 외 옮김 『인체시장』 궁리 2006 참조. 이 책은 이른바 '생명공학시대'에 인간 게놈지도를 비롯하여 혈액 등 인간의 몸이 하나의 유용한 자원으로서 시장에서 어떻게 유통되고 있는지를 구체적으로 보여준다. 인간은 인간의 몸을 마치 광물처럼 추출하고 작물처럼 수확하며 천연자원처럼 캐낸다. 신체조직을 대상으로 화폐로 교환 가능한 거대한 시장이 형성되고 있다. 이처럼 인간의 신체조직에서 뽑아낸 상품이 등장하면서 수익과 재산,

각한 화두가 되었고, 우리는 인간과 기술의 관계맺음을 재성찰할 필요가 있다.

수학적 언어로 드러나는 과학적 지식은 인식주체의 역사세계와 달리 객관적이며 가치중립적인 자연세계로 받아들여졌다. 그러나 과학지식이 결코 가치중립적이지 않다는 것은 새롭게 발견된 사실이 아니라, 뒤늦게 인식된 것일 뿐이다. 보편적인 과학법칙 혹은 과학적 발견은 과학자의 세계관 및 상업자본 그리고 더 나아가 국가권력과 결코 무관하지 않다는 것 또한 역사적 사실이다.[9] 나치 치하의 독일과학이 전쟁을 빌미로 발전하였으며, '맨해튼 계획'과 같은 대량살상무기 개발을 가능하게 한 것도 근대과학이었다. 히틀러 치하의 과학이 갖는 특이점은 의사와 인류학자가 잔인한 인종위생학의 과학적 근거를 찾고자 시도했다는 점이다. 아리안 민족의 우월성을 주장할 수 있는 확실한 과학적 근거는 발견되지 않았다. 그러나 나치정권은 나치과학을 통해 과학적 인종생물학을 만들고 조장했으며, 이것이 죽음의 수용소까지 이어졌고 강제된 인체실험도 강행되었다. 이런 만행이 비단 독일뿐이었는가? 전쟁 중의 일본 역시 악명 높은 731부대를 통해 수천 명의 인간을 대상으로 독성이 강한 병원균과 유독 화학물질이 배출되는 실험을 수행했다.[10] 생물학적 무기는 핵 확산과 마찬가지로 대단

동의와 통제에 관한 문제 등 몸을 둘러싼 법적 사회적 윤리적 문제들이 제기되고 있다.

9) 과학이 전쟁과 결탁하여 일으킨 비극적 역사는 20세기에 이르러 극에 달했는데도 그 야합은 그칠 줄 몰랐다. 도리어 과학은 사악한 의도를 가진 정치가나 군인들에 의해 악용되어, 핵물리학자 등 많은 과학자들이 대량살상무기를 비롯한 최첨단 무기 개발에 종사하고 있다. 이에 대해서는 어니스트 볼크먼 지음 석기용 옮김 『전쟁과 과학, 그 야합의 역사』 이마고 2003 참조.

10) 존 콘웰 『히틀러의 과학자들』 크리에디트 2008, 556-7쪽.

히 심각한 위험을 불러일으키는 데도 점차 증가세를 보이고 있다. 제2차 세계대전에서 볼 수 있었듯이 과학과 기술의 군국화와 산업화를 비롯하여, 대량살상무기 개발과 같은 과학기술의 비극은 과학자들의 손에서 탄생했다. 냉전시대의 과학과 과학자들은 산업, 기업, 군, 정부 계획, 지적 재산권과 자금 지원을 향한 쟁탈전에 깊숙이 침투해 들어갔다.[11)]

맨해튼 계획에 참여했던 과학자들뿐만 아니라 그 이후 히로시마를 강타한 원자폭탄보다 무려 천 배가 강한 위력을 가진 수소폭탄 개발에 참여한 과학자들도 있었다. 냉전체제의 강화로 군비경쟁은 더욱 가속화되었고, 과학자들은 이를 국가이익을 도모하는 애국심이라고 생각하였다. 1988년 수소폭탄 연구에 매진했던 텔러가 수소폭탄과 핵무기 배치구역을 확장해야 한다고 미국정부를 부추기면서 이런 정책을 실시하지 않으면 지식의 침체를 맞이할 수밖에 없다는 주장을 했을 때, 요제프 로트블라트는 텔러의 주장이 갖는 근본적인 문제를 다음과 같이 지적하였다.

> 지식 획득이 다른 모든 고려 사항을 압도한다는 근본적인 생각은 결코 지지받을 수 없다. 요제프 멩겔레도 자신이 추진한 각종 연구가 새로운 지식을 제공한다는 구실로 아우슈비츠에서의 '실험'을 정당화했다. 텔러가 말한 과학적 지식 획득보다 우위에 선 다른 원칙이 있다. 바로 인도주의 원칙이다. 과학자들은 항상 자신이 우선 인간이라는 점을 상기해야 하며 과학자라는 직업은 두 번째로 생각해야 한다. 그리고 이러한 윤리적 원칙은 때때로 지식 획득에 제한을 가할 수도 있다.[12)]

---

11) 존 콘웰 『히틀러의 과학자들』 크리에디트 2008, 576-7쪽.

우리는 '나치정권이 몰락한 후 과연 세계의 과학과 과학자들이 더 나은 행동을 해왔는가?'라는 질문을 던질 수 있다. 냉전시대 미국과 소련의 군비경쟁체제 속에서 국가 프로젝트에 참여했던 과학자들은 그들의 믿음대로 세계평화에 기여했는가? 과학자들이 정치적 권력을 갖고 있지 않을 수는 있다. 그러나 그들이 도덕적 사회적 정치적 공백 속에서 살고 있는 것은 아니다. 과학자들은 그들만의 고유한 지식과 전문성이란 힘을 소유하고 있다. 과학자들은 이 힘을 이용하고 널리 발휘할지, 아니면 그 힘을 거둘지를 선택해야만 한다.[13] 과학자는 자연법칙에 대한 전문적인 지식을 갖고 있으며, 그 자연법칙이 기술적으로 응용될 때 어떤 결과가 파생될지도 누구보다 잘 알고 있는 사람이다. 요컨대 과학자는 자신의 지식을 공유, 발전시키지 않기로 결정하거나 지식의 파급을 거부함으로써 사회적 정치적 결정에 영향을 미칠 수 있다.[14]

과학기술과 관련한 연구들 대부분이 국가권력과 상업자본, 그리고 과학자 자신의 가치관과 무관하지 않다는 측면에서 과학기술적인 발견은 더 이상 가치중립적이거나 객관적이지 않으며, 삶의 맥락에서 자유롭지 않다. 모든 과학기술은 사회제도와 결코 무관할 수 없는 데다, 더 이상 강력한 구속력을 가진 종교적 사상적 영향하에 놓여있지도 않다. 심지어 과학기술은 삶의 모든 분야에 막강한 영향력을 가지고 중심적인 역할을 한다. 그러므로 그 어느 시대보다 '과학기술이 우리에게 무엇인가'를 묻지 않을 수 없는 상황에 직면해 있다. 기술은 인간이 언제나 통제할 수 있는 수준에 머물러 있지도 않으며, 인간의

---

12) 존 콘웰 『히틀러의 과학자들』 크리에디트 2008, 544쪽.

13) 존 콘웰 『히틀러의 과학자들』 크리에디트 2008, 579쪽.

14) 존 콘웰 『히틀러의 과학자들』 크리에디트 2008, 581쪽.

삶을 편리하게 하는 도구 이상의 역할을 하고 있다. 이제 기술의 발전에 의해 인류 자체가 변화하거나 삶이 기술에 종속당할 수도 있는 문화적 상황에 놓이게 되었기 때문이다.[15)]

오늘날 인간의 문제 특히 인간의 실존과 관련된 문제는 기술을 배제하고 논의할 수 없다. 기술이 인간 삶의 양식에 필수적인 존재가 된 지금, 인간과 기술의 관계를 단순히 유토피아냐 디스토피아냐 하는 단순 이분법으로 파악할 수 있는 시대는 지났다. 기술시대에는 인간과 기술의 관계, 그리고 인간 이해도 달라질 것을 요구받고 있다.[16)] 기술이 인간의 삶을 편리하게 하는 수단에 머물지 않고 기술이 삶을 변화시키는 기술우위시대가 도래했기 때문이다. 기술의 사회 정치적 영향력이 갈수록 막강해지고 있고, 기술결정론까지 대두되는 등 기술 발달은 삶의 양식은 물론 사유도 변화를 초래하고 인간의 본질과 정체성에 관한 물음에도 깊숙이 관여하고 있다. 기술우위시대에 인간의 정체성은 기술에 의해 변형되기도 하고, 기술의 대상으로 전락하기도 한다. 이제 기술은 인간의 목적을 달성하기 위한 '수단'에 불과하다고 단순히 말할 수 없게 된 것이다. 만약 기술이 기술답게 제자리에 있지 못한다면, 그것은 곧 인간 역시 자신의 본질을 제대로 대면하지 못하고 있다는 반증이 될 수 있다. 인간과 기계가 가까워지고 그 경계가 허물어질수록 역설적으로 인간이란 무엇인지 그리고 기계란 무엇인지 그 본질을 묻는 일이 중요해지고 있다.

---

15) 닐 포스트먼은 인간이 기술에 모든 전권을 내어주고 스스로를 기술의 노예로 전락시키는 아이러니컬한 문화적 상태를 '테크노폴리'라고 규정한다. 테크노폴리란 기술에 의해 새롭게 창조된 또 다른 전체주의 문화를 일컫는다. (『테크노폴리』 궁리 2005, 265쪽)

16) 이상욱 외 『욕망하는 테크놀로지』 동아시아 2009, 75-7쪽 참조.

일차적으로 기술이 인간 삶에 어떤 의미와 가치가 있는지 물을 수 있는 힘은 기술에 있지 않고, 과학기술을 마주하고 있는 인간에게 있다. 그러므로 "내가 핵폭탄을 만들었지만 사용한 것은 정치가들이다."라고 주장한 오펜하이머의 항변은 설득력이 없다. 기술이 발전할수록, 그리고 그 개발과정이 세분화될수록 공학자들은 자기의 전문영역 외에는 잘 모를 뿐만 아니라 자기가 개발한 기술이 장차 어떻게 쓰일지도 알 수가 없게 된다. 거대기술들은 수많은 기술들의 복합체이기 때문이다. 개별과학자는 과학기술시스템 전체에 대해 알기 어렵고, 안다고 할지라도 개발을 멈추기란 쉽지 않을 것이다.[17] 또한 현대 기술은 기술의 제작에 있어서는 자동화를 통한 인간의 개입을 배제하고, 사용에 있어서는 사용하지 않을 자유를 허용하지 않는다. 엄청난 발전 속도와 지역문화와 상관없이 전 지구적으로 사용 가능한 보편성, 그리고 여러 기술들이 거미줄처럼 엮어 하나의 거대한 시스템을 이루는 것도 현대기술의 중요한 특징이다.[18] 그래서 오늘날 훌륭한 과학이란 결과에 대한 원칙적인 감시를 통해 사회, 환경 그리고 과학적 발견이 자연에 미치는 영향을 자각하는 것을 포함한다. 훌륭한 과학자는 목적 달성을 위한 수단으로 인간을 이용하는 것에 대해 거부하는 사람이다.

그렇다면 인간이 기술을 발전시키고 사용하기는 하지만, 기술은 인간이 자신의 목적을 위해 사용하는 도구이며 인간은 기술의 주인이라고 단언할 수 있는가? 기술우위시대에 이 질문에 대한 답은 간단치 않다. 기술이 인간의 통제를 벗어나 인간의 자유를 억압하거나 인간

---

17) 이상욱 외 『욕망하는 테크놀로지』 동아시아 2009, 66쪽.
18) 이상욱 외 『욕망하는 테크놀로지』 동아시아 2009, 67-8쪽.

이 기술에 종속되는 방식으로 발전한다면, 인간은 기술로부터 결코 자유로울 수 없을 것이니, 인간과 기술의 관계에 대한 성찰이 필수적이다. 또 효율성의 법칙만이 유일한 가치일 수 있는가? 이러한 물음은 비단 과학기술을 다루는 업종에 국한된 것은 아니다.

기술우위시대에는 구분해야 할 더 중요한 것들이 생겨나고 있으며, 자명하다고 생각했던 지점들이 새로운 지경에서 해체되어가고 있다. 한때 대부분의 사람들은 인공 - 자연, 인간 - 기계, 유기적인 것과 만들어진 것 등이 바로 생명문제의 핵심적 이원성이라고 생각했겠지만, 사이보그의 모습은 그렇지 않음을 보여주었다.[19)]

> 우리가 맞이해야 하는 미래의 큰 문제들 중 하나는 인간과 기계의 관계에 대한 문제, 그 두 행위자들에게 적절히 기능들을 할당해야 하는 바로 그 문제이다.[20)]

인간과 기계의 관계맺음에 대한 깊은 통찰이 필요한 시점이 된 것이다. 한편 1990년대 후반 제임스 왓슨은 독일에서 프래자일 엑스증후군과 테이색스 같은 유전병의 조기 진단을 위해 임산부를 대상으로 공개 조사를 실시했다. 만약 태아가 이런 병의 유전 인자를 갖고 있다면 낙태를 할 수 있도록 선택권을 주기 위해서였다. 테이색스병이 유대인들 가운데서 높은 비율로 발생한다는 사실에 민감한 독일인들은 그에게 물었다. "한 생명이 살 가치가 없어지는 때를 말할 수 있는 사람은 누구인가?"라고.[21)]

---

19) 크리스 그레이 『사이보그 시티즌』 김영사 2016, 47쪽.

20) 크리스 그레이 『사이보그 시티즌』 김영사 2016, 382쪽.

21) 존 콘웰 『히틀러의 과학자들』 크리에디트 2008, 570쪽.

과학기술적 힘을 사용할 때, 대원칙大原則은 인간의 존엄성보다 우선하는 가치가 없다는 것이다. 과학기술이 사회제도와 밀접히 연관되어 있기 때문에 그것이 세계적 평화와 연대에 기여하지 않는다면, 그것을 사용할 때 매우 신중할 필요가 있다는 것은 근대 과학기술의 역사가 보여주고 있다. 나치정권의 과학과 과학자들의 사례에서 보듯이, 인종주의적 차별이나 생체실험 등 인간에 관한 '과학적 탐구'란 이름으로 비인간적 행태가 자행되었다. 과학기술의 발전이 곧 군국주의 수단이 되는 폭력성을 문제 삼는 것은 당연하다. 과학기술을 중심으로 발생하는 다양한 존재들과 이들의 관계에서 파생된 문제들에 대한 철학적 성찰이 요구된다. 가장 근본적인 전제는 과학기술과 인간의 관계맺음이 지배의 수단이나 동일화전략을 정당화하는 담론으로 전락하지 않고, 인간다운 삶을 구현하는 길이 되어야 한다는 것이다. 이를 위해서는 새로운 철학적 담론이 필요하다.

유학사상의 핵심은 관계윤리이다. 양지는 본연지와 견문지 두 영역에서 인에 근거한 판단과 실천이 가능하다. 양지적 주체와 윤리적 판단, 그리고 기술의 기술다움 '사이'는 거대한 인의 그물망이어야 한다. 그런데 인의 구현은 '나'에게 달려있기 때문에, 나를 중심점으로 하여 착수하지 않을 수 없다. 주체는 여전히 삶의 맥락에서 가장 중요한 존재이기에, 적극적으로 자기다움을 발견하고 정립하는 일이 시급하다. 유학은 이러한 맥락에서 중요한 두 가지 원리를 제공할 수 있다. 첫째 인간과 자연, 정신과 육체라는 이분법적 사유구조로는 우리가 살고 있는 삶의 맥락을 제대로 이해할 수 없다. 유학은 관계맺음에 관한 철학으로, 만물일체지인을 지향한다. 관계맺음의 사유에서 세계질서는 근대과학에서 말하는 수학적 자연법칙이나 제일원리로부터 연역된 원리(principle)가 아니다. 근대적 위계질서는 상호적 관계맺음을 불가능하게 한다. 서로 간의 차이 인정과 공존을 전제한 관계맺음일 때 우리는 비로소 개별적이며 대립적인 관계망에서 벗어날 수 있으며, 관계를 맺는 새로운 '장'에서 만들 수 있다. 새로운 역사는 이러한 장에 함께 설 때라야 가능하다.

둘째 과학기술이 견문지의 영역이라면, 그것이 인간다움과 무관하게 독자적인 영역을 가질 수 없다는 것이다. 박은식은 과학기술주의 시대에 철학의 역할은 견문지에 대한 본연지적 성찰이라고 간파하였다. 과학기술의 효용성이 아무리 뛰어나다고 하더라도, 그것이 인간다움과 평화적 연대 그리고 각득기소를 위협하는 것이어서는 안 된다는 방향을 제시하였다. 물론 박은식은 제2차 세계대전 이후 과학기술이 거대한 군사력 및 군수산업과 결합하여 빚어낸 대량살상무기의 참상을 목도한 것은 아니다. 그러나 제국주의 침략을 통해 근대 과학기술이 갖는 근본적인 문제점을 체험하였다. 그는 적어도 과학기술의 발전이 군국주의 수단으로 악용되는 문제점에 대해서는 명확히 인식하고 있었다. 그래서 견문지에 대한 본연지적 성찰을 통해 유학이 그러한 문제점을 통찰할 것을 요구하였다. 누구든 양지라는 '공정한 감찰관'의 권능을 도외시해서는 안 되지만, 특히 과학자들의 양심과 윤리를 강조하는 것은 그들이 사회에 미치는 영향력이 그만큼 막강하다고 판단했기 때문이다.

그런데 과학기술의 사회적 파급력을 고려한다면 과학자들에게만 모든 책임을 미룰 수는 없다. 오늘날 과학은 정부나 기업체 밖에서 치양지적 자각이 가능한 비정부단체나 비전문가 그룹에 의한 비판적 성찰과 견제도 중요하다. 이 시대를 살아가는 사람이라면 누구나 이러한 문제를 고민하고, 기술이 인간 삶에 무엇이어야 하며, 동시에 이 시대의 인간은 어떻게 인간다움을 실현할 것인지를 물어야 할 것이다. 이것이 이 시대의 '양지'이다.

찾아보기

(마)

(바)

(자)

(차)

(카)

| 저자약력 |

박정심

성균관대학교에서 『백암 박은식의 철학사상에 관한 연구』로 박사학위를 받았다. 현재 부산대학교 철학과에 재직하고 있으며, 한국 근대사상과 유학에 관한 연구를 주로 하고 있다. 주요 저서로는 『한국근대사상사』(천년의 상상, 2016) 『단재 신채호 : 조선의 아 비아와 마주서다』(문사철, 2019)가 있으며, 『한국철학사 : 16주제로 읽는 한국철학』(새문사, 2009), 『한국철학사상사』(심산, 2003), 『한국실학사상사』(심산, 2008), 『동아시아 개념연구 기초문헌해제 Ⅲ』(선인, 2015), 『동아시아지식학의 세계를 열다』(부산대학교 출판문화원, 2021) 등의 공저와 『역주 호락논쟁 1』(학고방, 2009), 『역주 호락논쟁 2』(학고방, 2009) 등의 역서가 있다.

박은식: '양지'로 근대를 꿰뚫다

초판 인쇄 2021년 12월 01일
초판 발행 2021년 12월 15일

지 은 이 | 박정심
펴 낸 이 | 하운근
펴 낸 곳 | 學古房

주　　소 | 경기도 고양시 덕양구 통일로 140 삼송테크노밸리 A동 B224
전　　화 | (02)353-9908 편집부(02)356-9903
팩　　스 | (02)6959-8234
홈페이지 | http://hakgobang.co.kr/
전자우편 | hakgobang@naver.com, hakgobang@chol.com
등록번호 | 제311-1994-000001호

ISBN 979-11-6586-430-9 93100

값 : 22,000원

■ 파본은 교환해 드립니다.